핵심만 쏙쏙 예제는 빵빵

ADT
앱창의개발능력 2급

App creative Development Test

핵심만 쏙쏙 예제는 빵빵

앱창의개발능력 2급
App creative Development Test

초판 발행일 | 2018년 08월 10일
저자 | 해람북스 기획팀
펴낸이 | 박재영
총편집인 | 이준우
기획진행 | 유효섭

㈜해람북스   주소 | 서울시 마포구 양화로 125 8층 (서교동, 경남관광빌딩)
문의전화 | 02-6337-5419   **팩스** 02-6337-5429
홈페이지 | http://www.hrbooks.co.kr

발행처 | 주식회사 에듀파트너   **출판등록번호** | 제2016-000047호

ISBN 979-11-88450-24-4

이 책은 저작권법에 따라 보호받는 저작물이므로 무단전재와 무단복제를 금지하며,
이 책 내용의 전부 또는 일부를 이용하려면 반드시 저작권자와 주식회사 에듀파트너의 서면동의를 받아야 합니다.

※ 잘못된 책은 바꾸어 드립니다.
※ 책 가격은 뒷면에 있습니다.

앱창의개발능력(ADT)

■ 앱창의개발능력(ADT)

모바일용 애플리케이션 개발에 필요한 전반적인 지식과 스마트 기기에 적합한 모바일 앱을 창의적으로 기획 및 개발할 수 있는 능력을 객관적으로 검정하는 자격

앱 교육의 목적[문화 콘텐츠 산업의 활성화와 창의적 문제 해결 능력을 갖춘 인재 양성]에 부합하도록 수험자가 문제 전체를 이해하고 원하는 결과를 절차적이며 창의적으로 도출할 수 있는지를 평가하는 시험입니다.

- **자격종류** : 등록민간자격
- **등록번호** : 2016-005354

■ 응시자격

학력, 연력, 경력별 제한 없음(누구나 응시 가능)

■ 검정 기준

등급	검정기준
3급	모바일 앱의 기본 동작 원리를 이해하고 UI/UX 디자인과 앱 프로그래밍을 통해 초급 수준의 모바일 앱을 절차적으로 구현할 수 있는지를 평가
2급	모바일 앱의 개발 환경을 이해하고 UI/UX 디자인과 앱 프로그래밍을 통해 중급 수준의 모바일 앱을 절차적으로 기획 및 개발할 수 있는지를 평가
1급	실무에서 활용할 수 있는 고급 수준의 모바일 앱을 UI/UX 디자인과 앱 프로그래밍을 통해 창의적으로 기획 및 개발할 수 있는지를 평가
전문가	실무에서의 다양한 요구사항을 이해하고, 이에 대한 해결책을 앱 프로그래밍과 피지컬 컴퓨팅을 통해 창의적으로 설계하고 구현할 수 있는지를 평가

■ 시험과목 안내

등급	검정과목	검정방법	시험시간	합격기준
3급	• UI/UX 디자인(초) • 앱 개발(초)	작업형 (5문항)	40분	60점 이상 (100점 만점)
2급	• UI/UX 디자인(중) • 앱 개발(중)	작업형 (5문항)	40분	70점 이상 (100점 만점)
1급	• UI/UX 디자인(고) • 앱 개발(고)	작업형 (5문항)	40분	70점 이상 (100점 만점)
전문가	• UI/UX 디자인(고고 앱 개발) • (고) 하드웨어 구현	작업형 (5문항)	60분	80점 이상 (100점 만점)

■ 검정수수료

종목	3급	2급	1급	전문가
ADT	20,000원	25,000원	25,000원	50,000원

- 결제이용 수수료 : 결제이용 수수료 검정수수료이외 별도 금액입니다.
  인터넷 결제수수료(1,200원), 단체(3인 이상) 무료
- 자격증 발급비용 : 발급비용(3,500원)+결제수수료(600원)+발송비용(2,300원)=6,400원
  단체(3인 이상) : [발급비용(3,500원)X 발급인원]+발송비용(2,300원)

■ 환불 및 연기

내용	규정
인터넷 접수 종료일(18:00)까지	100% 환불
인터넷 접수 종료일(18:01)부터 시험주 월요일(18:00)까지	50% 환불

- 시험연기는 다음 회차 1회에 가능, 자세한 환불 및 연기 규정 홈페이지 참조

■ 전국 지역본부

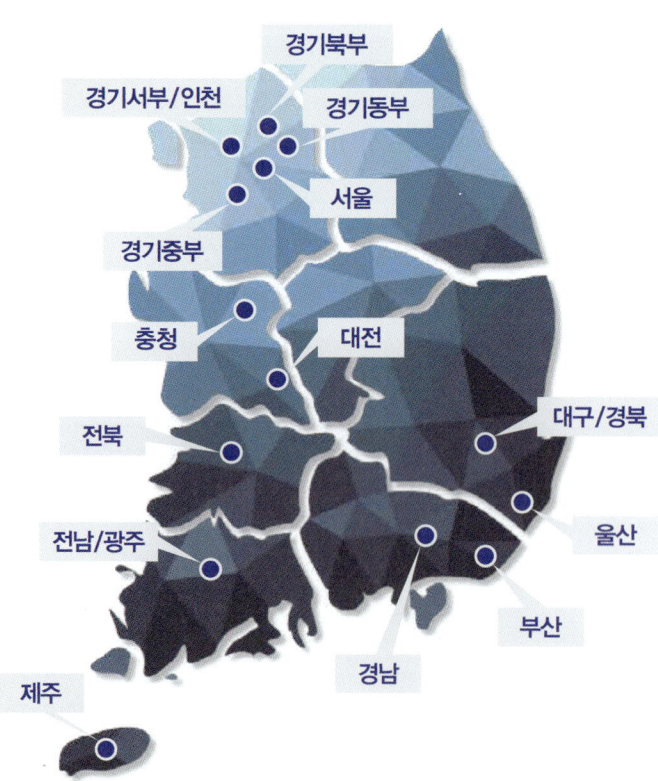

- 세부지역 및 연락처는 홈페이지(www.ctce.or.kr) 참조

답안전송프로그램 사용 방법

1. 프로그램 실행

- 바탕화면의 [CTCE-수험자] 바로 가기 아이콘을 더블클릭합니다.

2. 유의사항 확인 및 시험정보 입력

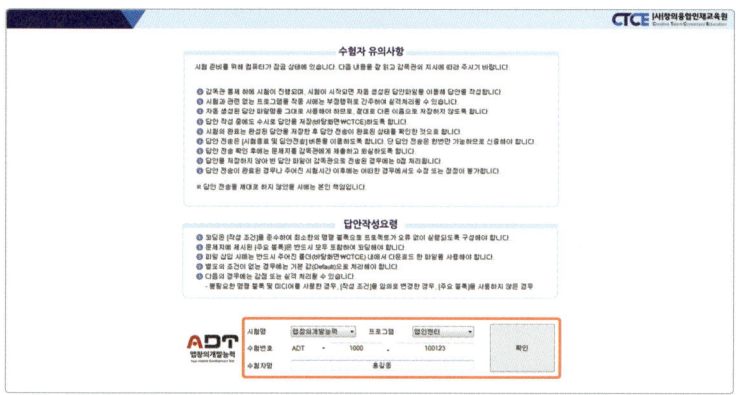

- 수험자 유의사항 및 답안작성요령을 확인 후 시험정보(시험명, 프로그램, 수험번호, 수험자명)를 입력합니다.

- [확인] 버튼을 누르면 대기상태로 전환되며, 감독관에 의해 시험이 시작됩니다.

3. 시험 진행

- 답안전송프로그램에서 자동으로 파일명이 생성되므로, 임의로 파일명을 변경하지 않도록 합니다.

- 코딩 작업 중간에도 수시로 답안 파일을 [저장]하고, 최종 답안 파일 완료 후에는 [시험 종료 및 답안전송] 버튼을 눌러 시험을 종료합니다. (다른 이름으로 저장하지 않도록 함)

CONTENTS 목차

App creative Development Test

PART 01 앱 인벤터 시작하기

유형 01	크롬 설치와 로그인 … 008	유형 03	완성된 앱 테스트 … 026
유형 02	앱 인벤터 시작 … 011		

PART 02 유형 사로잡기

유형 01	프로젝트 시작 … 034	유형 03	앱 코딩 … 062
유형 02	앱 디자인 … 038	유형 04	완성된 프로젝트 저장 … 080

PART 03 예제로 정복하기

예제 01	간단 메모장 … 084	예제 06	소리로 전화걸기 … 099
예제 02	음성번역기 … 087	예제 07	이동 경로 저장 … 102
예제 03	그림판 … 090	예제 08	스마트 조명 … 105
예제 04	검색 엔진 … 093	예제 09	그림 메모 … 108
예제 05	영어 메시지 발송 … 096	예제 10	예약 사이트 … 111

PART 04 실전모의고사

제 01 회	실전모의고사 … 116	제 10 회	실전모의고사 … 160
제 02 회	실전모의고사 … 120	제 11 회	실전모의고사 … 164
제 03 회	실전모의고사 … 125	제 12 회	실전모의고사 … 169
제 04 회	실전모의고사 … 130	제 13 회	실전모의고사 … 174
제 05 회	실전모의고사 … 135	제 14 회	실전모의고사 … 179
제 06 회	실전모의고사 … 140	제 15 회	실전모의고사 … 185
제 07 회	실전모의고사 … 145	제 16 회	실전모의고사 … 191
제 08 회	실전모의고사 … 150	제 17 회	실전모의고사 … 196
제 09 회	실전모의고사 … 155		

PART 05 최신기출문제

제 01 회	최신기출문제 … 204	제 03 회	최신기출문제 … 212
제 02 회	최신기출문제 … 208		

ADT 앱창의개발능력

PART 01

앱 인벤터 시작하기

유형 **01** 크롬 설치와 로그인

유형 **02** 앱 인벤터 시작

유형 **03** 완성된 앱 테스트

유형 01 크롬 설치와 로그인

앱 인벤터를 사용하기 위해 구글 크롬을 설치한 다음 로그인하는 방법에 대해 알아봅니다.

주요 기능
- 구글 크롬 설치
- 로그인

결과 화면

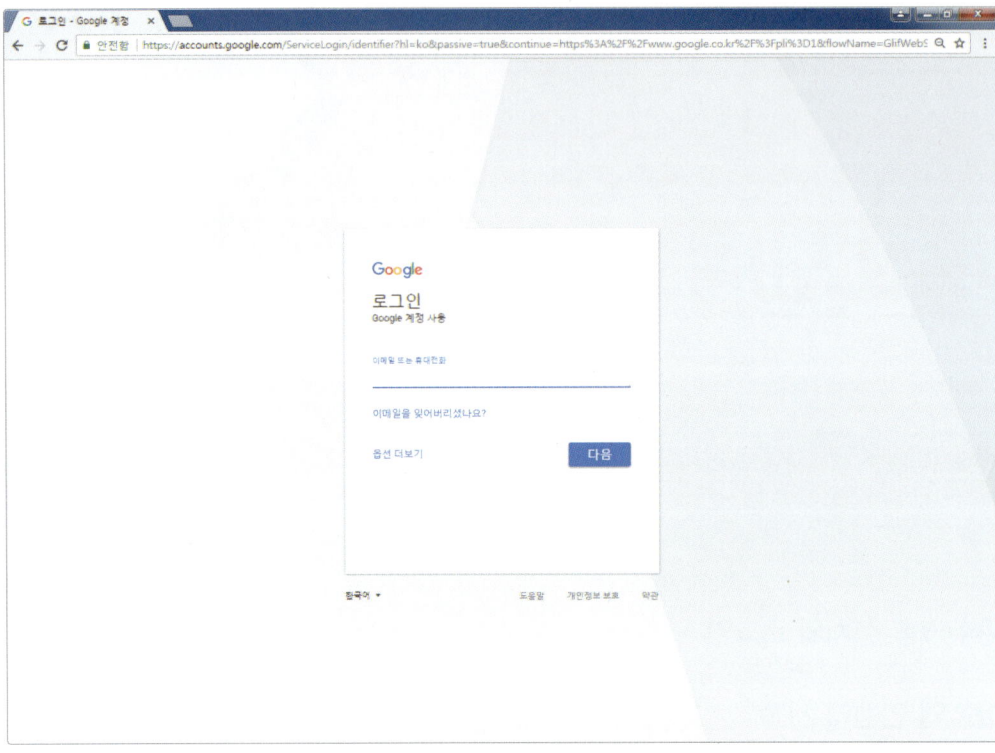

▲ 구글 로그인 화면

출제유형

- Step 01 : 구글 크롬을 설치하는 방법에 대해 알아본다.
- Step 02 : 구글에 로그인하는 방법에 대해 알아본다.

Step 01 구글 크롬 설치하기

작성조건 : 앱 인벤터를 사용하기 위해 구글 크롬을 설치합니다.

① 인터넷 익스플로러를 실행합니다. 그리고 구글 크롬(www.google.com/chrome) 홈페이지를 방문한 다음 [Chrome 다운로드]를 클릭합니다.

Hint

앱 인벤터는 구글 크롬에서만 실행됩니다.

② 서비스 약관이 나타나면 [동의 및 설치]를 클릭합니다.

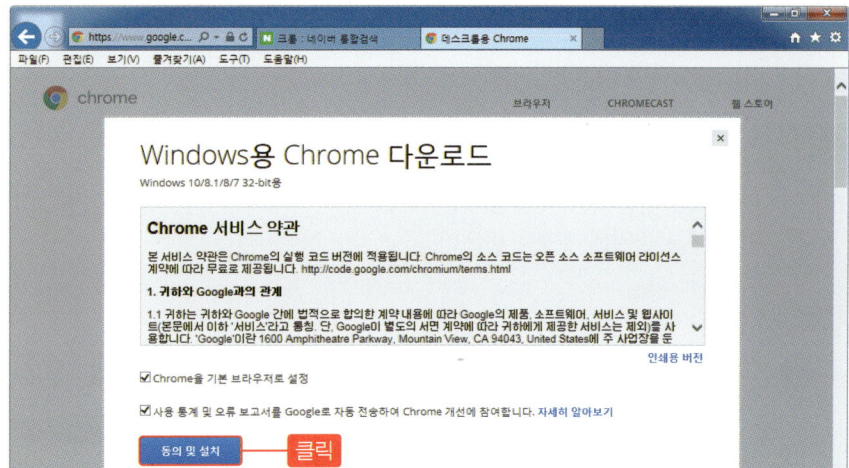

③ 크롬의 다운로드가 시작된 다음 설치가 자동으로 진행됩니다.

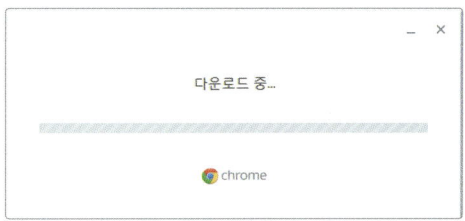

④ 크롬의 설치가 끝나면 바탕화면에 크롬의 바로 가기가 만들어집니다.

Step 02 구글 로그인과 로그오프

작성조건 : 구글에 로그인하는 방법에 대해 알아본다.

❶ 구글에 로그인하기 위해 크롬(Chrome)을 실행한 다음 구글 홈페이지(https://www.google.co.kr/)에서 [로그인]을 클릭합니다.

❷ [Chrome에 로그인] 창이 나타나면 이메일 주소를 입력하고 [다음]을 클릭합니다. 비밀 번호를 입력한 후 [다음]을 클릭합니다. 크롬에 로그인되면서 사용자 이름이 표시됩니다.

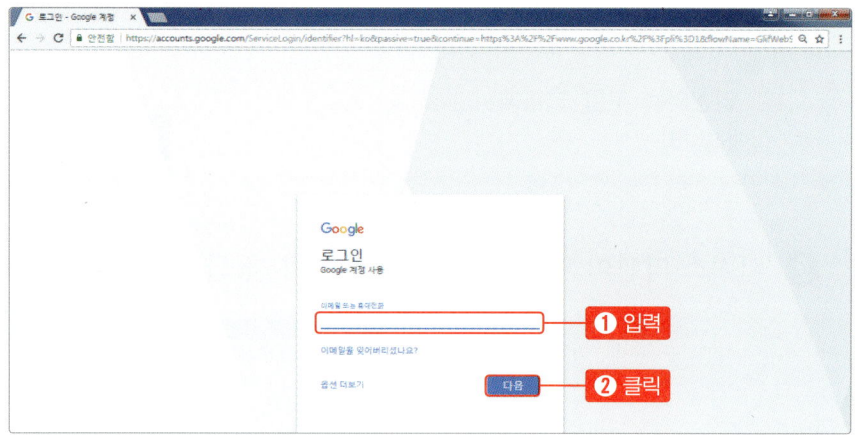

Hint

회원으로 가입되어 있지 않으면 [로그인] 페이지에서 '옵션 더보기'를 클릭합니다. 새로운 계정을 만들기 위해 '계정 만들기'를 클릭해 계정을 만듭니다.

❸ 크롬에서 로그아웃하려면 [새 탭]의 👤를 클릭한 다음 [로그아웃]을 클릭합니다.

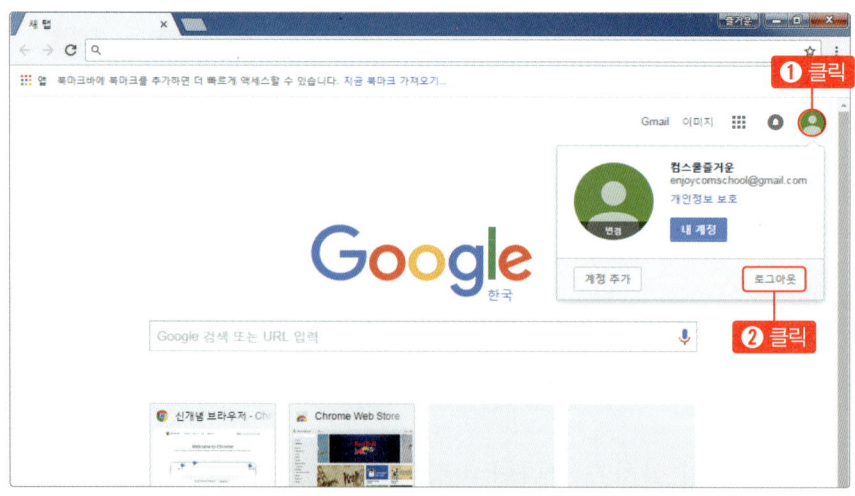

유형 02 - 앱 인벤터 시작

앱 인벤터를 실행하여 앱 인벤터의 디자이너 화면과 블록 조합 화면을 이해하고 구성과 메뉴에 대해 알아봅니다.

주요 기능
- 앱 인벤터 시작
- 디자이너 화면 구성
- 블록 조합 화면 구성

결과 화면

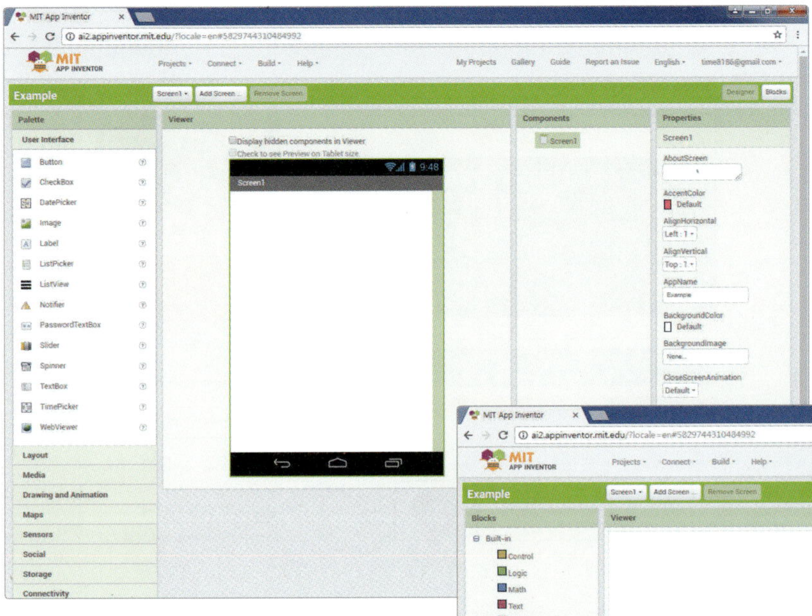

▲ 디자이너 화면

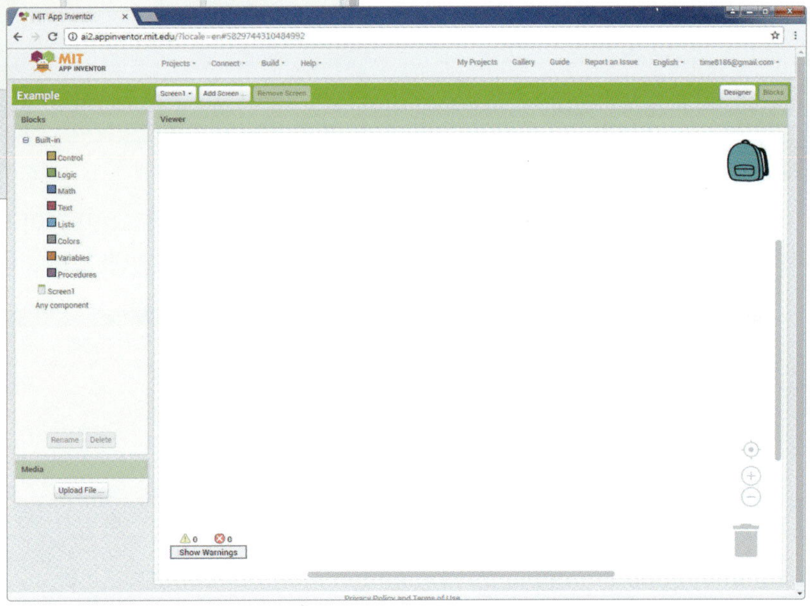

▲ 블록 조합 화면

출제유형

- **Step 01** : 앱 인벤터에서 새로운 프로젝트를 만드는 방법에 대해 알아본다.
- **Step 02** : 앱 인벤터의 디자이너 화면 구성에 대해 알아본다.
- **Step 03** : 앱 인벤터의 블록 조합 화면 구성에 대해 알아본다.

Part 01 앱 인벤터 시작하기 _ 011

Step 01 앱 인벤터 실행

작성조건 : 구글 크롬을 실행하여 앱 인벤터를 실행하는 방법에 대해 알아본다.

❶ 크롬을 실행한 다음 앱 인벤터(http://appinventor.mit.edu/explore/) 홈페이지에 접속해 [Create apps!]를 클릭합니다.

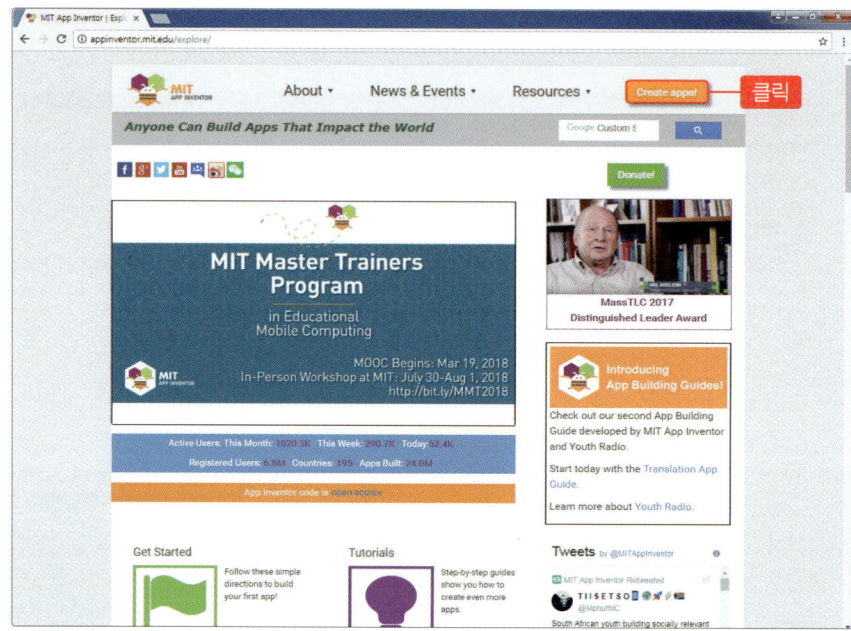

Hint

구글에 로그인하지 않으면 로그인 화면이 나타납니다. [로그인] 창이 나타나면 이메일 주소를 입력하고 [다음]을 클릭합니다. 비밀 번호를 입력한 후 [다음]을 클릭해 로그인합니다.

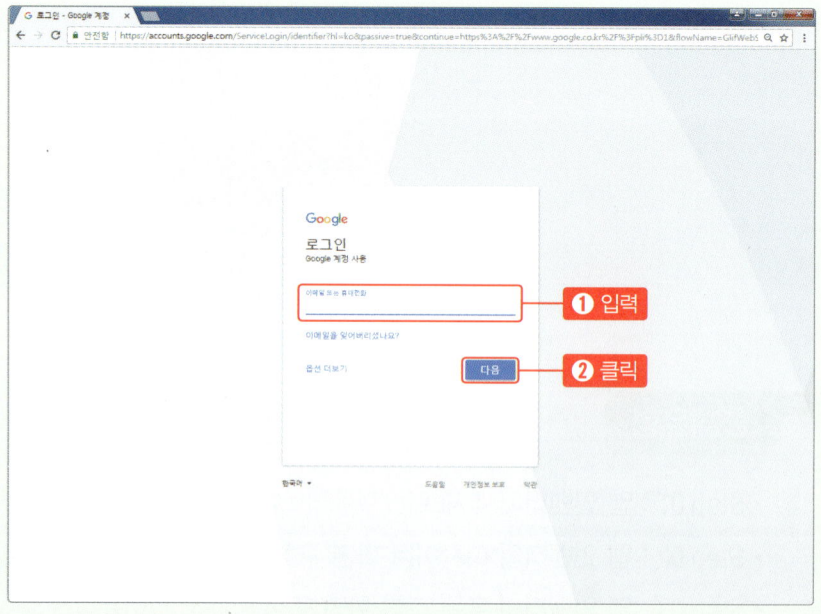

❷ 앱 인벤터 화면이 나타나면 새로운 프로젝트를 만들기 위해 [Projects(프로젝트)]-[Start new project(새 프로젝트 시작하기)]를 클릭합니다.

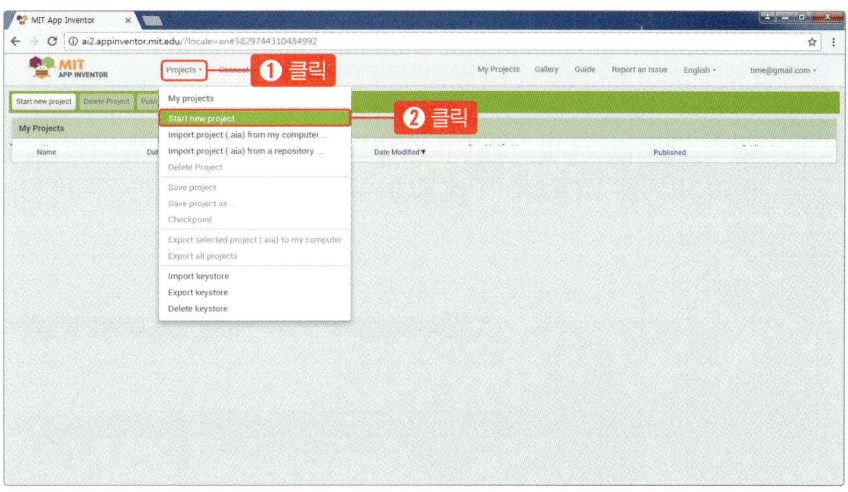

❸ 프로젝트 이름을 입력하고 [OK(확인)]를 클릭합니다.

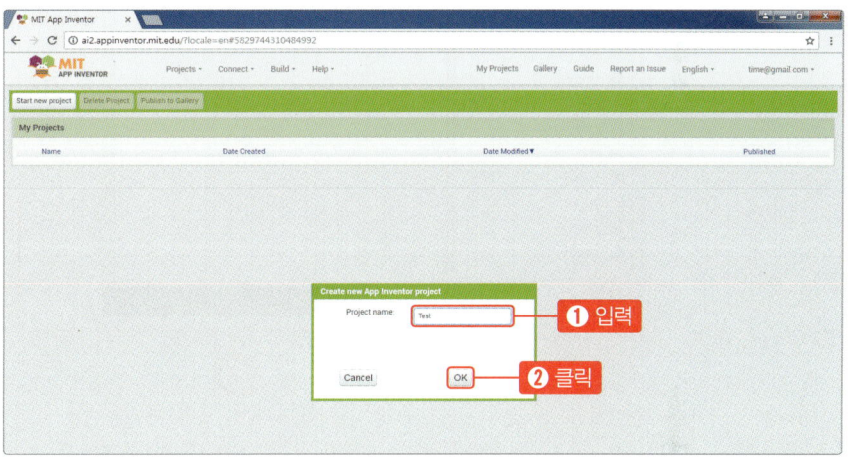

Hint

프로젝트 이름으로는 한글을 사용할 수 없습니다.

❹ 이전에 작업하던 프로젝트를 계속해서 작업하려면 프로젝트 이름을 클릭합니다.

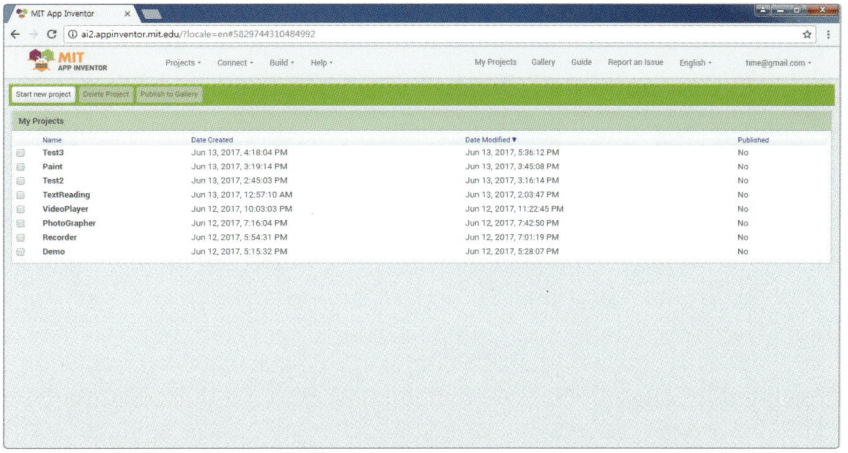

Step 02 디자이너 화면의 구성

작성조건 : 앱 인벤터의 디자이너 화면 구성에 대해 알아본다.

앱 인벤터는 크게 디자이너 화면과 블록 조합 화면이 있습니다. 디자이너 화면에서는 컴포넌트와 미디어 등을 이용하여 안드로이드 폰에 보이는 화면을 구성하고 컴포넌트의 속성을 지정하는 작업을 합니다.

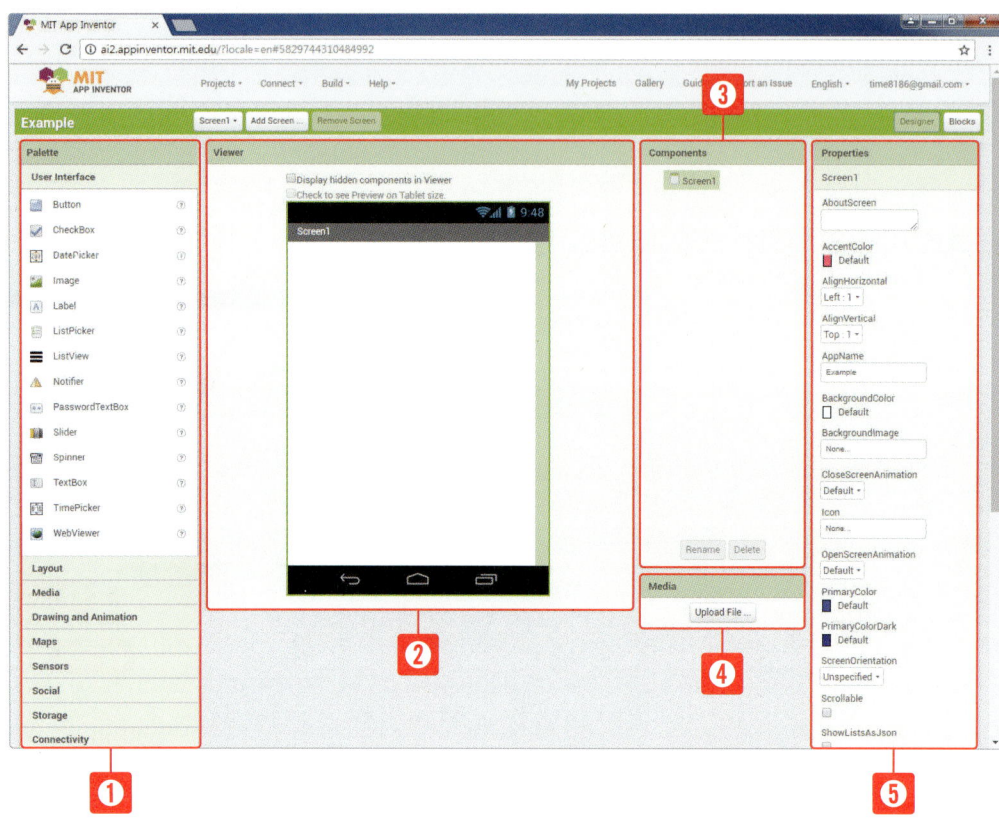

❶ **Palette(팔레트)** : 스마트폰을 꾸미기 위해 필요한 모든 컴포넌트를 모아 놓은 곳입니다.

❷ **Viewer(뷰어)** : 사용자가 만들 앱에 필요한 컴포넌트를 팔레트에서 찾아 배치하는 곳입니다. 실제 앱으로 만들어졌을 때 보이는 화면입니다.

❸ **Components(컴포넌트)** : 앱을 만들기 위해서 팔레트에서 꺼내 온 컴포넌트를 모아 놓은 공간입니다.

❹ **Media(미디어)** : 앱 제작에 필요한 사진, 음악, 영상들을 이곳에 넣어 놓는 곳입니다.

❺ **Properties(속성)** : 각 컴포넌트들의 속성(크기, 위치, 색상 등)을 변경하는 곳입니다.

❶ 컴포넌트를 추가하려면 [Pallette(팔레트)]에서 사용할 컴포넌트의 그룹을 선택한 다음 [Screen(스크린)]으로 드래그해 추가합니다.

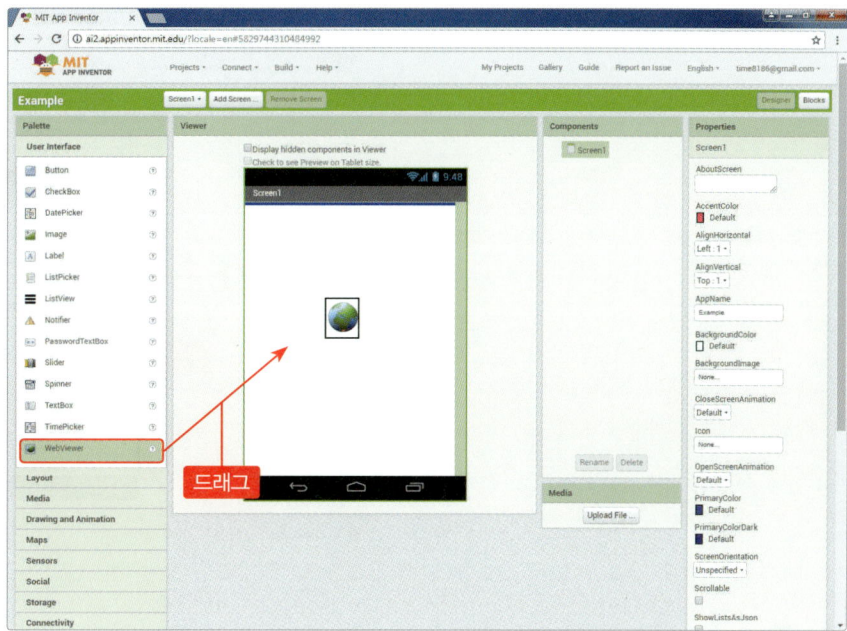

❷ 드래그한 컴포넌트가 추가됩니다. 컴포넌트가 추가되면 [Components(컴포넌트)]에 추가된 컴포넌트의 이름이 표시됩니다. [Properties(속성)]의 [HomeUrl(홈 URL)]에서 'https://www.google.com'을 입력합니다.

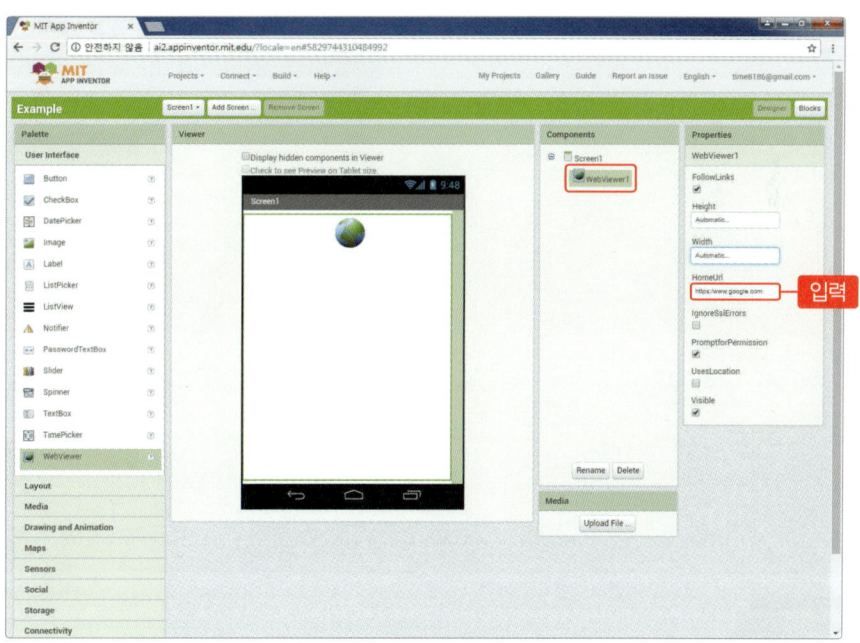

Hint

컴포넌트의 이름은 사용하는 언어에 따라 바뀌어 표시됩니다.

Part 01 앱 인벤터 시작하기 _ **015**

❸ 같은 방법으로 [Pallette(팔레트)]의 [Sensors(센서)] 그룹에서 [AccelerometerSensor(가속도센서)]를 드래그해 추가합니다.

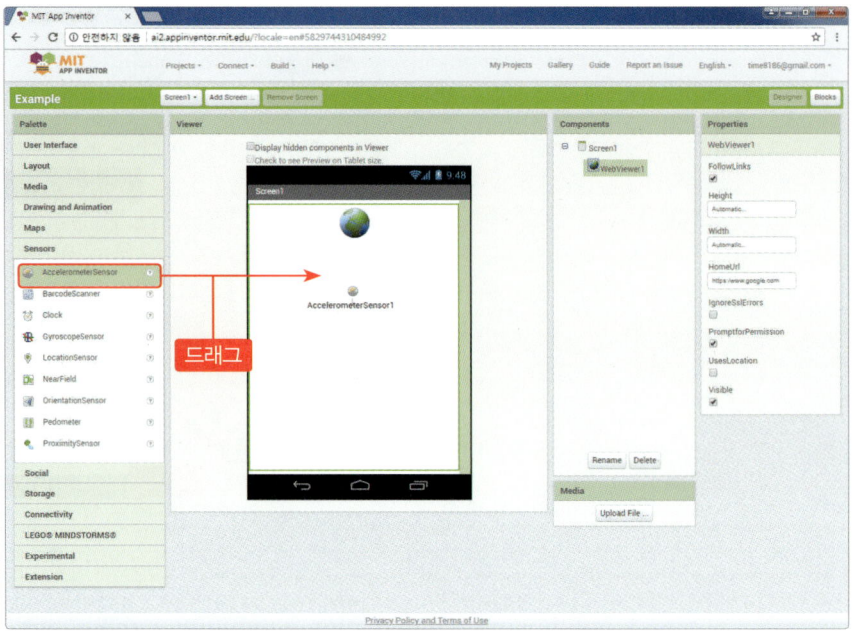

❹ 컴포넌트가 추가되었지만 [Screen(스크린)]에는 표시되지 않고 [Non-visible components(보이지 않는 컴포넌트)]에 추가됩니다.

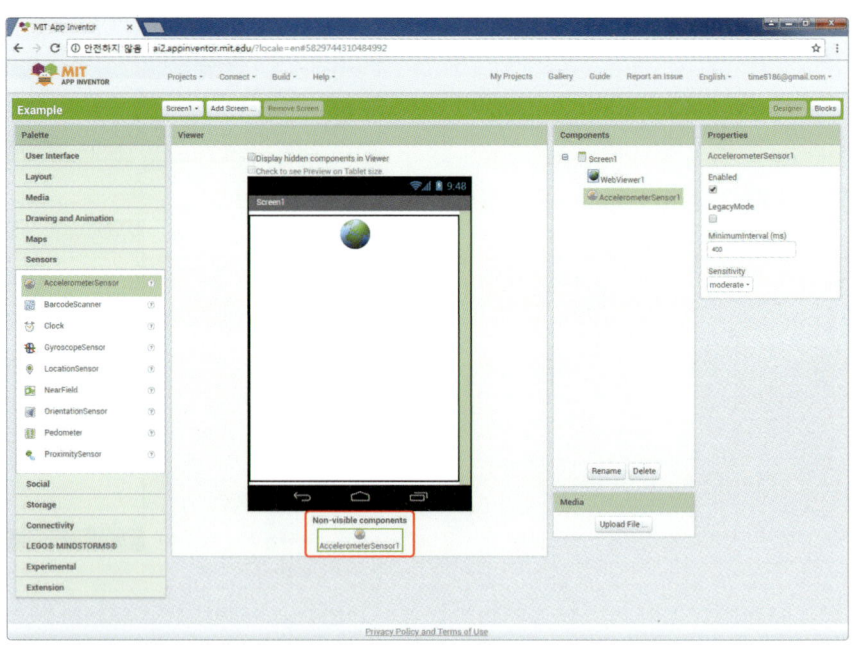

Hint

[Non-visible components(보이지 않는 컴포넌트)]는 프로젝트에서 사용할 수 있지만 화면에는 보이지 않는 컴포넌트입니다.

❺ 같은 방법으로 [Pallette(팔레트)]의 [Sensors(센서)] 그룹에서 [Clock(시계)]을 추가합니다.

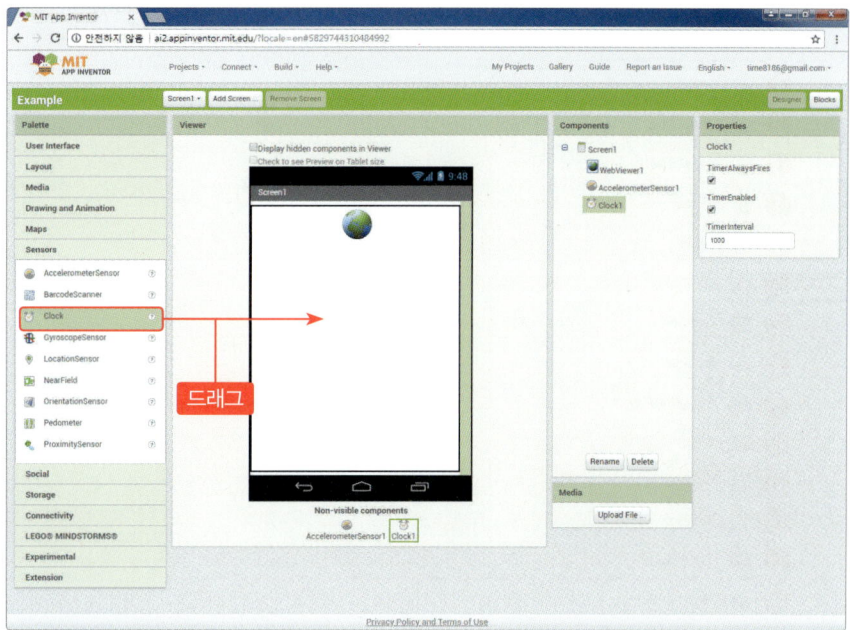

❻ [Components(컴포넌트)]에서 [Clock(시계)]을 선택한 다음 [Delete(삭제)]를 클릭합니다. 삭제를 확인하는 창이 나타나면 [확인]을 클릭합니다. 이렇게 하면 잘못 추가한 [Components(컴포넌트)]를 지울 수 있습니다.

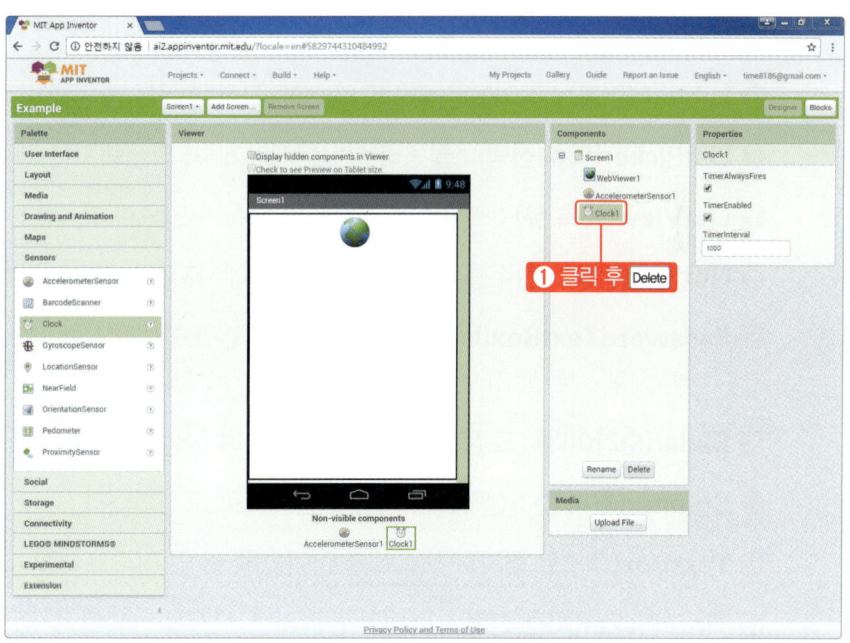

Part 01 앱 인벤터 시작하기 _ **017**

■ User Interface(사용자 인터페이스)

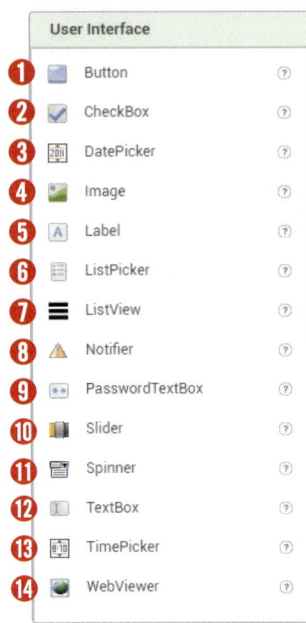

❶ **Button(버튼)** : 버튼은 클릭을 하면 연결된 동작을 수행하는 컴포넌트입니다.

❷ **CheckBox(체크 상자)** : 사용자 클릭에 따라 선택되거나 해제합니다.

❸ **DatePicker(날짜 선택)** : 클릭하면 날짜를 선택하는 대화창을 띄워주는 컴포넌트입니다.

❹ **Image(이미지)** : 이미지를 보여주기 위한 컴포넌트입니다.

❺ **Label(레이블)** : 레이블은 텍스트 속성에 지정된 글을 화면에 표시합니다.

❻ **ListPicker(목록 선택)** : 클릭하면 사용자에게 여러 선택지를 제공하는 컴포넌트입니다.

❼ **ListView(목록 뷰)** : 스크린에 문자들을 목록 모양으로 표시하는 컴포넌트입니다.

❽ **Notifier(알림)** : 함수를 사용하여 경고 창, 메시지, 임시 경고를 화면에 표시합니다.

❾ **PasswordTextBox(비밀번호 상자)** : 비밀번호를 입력하는 [TextBox(텍스트 상자)]입니다. 사용법은 [TextBox(텍스트 상자)]와 같지만, 사용자가 입력하는 문자가 표시되지 않습니다.

❿ **Slider(슬라이더)** : 조정 컨트롤을 드래그하여 진행 상태를 표시합니다.

⓫ **Spinner(스피너)** : 선택하면 목록을 팝업으로 표시합니다.

⓬ **TextBox(텍스트 상자)** : 텍스트를 입력받을 수 있거나 표시할 수 있습니다.

⓭ **TimePicker(시간 선택)** : 버튼을 클릭하면 시간을 선택할 수 있는 대화상자가 나타납니다.

⓮ **WebViewer(웹뷰어)** : 웹 페이지를 표시합니다.

■ Layout(레이아웃)

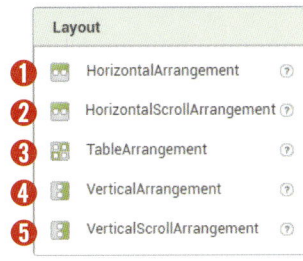

❶ **HorizontalArrangement(수평배치)** : 컴포넌트들을 화면에 가로로(왼쪽에서 오른쪽으로) 배치시키는 레이아웃 요소입니다.

❷ **HorizontalScrollArrangement** : 컴포넌트들을 화면에 가로로(왼쪽에서 오른쪽으로) 배치시키는 레이아웃 요소로서 필요에 따라 스크롤을 생성합니다.

❸ **TableArrangement(표배치)** : 컴포넌트들을 표 형태로 배치하는 레이아웃 요소입니다.

❹ **VerticalArrangement(수직배치)** : 컴포넌트들을 화면에 세로로(위쪽에서 아래쪽으로) 배치시키는 레이아웃 요소입니다.

❺ **VerticalScrollArrangement** : 컴포넌트들을 화면에 세로로(위쪽에서 아래쪽으로) 배치시키는 레이아웃 요소로서 필요에 따라 스크롤을 생성합니다.

■ Media(미디어)

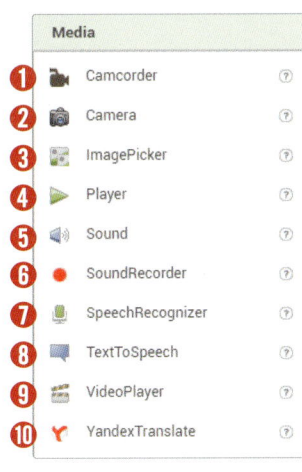

❶ **Camcoder(캠코더)** : 캠코더를 사용하여 영상을 녹화합니다.

❷ **Camera(카메라)** : 카메라를 사용하여 사진을 찍는 컴포넌트입니다.

❸ **ImagePicker(이미지 선택)** : 사용자가 이미지 선택을 누르면, 스마트 폰의 갤러리가 실행되어 원하는 이미지를 선택할 수 있습니다.

❹ **Player(플레이어)** : 음악을 재생하거나 스마트폰의 진동을 울리게 하는 멀티미디어 컴포넌트입니다.

❺ **Sound(소리)** : 소리 파일을 재생하는 멀티미디어 컴포넌트입니다.

❻ **SoundRecorder(녹음기)** : 소리를 녹음합니다.

❼ **SpeechRecognizer(음성 인식)** : 음성 인식 기능을 사용하여 입력된 말을 글로 변환합니다.

❽ **TextToSpeech(음성 변환)** : 음성 변환 기능을 사용하여 글을 말로 바꿉니다.

❾ **VideoPlayer(비디오 플레이어)** : 비디오를 재생할 수 있는 멀티미디어 컴포넌트입니다. 앱이 실행되면, 비디오 플레이어가 화면에 네모나게 나타납니다.

❿ **YandexTranslate(Yandex 번역)** : 단어나 문장을 다른 언어로 번역합니다.

■ Drawing and Animation(그리기 & 애니메이션)

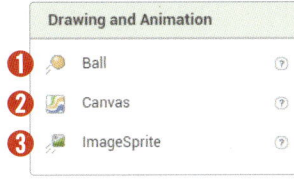

❶ **Ball(공)** : 동그란 스프라이트로 캔버스내에서 이리저리 움직일 수 있습니다.

❷ **Canvas(캔버스)** : 터치 가능한 2차원 패널로 그림을 그릴 수도 있고 스프라이트를 움직일 수도 있습니다.

❸ **ImageSprite(이미지 스프라이트)** : 이미지 스프라이트는 캔버스에 놓을 수 있습니다. 터치나 드래그에 반응하고 지정된 속성에 따라 움직일 수 있습니다.

■ Maps

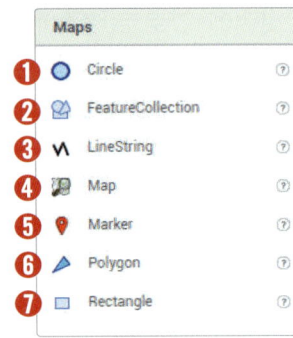

❶ **Circle** : 지도에 원을 그립니다.

❷ **FeatureCollection** : FeatureCollection을 사용하여 기능 그룹을 표시합니다.

❸ **LineString** : LineString 구성 요소를 사용하여 맵에 선을 그립니다.

❹ **Map** : OpenStreetMap 제공자와 미국 지질 조사국(US Geological Survey)이 제공하는 지도 타일을 표시합니다.

❺ **Maker** : 한 지점에 위치하여 지도에 대한 정보를 나타냅니다.

❻ **Polygon** : 맵에 임의의 다각형을 그립니다.

❼ **Rectangle** : 지도에 사각형을 그립니다.

■ Sensors(센서)

❶ **AccelerometerSensor(가속도 센서)** : 흔들림을 감지합니다.

❷ **BarcodeScanner(바코드 스캐너)** : 바코드 스캐너를 사용하여 바코드를 읽을 수 있습니다.

❸ **Clock(시계)** : 스마트폰의 시계, 타이머, 그리고 시간 계산을 할 수 있습니다.

❹ **GyroscopeSensor** : 초 단위로 3차원의 각속도를 측정합니다.

❺ **LocationSensor(위치 센서)** : 경도, 위도, 고도, 주소와 같은 위치 정보를 제공합니다.

❻ **NearField(NFC)** : NFC 기능을 제공합니다.

❼ **OrientationSensor(방향 센서)** : 3차원 공간에서의 기기의 물리적 방향에 대한 정보를 제공합니다.

❽ **Pedometer** : 걸음 수를 셀 수 있습니다.

❾ **ProximitySensor(근접 센서)** : 기기의 스크린으로부터 상대적으로 물체가 얼마나 근접해있는지를 측정합니다.

■ Social(소셜)

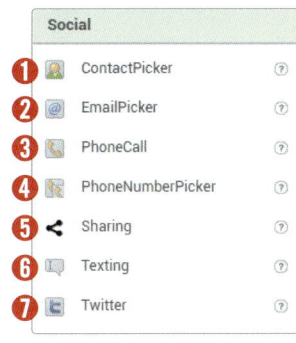

❶ **ContactPicker(연락처 선택)** : 버튼을 클릭하면 연락처를 선택할 수 있는 목록을 표시합니다.

❷ **EmailPicker(이메일 선택)** : 이메일 선택은 텍스트 상자의 한 종류입니다.

❸ **PhoneCall(전화)** : 전화번호 속성에 지정된 번호로 전화를 겁니다.

❹ **PhoneNumberPicker(전화번호 선택)** : 버튼을 클릭하면 선택 가능한 전화번호 목록을 화면에 표시합니다.

❺ **Sharing(공유)** : 기기에 설치된 다른 앱들에 파일이나 메시지를 공유할 수 있도록 합니다.

❻ **Texting(문자 메시지)** : 메시지 보내기 함수가 호출되면, 전화번호 속성의 전화번호로 메시지 속성의 값을 내용으로 하는 문자 메시지를 보냅니다.

❼ **Twitter(트위터)** : 트위터와 통신하기 위해 사용합니다.

■ Storage(저장소)

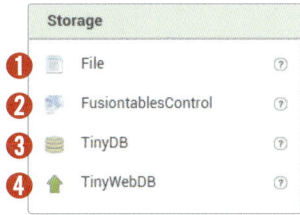

❶ **File(파일)** : 파일을 저장하고 검색하는데 사용합니다.

❷ **FusiontablesControl(퓨전 테이블 제어)** : 구글 퓨전 테이블과 통신합니다.

❸ **TinyDB** : TinyDB는 앱에 데이터를 저장할 수 있습니다.

❹ **TinyWebDB** : 정보를 저장하고 검색하기 위해 웹 서비스와 통신합니다.

■ Connectivity(연결)

❶ **ActivityStarter(액티비티 스타터)** : 액티비티 시작 함수를 사용하여 액티비티를 실행시킵니다.

❷ **BluetoothClient(블루투스 클라이언트)** : 블루투스 클라이언트 컴포넌트로서 블루투스를 이용하여 다른 장치와 연결할 수 있습니다.

❸ **BluetoothServer(블루투스 서버)** : 블루투스 서버 컴포넌트로서 블루투스를 이용하여 다른 장치와 연결할 수 있습니다.

❹ **Web(웹)** : HTTP GET, POST, PUT, DELETE 요청을 보내는 보이지 않는 컴포넌트입니다.

Step 03 블록 조합 화면 살펴보기

작성조건 : 앱 인벤터의 블록 조합 화면에 대해 알아본다.

블록 조합 화면은 사용자의 행동에 따라 동작하도록 만드는 작업을 합니다.

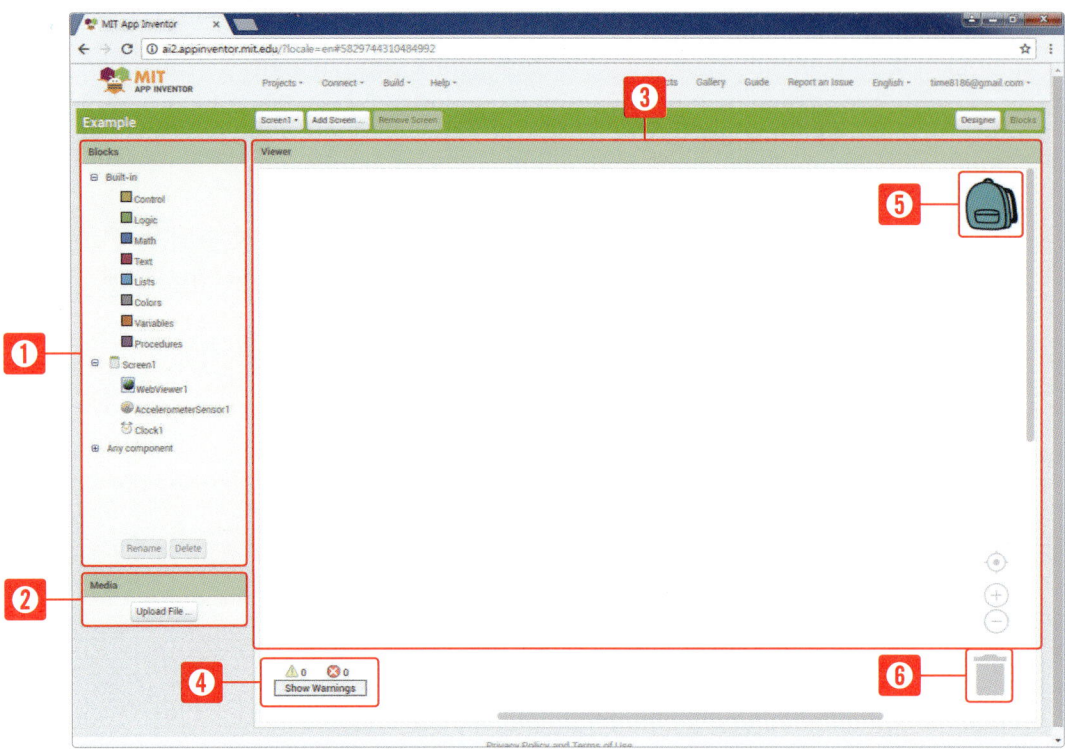

❶ **Blocks(블록)** : 프로젝트에서 사용 가능한 컴포넌트 목록이 보입니다. 각 컴포넌트를 클릭하면 컴포넌트에서 사용할 수 있는 블록들이 나타납니다.

- Built-in(공통 블록) : 기본적으로 사용할 수 있는 컴포넌트들이 모여 있는 곳입니다.
- Screen1 : 앱을 만들기 위해 디자이너 화면에서 추가한 컴포넌트들이 모여 있는 곳입니다.

❷ **Media(미디어)** : 프로젝트에 추가된 미디어 파일의 목록이 표시됩니다. [UploadFile(파일 올리기)]을 클릭하면 미디어 파일을 추가할 수 있습니다.

❸ **Viewer(뷰어)** : 블록 영역에서 꺼내 온 블록들을 조립하여 동작을 만들기 위해 사용하는 공간입니다.

❹ **Show Warning(경고 보이기)** : 잘못 코딩하여 발생한 경고와 오류의 개수를 표시합니다. 경고는 무시해도 앱을 Build(빌드)할 수 있지만 오류는 무시하는 경우 앱을 Build(빌드)할 수 없습니다.

❺ **Backpack(백팩)** : 자주 사용하는 블록을 넣어놓은 다음 쉽게 꺼내어 사용할 수 있습니다.

❻ **Trashcan(휴지통)** : 필요 없는 블록을 드래그해 삭제할 수 있습니다.

❶ 디자이너 화면에서 블록 조합 화면으로 바꾸려면 [Blocks(블록)]을 클릭합니다.

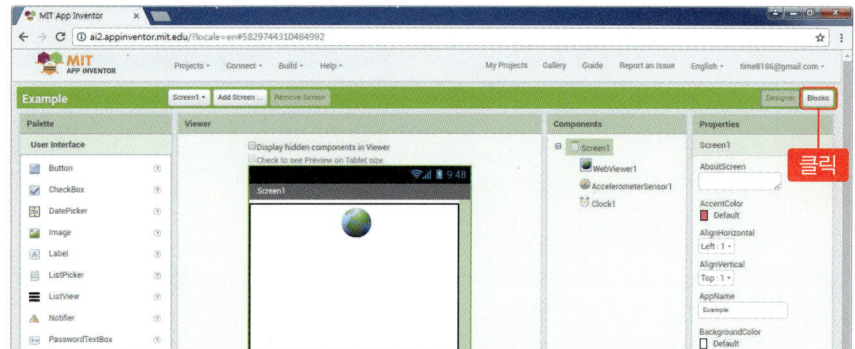

Hint

블록 조합 화면에서 디자이너 화면으로 바꾸려면 [Designer(디자이너)]를 클릭합니다.

❷ [Blocks(블록)]에서 컴포넌트를 선택하면 사용할 수 있는 블록이 나타납니다. 나타난 블록을 드래그 합니다.

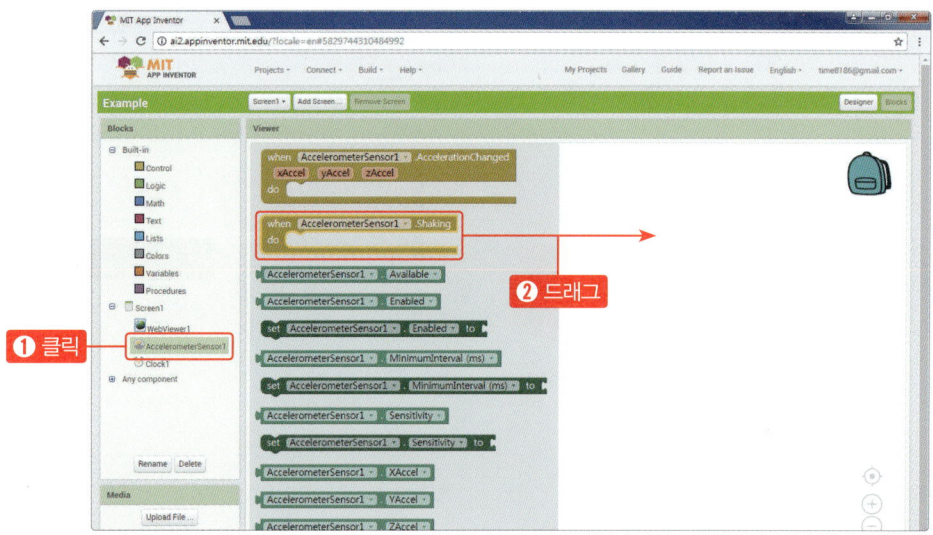

❸ 드래그한 블록이 [Viewer(뷰어)]에 추가됩니다.

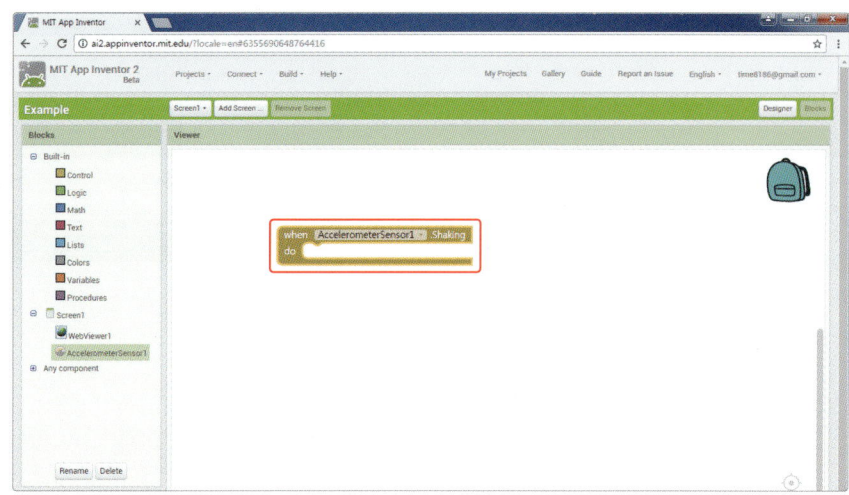

Part 01 앱 인벤터 시작하기 _ **023**

❹ 같은 방법으로 [Blocks(블록)]에서 [Webviewer1(웹뷰어1)]의 그룹에서 [Set WebViewer1. HomeUrl(홈 URL)]을 드래그해 연결합니다.

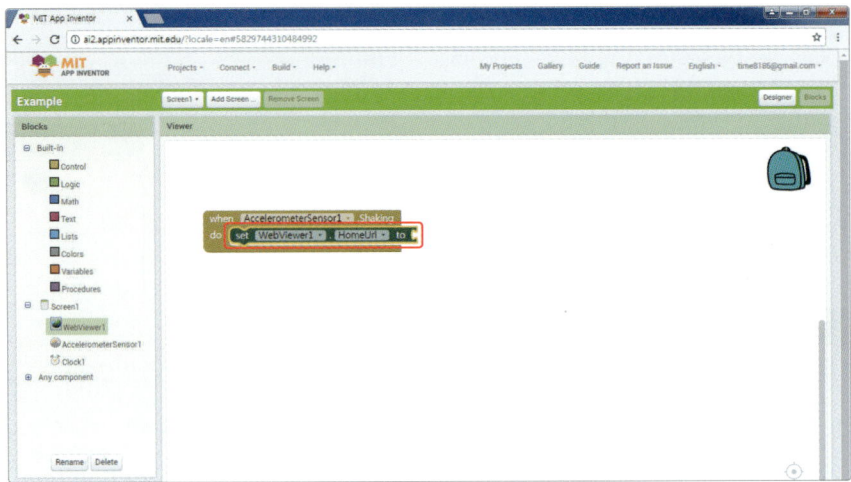

❺ [Blocks(블록)]에서 [Text(텍스트)]를 선택한 다음 [" "]블록을 연결합니다.

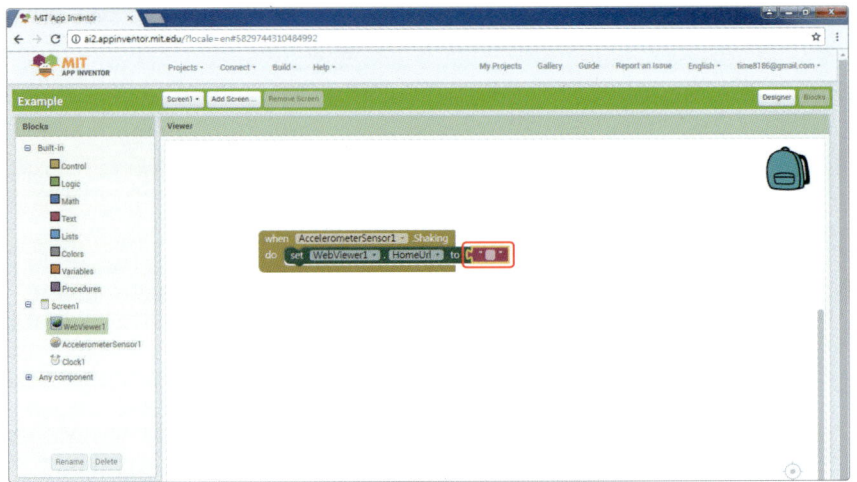

❻ 연결된 블록에 'https://www.google.com'을 입력합니다. 이렇게 하면 [AccelerometerSensor(가속도 센서)]를 흔들 때마다 [WebViewer1(웹뷰어1)]의 홈페이지가 구글로 바뀝니다.

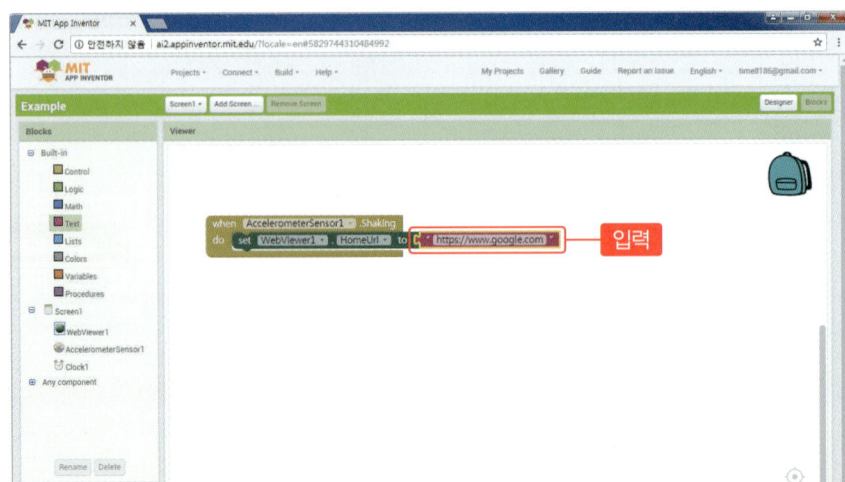

■ 블록의 모양 살펴보기

❶ [when(언제)] 블록

이벤트가 발생하면 수행할 동작을 [when(언제)] 블록 안에 블록을 연결합니다. 특정한 이벤트가 발생했는지 확인하여 이벤트가 발생하면 [when(언제)] 블록 안에 연결된 블록을 차례로 실행합니다. 같은 이름의 블록은 반드시 하나만 있어야 합니다.

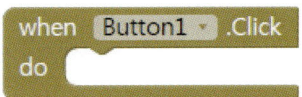

❷ [set(지정하기)] 블록

컴포넌트의 속성을 바꿉니다. [when(언제)] 블록이나 [set(지정하기)] 블록, [call(호출)] 블록 등의 아래에 연결할 수 있으며 [set(지정하기)] 블록의 오른쪽에는 값을 지정하는 [value(값)] 블록을 연결합니다.

set Button1 . BackgroundColor to

❸ [value(값)] 블록

혼자서는 사용할 수 없고 [set(지정하기)] 블록에 연결하여 사용합니다. 컴포넌트의 속성의 현재 값이나 연산 결과 등을 지정합니다.

Button1 . BackgroundColor

❹ [call(호출)] 블록

함수를 호출하는 블록으로 프로그래머가 함수를 만들거나 센서 등에서 미리 정의되어 있는 함수를 호출하여 사용할 수 있습니다.

호출 WebViewer1 .홈페이지로 이동

유형 03 완성된 앱 테스트

안드로이드 폰과 앱 인벤터를 연결하여 프로젝트를 테스트하는 'MIT AI2 Companion'의 설치 및 사용법에 대해 알아봅니다.

주요 기능
- MIT AI2 Companion 설치와 사용법
- 앱 빌드와 설치

결과 화면

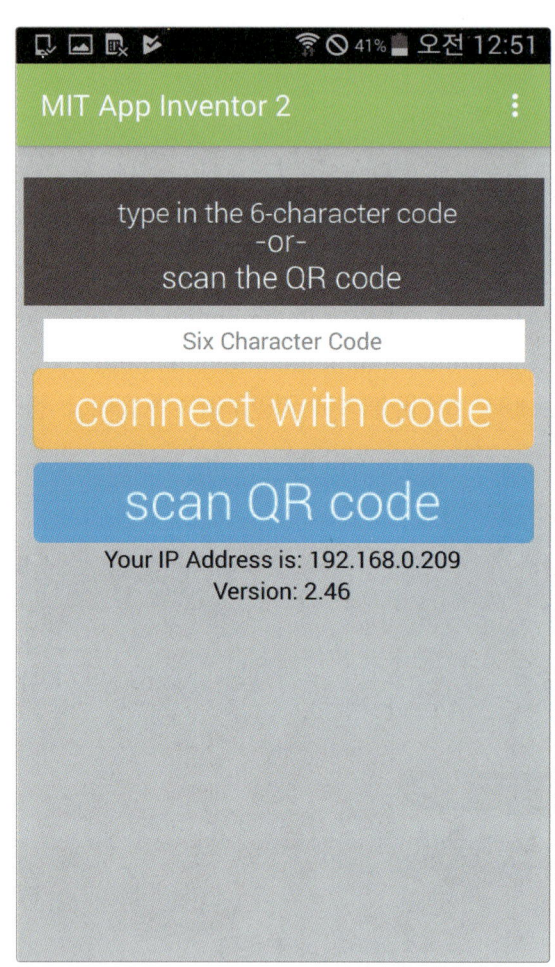

▲ MIT AI2 Companion

출제유형

- Step 01 : MIT AI2 Companion을 설치하는 방법에 대해 알아본다.
- Step 02 : 완성된 앱을 안드로이드 폰에 설치하는 방법에 대해 알아본다.

Step 01　AI2 컴포니언 설치와 테스트

작성조건 : 'MIT AI2 Companion'의 설치 방법과 사용 방법에 대해 알아본다.

❶ 안드로이드 폰에서 [Play 스토어]를 실행합니다. 'MIT AI2 Companion'을 검색한 다음 [설치]를 클릭합니다.

❷ [동의]를 클릭해 설치를 진행합니다.

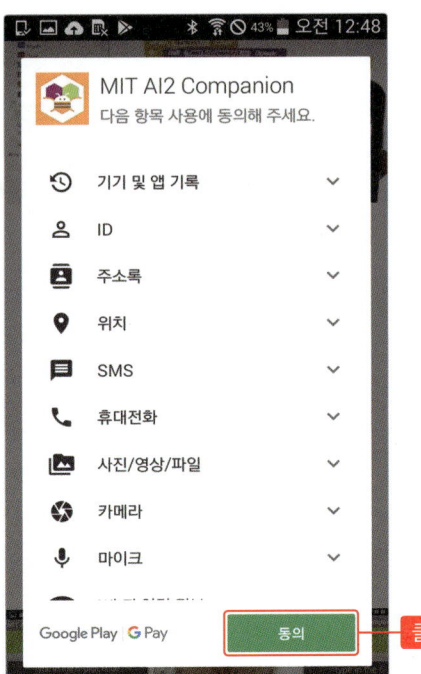

❸ 설치가 끝나면 [열기]를 클릭합니다.

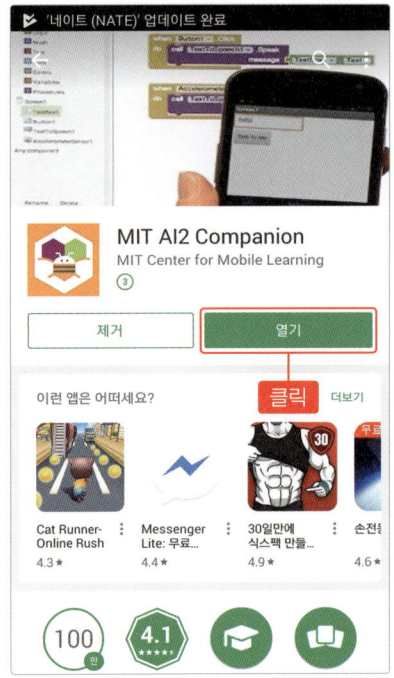

❹ 'MIT App Inventor 2 Companion' 앱이 열리면 'scan QR code'를 클릭합니다.

Hint

'MIT App Inventor 2 Companion' 앱은 안드로이드 폰이 와이파이(Wifi)로 연결되어 있어야 합니다.

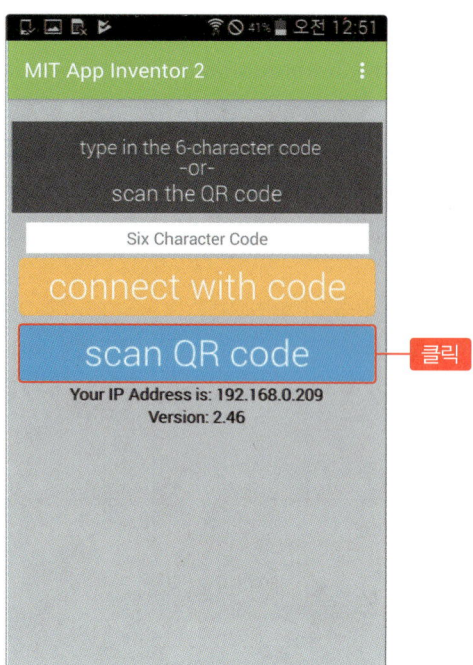

❺ 앱 인벤터에서 [Connect(연결)]-[AI Companion(AI 컴패니언)]을 선택합니다.

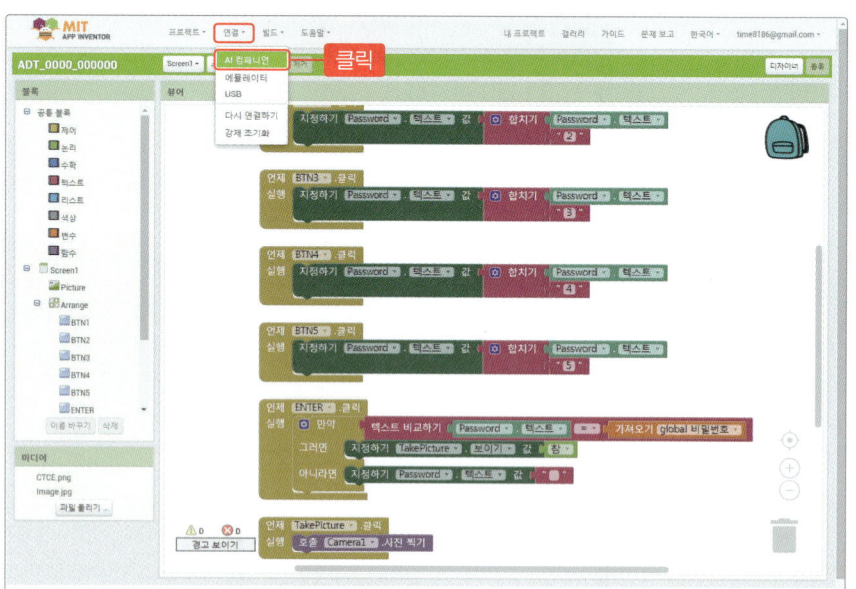

❻ QR 코드가 화면에 나타납니다.

❼ 화면에 표시된 QR 코드를 스마트 폰으로 스캔합니다.

❽ 프로그램이 실행되면서 자동으로 앱이 실행됩니다. 앱 인벤터의 디자이너 화면이나 블록 조합 화면에서 앱을 수정하면 스마트 폰의 앱도 자동으로 수정됩니다.

Hint

'MIT App Inventor 2 Companion'는 앱 인벤터의 프로젝트를 테스트하기 위해 사용하며, 완성된 프로젝트를 안드로이드 폰에 설치하지는 않습니다.

Step 02 안드로이드 폰에 완성된 앱 설치하기

작성조건 : 완성된 앱을 안드로이드 폰에 설치하는 방법에 대해 알아본다.

❶ 완성된 앱을 안드로이드 폰에 설치하려면 [Build(빌드)]-[APP provide QR code for .apk(앱 apk 용 QR 코드 제공)]을 클릭합니다.

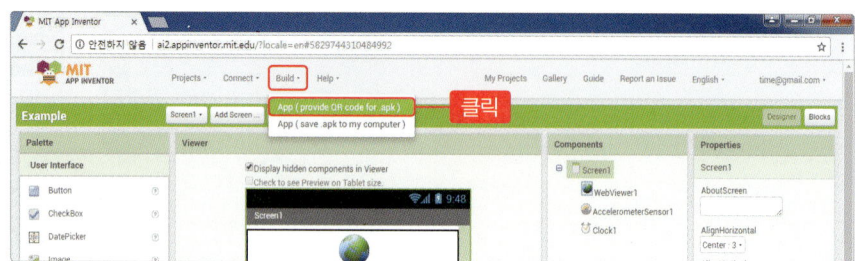

❷ 프로젝트가 apk 파일로 변환됩니다. Esc 키 등을 누르면 변환이 취소될 수 있으므로 잠시 기다립니다.

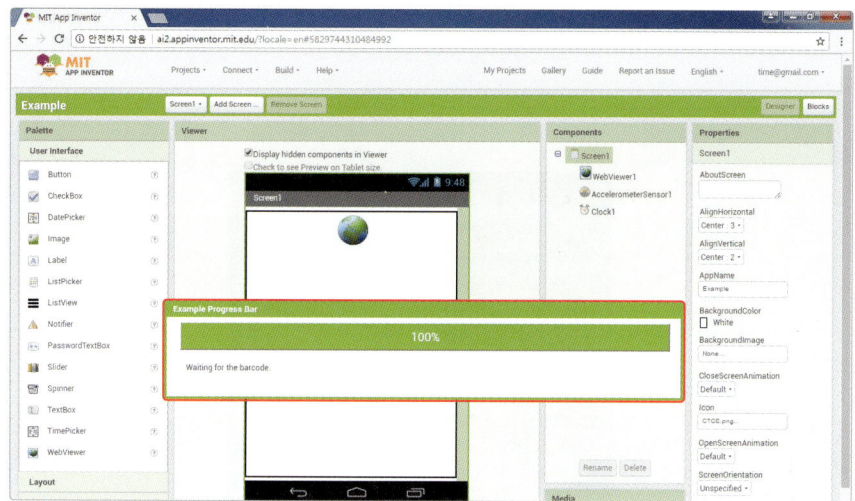

❸ 변환이 끝나면 QR 코드가 나타납니다.

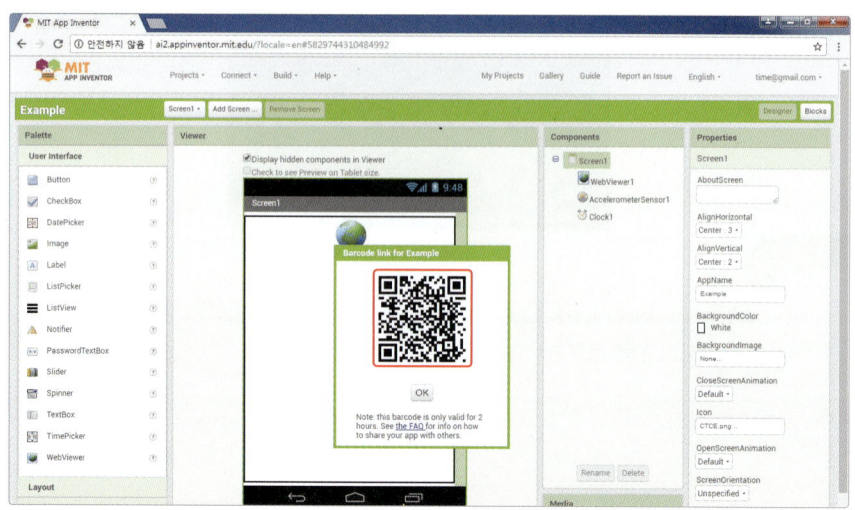

④ 안드로이드 폰에서 'QR 코드 리더' 앱을 이용하여 코드를 스캔한 다음 링크를 연결합니다.

⑤ 자동으로 앱이 다운로드된 다음 설치를 진행합니다.

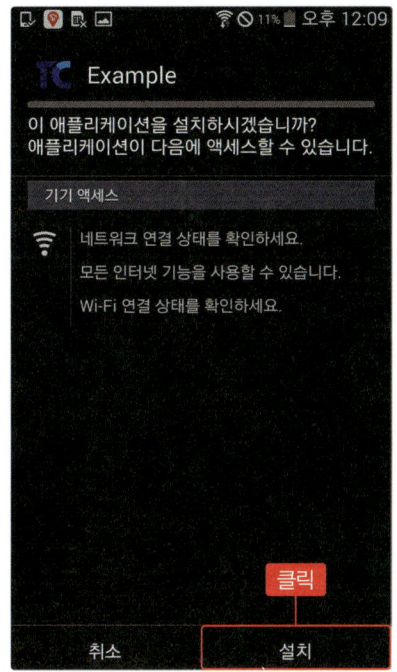

Hint

경우에 따라 '출처를 알 수 없는 앱'의 설치를 허용을 요구하는 화면이 나타날 수 있습니다. 이런 경우 일시적으로 '출처를 알 수 없는 앱'의 설치를 허용합니다.

⑥ 설치가 끝나면 앱이 자동으로 실행됩니다. 그리고 설치된 앱의 아이콘이 만들어 집니다.

MEMO

PART 02

유형 사로잡기

- 유형 01 프로젝트 시작
- 유형 02 앱 디자인
- 유형 03 앱 코딩
- 유형 04 완성된 프로젝트 저장

유형 01 프로젝트 시작

앱 인벤터에서 새로운 프로젝트를 생성하고 저장하는 방법에 대해 알아봅니다.

주요 기능
- 새 프로젝트
- 프로젝트 저장

결과 화면
• 완성 파일 : ex01.aia

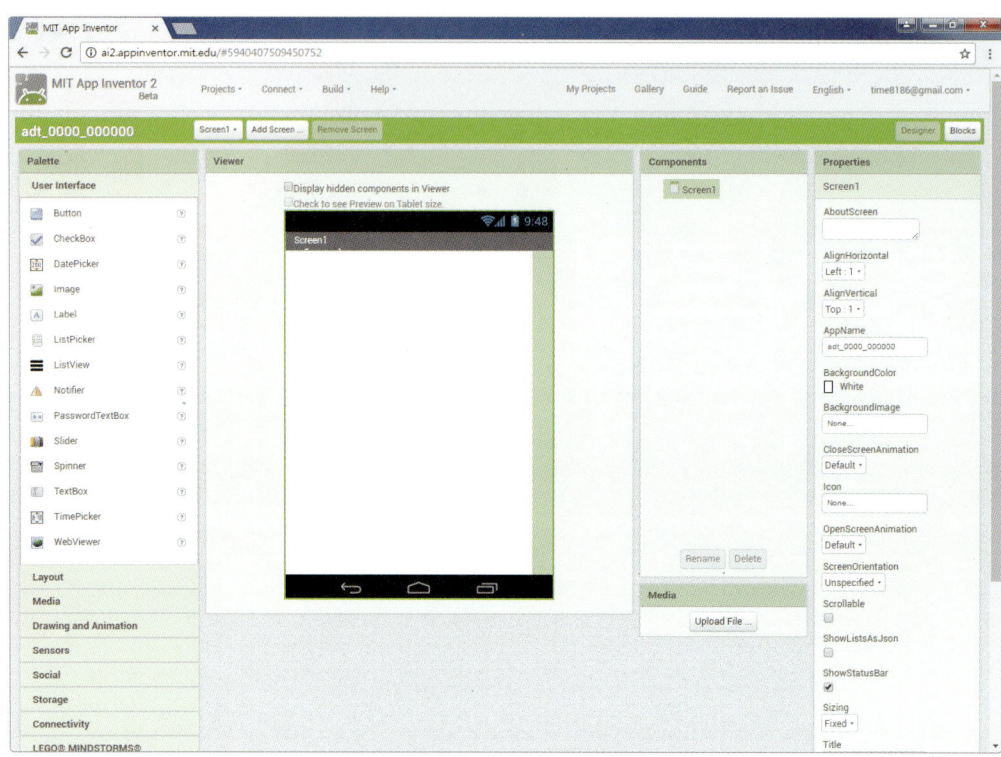

출제유형

- **Step 01** : 새로운 프로젝트를 만들고 프로젝트 이름을 지정하는 방법에 대해 알아봅니다.
- **Step 02** : 프로젝트를 저장하는 방법에 대해 알아봅니다.

Step 01 새로운 프로젝트 만들기

작성조건 : 앱 인벤터에서 새로운 프로젝트를 생성하고 저장하는 방법에 대해 알아봅니다.

❶ 크롬을 실행한 다음 앱 인벤터 홈 페이지(http://appinventor.mit.edu/)를 방문합니다. 그리고 앱 인벤터 홈페이지의 오른쪽 위에 있는 [Create apps!(앱 만들기)] 버튼을 클릭하여 앱 인벤터를 시작합니다.

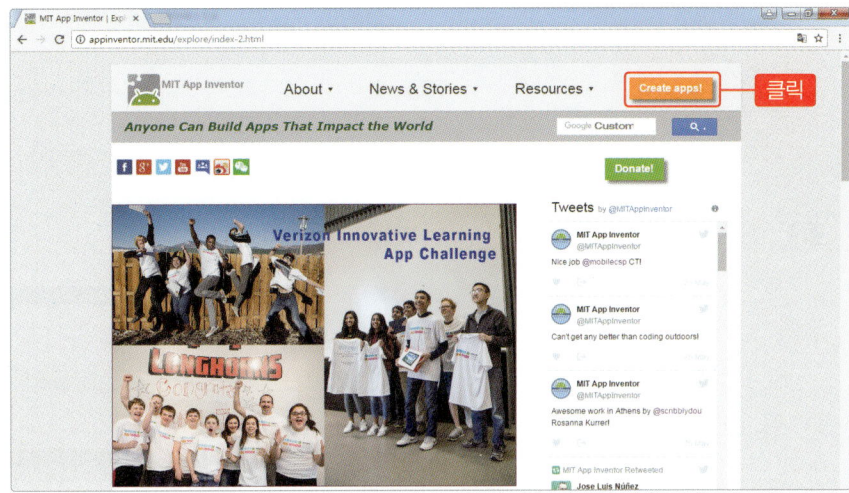

❷ [로그인] 화면이 나타나면 이메일 주소를 입력하고 [다음]을 클릭합니다. 그리고 비밀 번호를 입력하여 로그인합니다.

Hint

앱 인벤터를 사용하려면 구글 계정으로 로그인해야 합니다. 구글 계정이 없다면 새로운 계정을 만들어야 앱 인벤터를 사용할 수 있습니다.

❸ 새로운 프로젝트를 만들기 위해 [Projects(프로젝트)]-[Start new project(새 프로젝트 시작하기)] 메뉴를 클릭합니다.

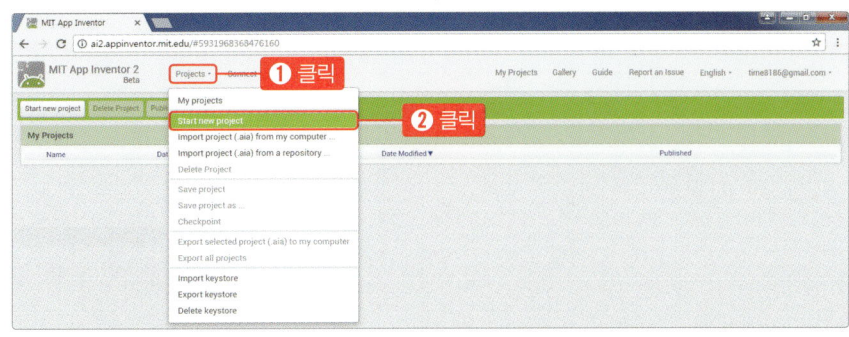

❹ 프로젝트 이름을 입력하고 [OK(확인)]를 클릭합니다.

Hint

프로젝트 이름은 문제에 제시된 것처럼 'adt_수험번호'로 입력합니다. 프로젝트 이름으로는 영문과 숫자, 특수문자만 사용할 수 있으며 한글은 사용할 수 없습니다.

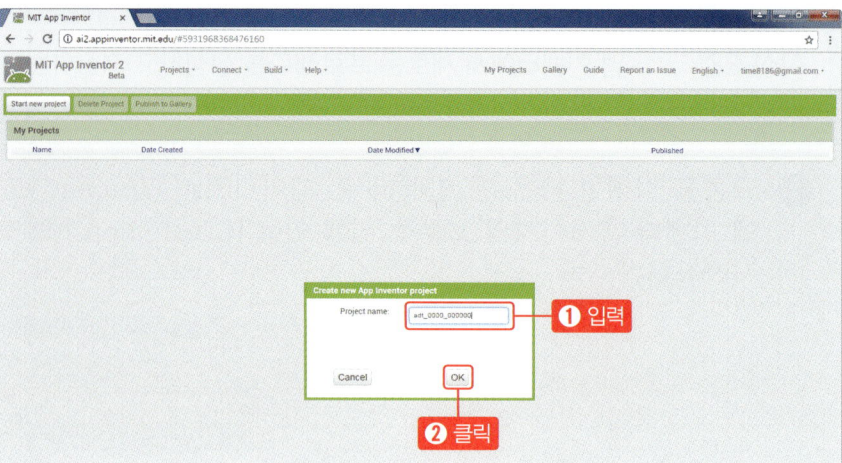

❺ 앱 인벤터의 초기 화면이 나타납니다.

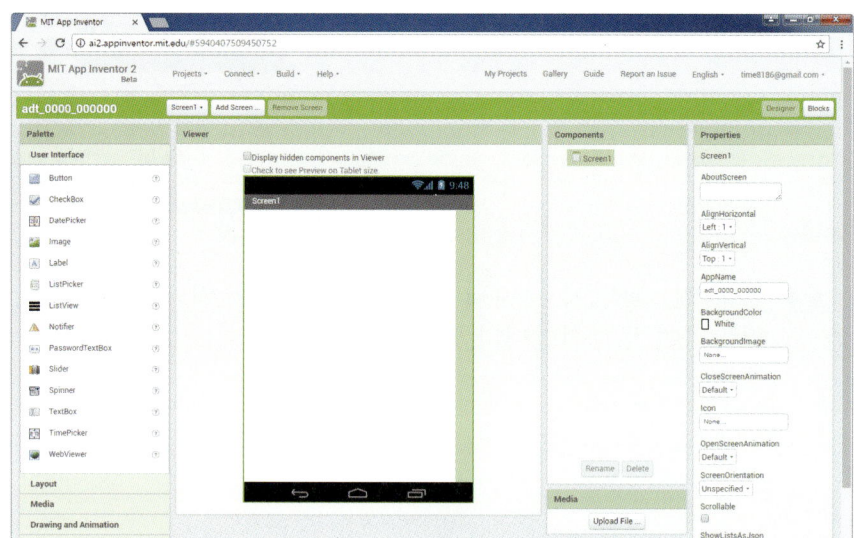

Hint

[English]를 클릭해 [한국어]를 클릭하면 메뉴와 속성 등이 한글로 바뀝니다.

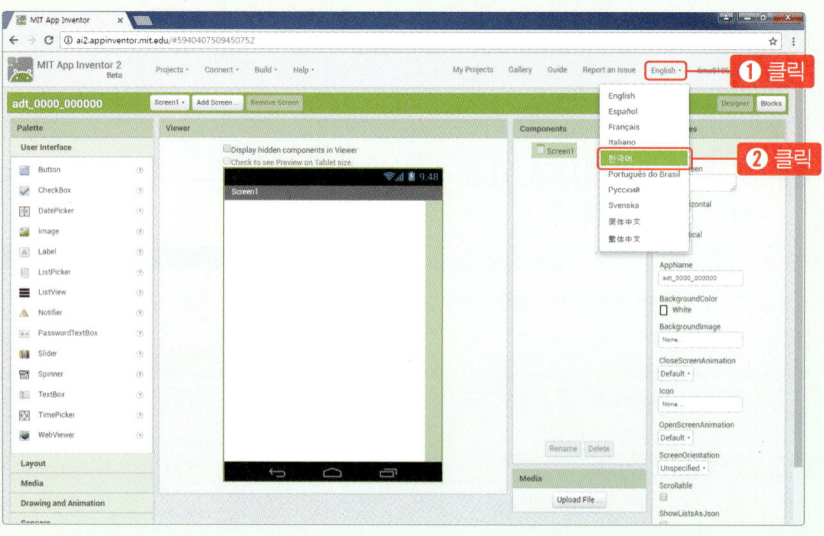

Step 02 프로젝트 저장하기

작성조건 : 프로젝트를 저장하시오.

❶ 프로젝트를 저장하기 위해 [Projects(프로젝트)]-[Save Project(프로젝트 저장)]를 클릭합니다.

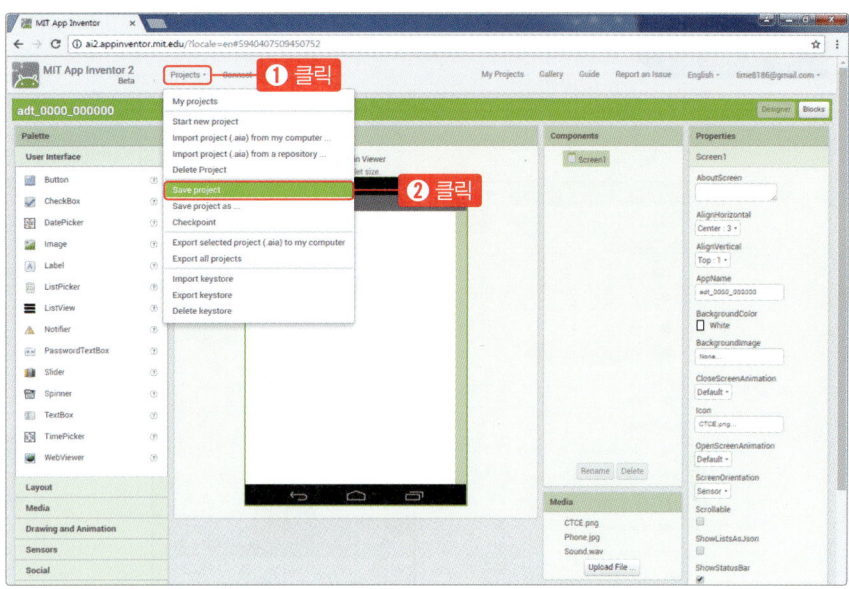

❷ 프로젝트가 저장되고 저장된 시간 등이 표시됩니다. 디자이너 화면에서 컴포넌트를 추가하거나 블록 조합 화면에서 블록을 추가한 후 중간 저장을 합니다.

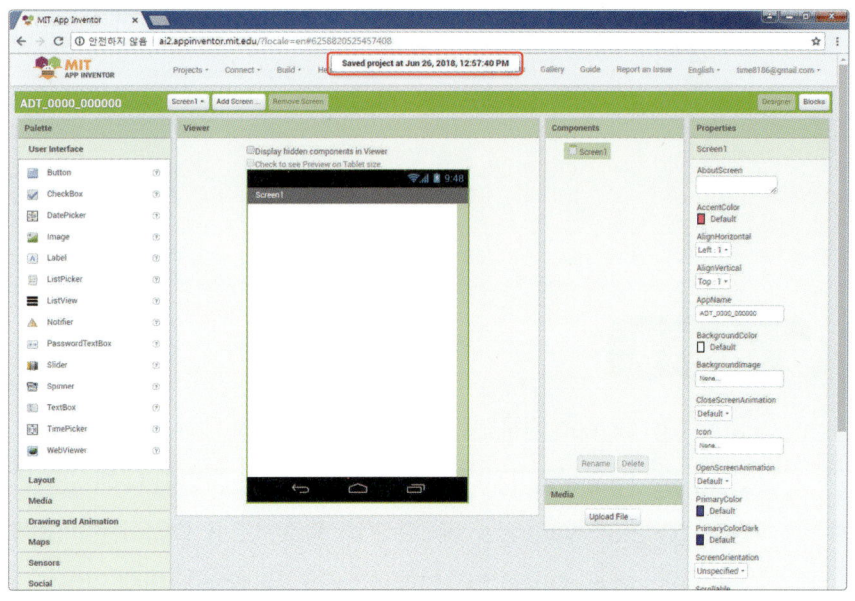

Hint

프로젝트의 이름을 잘못 지정한 경우에는 [Projects(프로젝트)]-[Save project as...(프로젝트 다른 이름으로 저장)]를 클릭해 [Save As(다른 이름으로 저장)] 대화상자가 나타나면 새로운 이름을 입력하고 [OK(확인)]를 클릭합니다.

유형 02 앱 디자인

디자이너 화면에서 컴포넌트를 추가하고 속성을 설정하는 방법에 대해 알아봅니다.

주요 기능
- 컴포넌트 추가
- 컴포넌트 이름 변경
- 컴포넌트 속성 설정

결과 화면
• 완성 파일 : ex02.aia

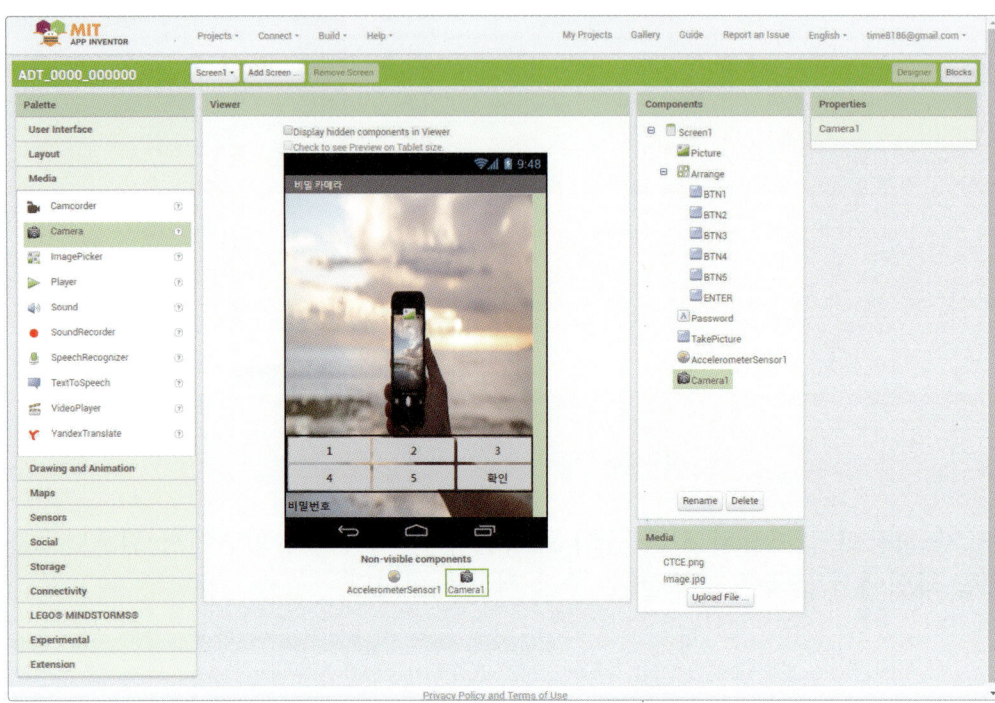

출제유형

- Step 01 : Screen 컴포넌트를 설정하는 방법에 대해 알아봅니다.
- Step 02 : Image(이미지) 컴포넌트를 삽입하는 방법에 대해 알아봅니다.
- Step 03 : TableArrangement(표배치) 컴포넌트를 삽입하는 방법에 대해 알아봅니다.
- Step 04 : Button(버튼) 컴포넌트를 삽입하는 방법에 대해 알아봅니다.
- Step 05 : Label(레이블) 컴포넌트를 삽입하는 방법에 대해 알아봅니다.
- Step 06 : Button(버튼) 컴포넌트를 삽입하고 숨기는 방법에 대해 알아봅니다.
- Step 07 : Non-visible components(보이지 않는 컴포넌트)를 삽입하는 방법에 대해 알아봅니다.

Step 01 Screen 컴포넌트 설정하기

작성조건 : [Screen] 컴포넌트를 다음 [작성 조건]에 따라 속성을 설정하시오.

Components Name(컴포넌트 이름) : 'Screen1'
- AlignHorizontal(수평 정렬) ⇒ Center(중앙) : 3
- BackgroundImage(배경 이미지) ⇒ 'Image.jpg' 이미지 업로드
- Icon(아이콘) ⇒ 'CTCE.png' 이미지 업로드   • Title(제목) ⇒ "비밀 카메라"
- ScreenOrientation(스크린 방향) ⇒ Portrait(세로)

❶ [Screen] 컴포넌트에 'AlignHorizontal(수평정렬)'을 지정하기 위해 [Properties(속성)]의 [AlignHorizontal(수평정렬)] 항목을 클릭한 다음 [Center(중앙)]를 선택합니다.

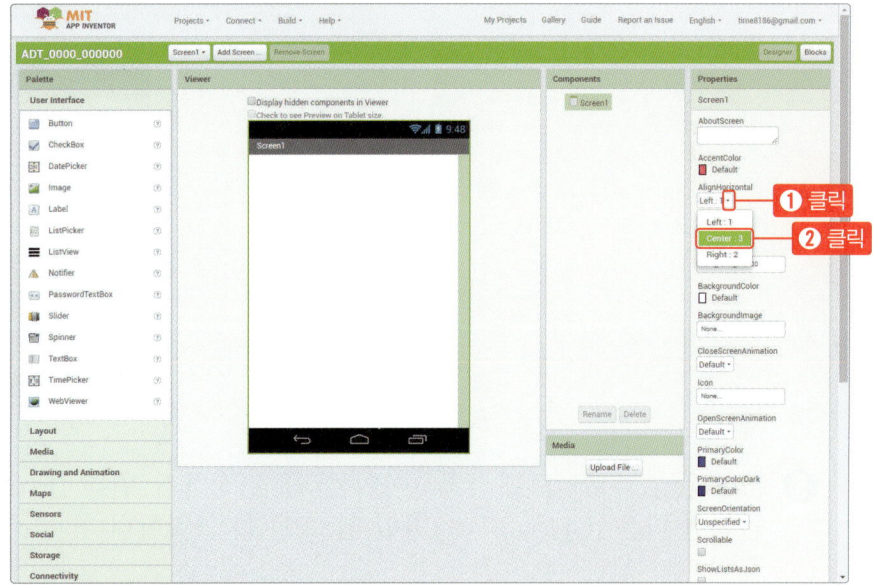

❷ [Screen] 컴포넌트에 배경 이미지를 지정하기 위해 [Properties(속성)]에서 [BackgroundImage(배경 이미지)]를 클릭한 다음 [Upload File(파일 업로드)]를 클릭합니다.

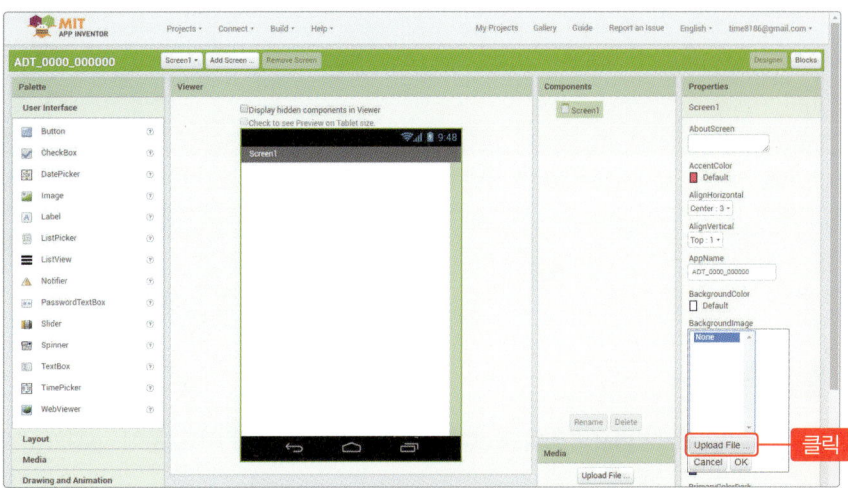

❸ [Upload File(파일 올리기)] 창이 나타나면 [파일 선택]을 클릭합니다. 파일 선택 창이 나타나면 'Image.jpg' 파일을 선택하고 [열기]를 클릭합니다. 파일 이름이 나타나면 [OK(확인)]를 클릭합니다.

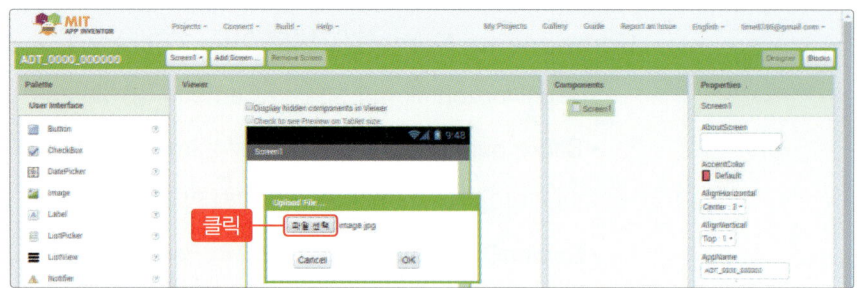

❹ 배경 이미지로 'Image.jpg' 파일이 업로드 됩니다.

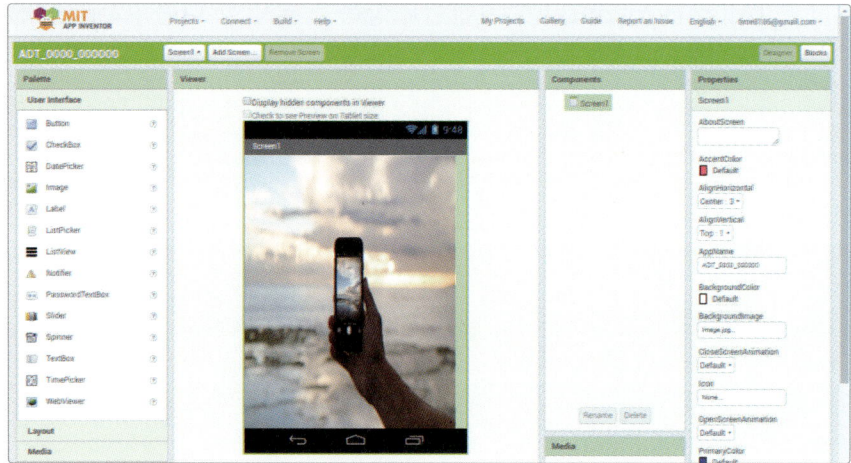

❺ [Screen] 컴포넌트에 'Icon(아이콘)'을 지정하기 위해 [Properties(속성)]에서 [Icon(아이콘)]을 클릭한 다음 [Upload File(파일 업로드)]를 클릭합니다.

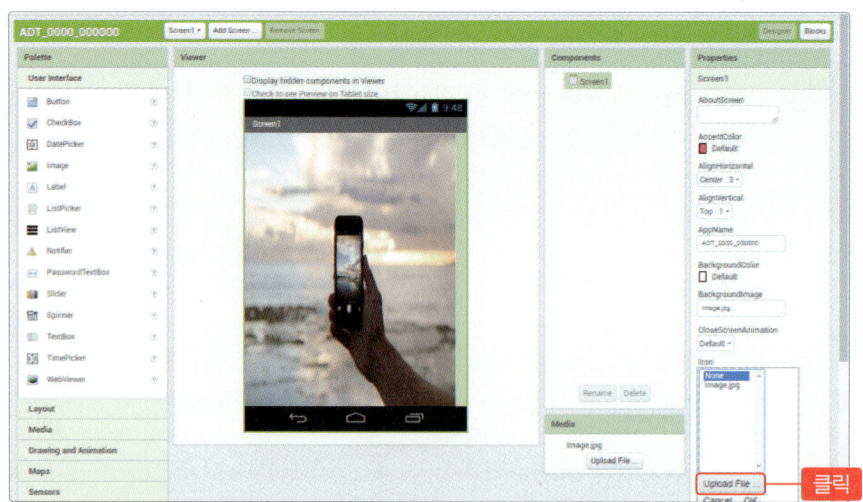

Hint

[Screen] 컴포넌트의 [Icon(아이콘)]은 앱을 안드로이드 폰에 설치했을 때 나타나는 아이콘입니다.

❻ [Upload File(파일 올리기)] 창이 나타나면 [파일 선택]을 클릭합니다. 그리고 파일 선택 창이 나타나면 'CTCE.png' 파일을 선택하고 [열기]를 클릭합니다. 이어서 파일 이름이 나타나면 [OK(확인)]를 클릭해 'CTCE.png' 파일을 업로드 합니다.

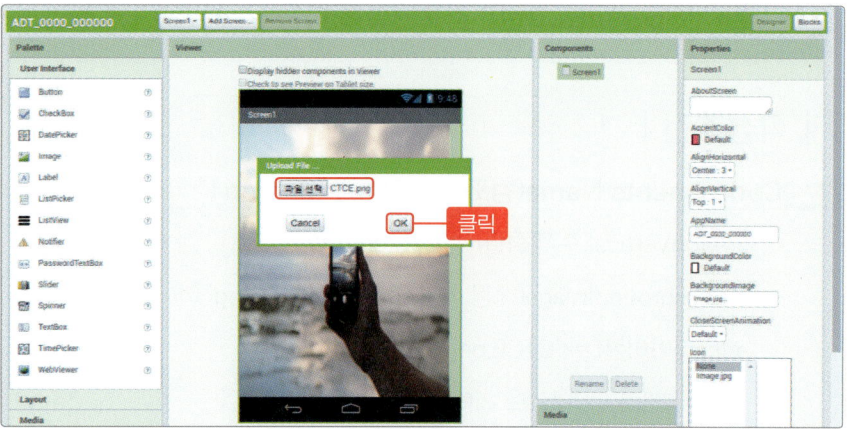

❼ [Properties(속성)]의 [ScreenOrientation(스크린 방향)]을 클릭해 [Portrait(세로)]를 선택합니다.

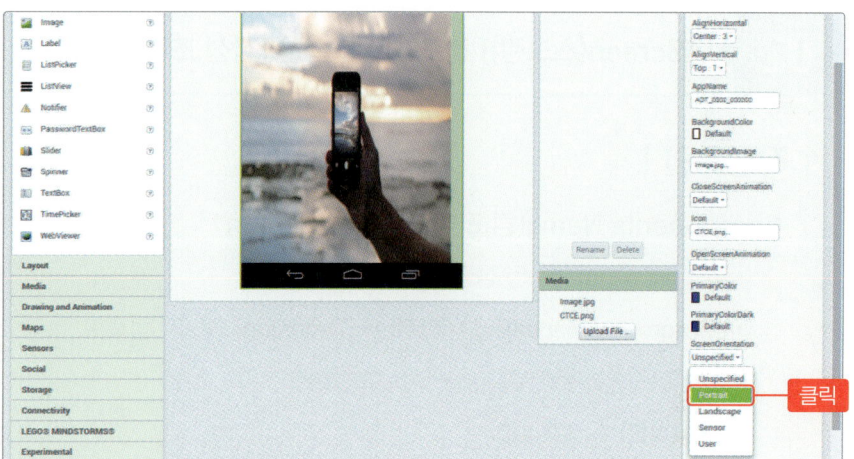

❽ [Properties(속성)]의 [Title(제목)] 항목에 '비밀 카메라'를 입력하고 Enter 를 누릅니다.

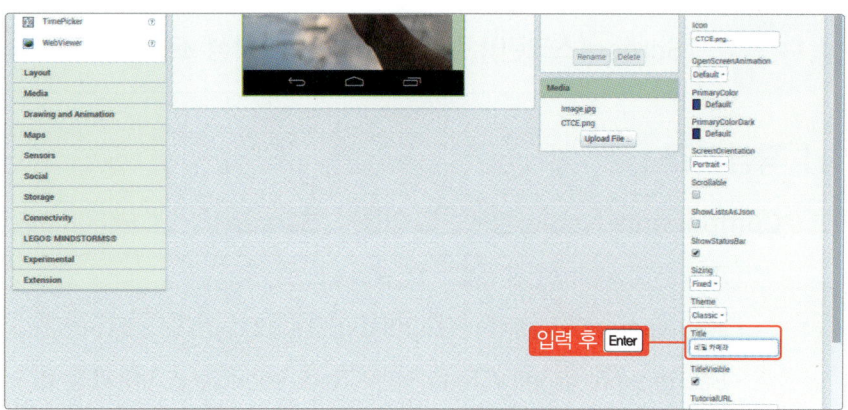

Hint

문제에 제시된 항목 중 [Screen] 컴포넌트의 [Properties(속성)]에 잘못 설정한 부분이 있는지 확인합니다.

예제로 기본 다지기

01 [Screen(스크린)] 컴포넌트를 다음 [작성 조건]에 따라 속성을 설정하시오.

| 작성조건 |

Components Name(컴포넌트 이름) : "Screen1"
- AlignVertical(수직 정렬) ⇒ Center(가운데) : 2
- BackgroundImage(배경 이미지) ⇒ 'Barcode.jpg' 이미지 업로드
- Icon(아이콘) ⇒ 'CTCE.png' 이미지 업로드
- Title(제목) ⇒ "바코드 리더"
- ScreenOrientation(스크린 방향) ⇒ Landscape(가로)

02 [Screen(스크린)] 컴포넌트를 다음 [작성 조건]에 따라 속성을 설정하시오.

| 작성조건 |

Components Name(컴포넌트 이름) : "Screen1"
- AlignHorizontal(수평 정렬) ⇒ Center(중앙) : 3
- BackgroundImage(배경 이미지) ⇒ 'TImer.jpg' 이미지 업로드
- Icon(아이콘) ⇒ 'CTCE.png' 이미지 업로드
- Title(제목) ⇒ "타이머"
- ScreenOrientation(스크린 방향) ⇒ Sensor(센서)

03 [Screen(스크린)] 컴포넌트를 다음 [작성 조건]에 따라 속성을 설정하시오.

| 작성조건 |

Components Name(컴포넌트 이름) : "Screen1"
- AlignHorizontal(수평 정렬) ⇒ Center(중앙) : 3
- AlignVertical(수직 정렬) ⇒ Center(가운데) : 2
- BackgroundImage(배경 이미지) ⇒ 'Background.jpg' 이미지 업로드
- Icon(아이콘) ⇒ 'CTCE.png' 이미지 업로드
- Title(제목) ⇒ "만보계"
- ScreenOrientation(스크린 방향) ⇒ Portrait(세로)

Step 02 Imgae(이미지) 컴포넌트 추가하기

작성조건 : [Image(이미지)]를 추가한 다음 [작성 조건]에 따라 속성을 설정하시오.

Components Name(컴포넌트 이름) : "Picture"
- Height(높이) ⇒ Fill parent(부모에 맞추기)
- Width(너비) ⇒ Fill parent(부모에 맞추기)

❶ [Palette(팔레트)]에서 [User Interface(사용자 인터페이스)] 그룹을 선택합니다. 그리고 [Image(이미지)] 컴포넌트를 선택해 드래그 합니다.

❷ [Components(컴포넌트)]에서 [Image1(이미지1)]을 선택한 다음 [Rename(이름 바꾸기)]를 클릭합니다. [Rename Components(컴포넌트 이름 바꾸기)] 대화상자가 나타나면 [New name(새로운 이름)]에 'Picture'를 입력하고 [OK(확인)]를 클릭합니다.

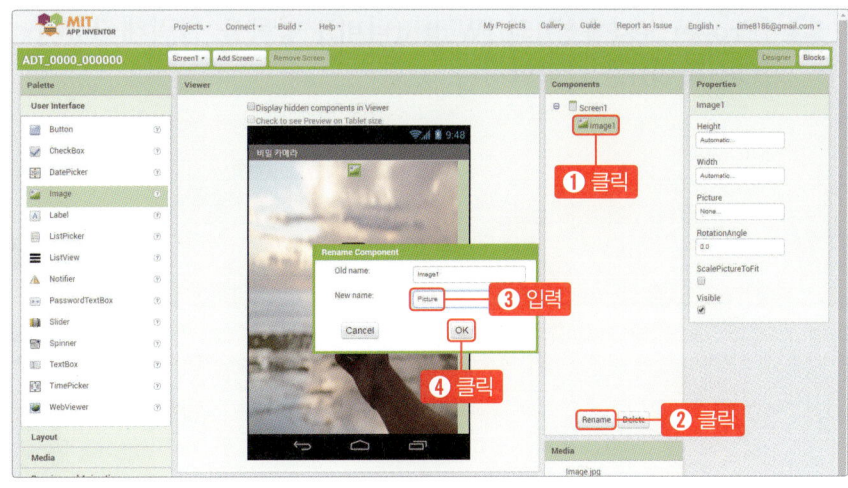

Hint

컴포넌트 이름에는 한글, 영문, 숫자, 밑줄(_) 등을 사용할 수 있으며, 공백(빈 칸)은 사용할 수 없습니다.

❸ [Image(이미지)] 컴포넌트의 이름이 'Picture'로 바뀝니다.

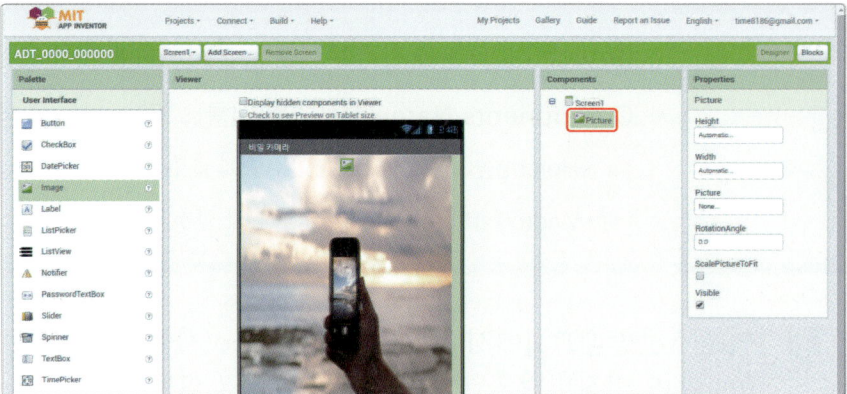

❹ [Properties(속성)]의 [Height(높이)] 항목을 클릭해 'Fill parent(부모에 맞추기)'를 선택한 다음 [OK(확인)]를 클릭합니다.

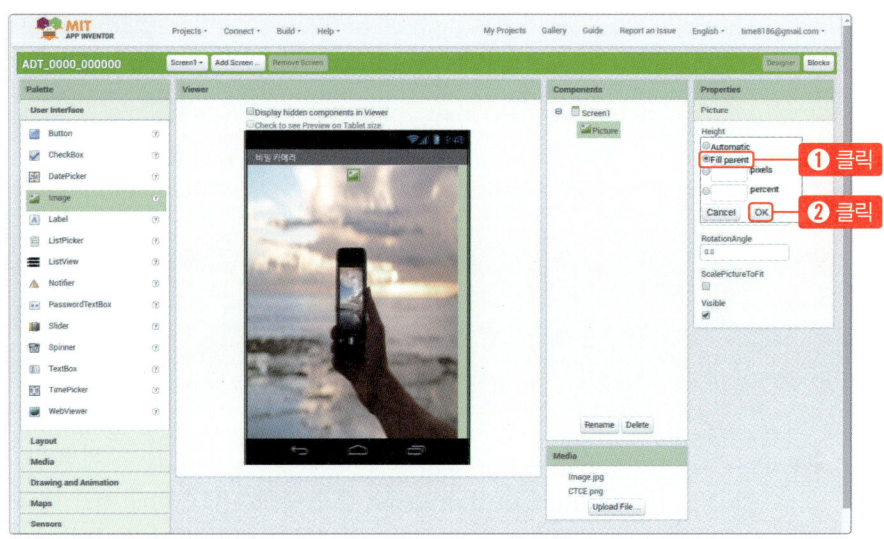

❺ [Properties(속성)]의 [Width(너비)] 항목을 클릭해 'Fill parent(부모에 맞추기)'를 선택한 다음 [OK(확인)]를 클릭합니다.

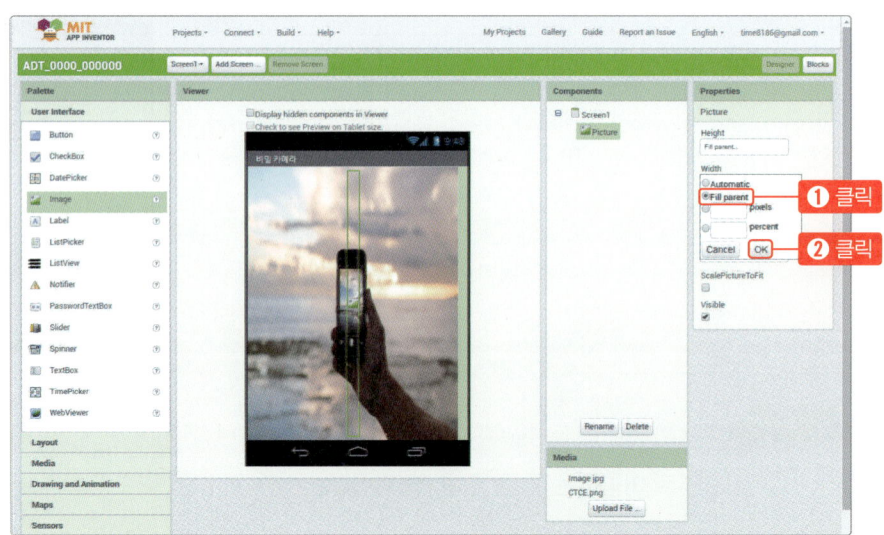

예제로 기본 다지기

01 [Image(이미지)]를 추가한 다음 [작성 조건]에 따라 속성을 설정하시오.

| 작성조건 |

Components Name(컴포넌트 이름) : "사진"
- Height(높이) ⇒ Fill parent(부모에 맞추기)
- Width(너비) ⇒ Fill parent(부모에 맞추기)
- Visible(보이기) ⇒ False

02 [Canvas(캔버스)]를 추가한 다음 [작성 조건]에 따라 속성을 설정하시오.

| 작성조건 |

Components Name(컴포넌트 이름) : "사진"
- BackgroundImage(배경 이미지) ⇒ 'Background.jpg' 이미지 업로드
- Height(높이) ⇒ Fill parent(부모에 맞추기)
- Width(너비) ⇒ Fill parent(부모에 맞추기)

03 [ImagePicker(이미지 선택)]를 추가한 다음 [작성 조건]에 따라 속성을 설정하시오.

| 작성조건 |

Components Name(컴포넌트 이름) : "선택"
- FontBold(글꼴 진하게) ⇒ True
- FontSize(글꼴 크기) ⇒ 16
- Height(높이) ⇒ Fill parent(부모에 맞추기)
- Width(너비) ⇒ Fill parent(부모에 맞추기)
- Text(텍스트) ⇒ "이미지 선택"
- TextAlignment(텍스트 정렬) ⇒ center(가운데) : 1

Step 03 TableArrangement(표배치) 컴포넌트 추가하기

작성조건 : [TableArrangement(표배치)]를 추가한 다음 [작성 조건]에 따라 속성을 설정하시오.

Components Name(컴포넌트 이름) : "Arrange"
- Columns(열) ⇒ "3"
- Width(너비) ⇒ Fill parent(부모에 맞추기)
- Rows(행) ⇒ "2"

❶ [Palette(팔레트)]에서 [Layout(레이아웃)] 그룹을 선택합니다. 그리고 [TableArrangement(표배치)] 컴포넌트를 선택해 드래그 합니다.

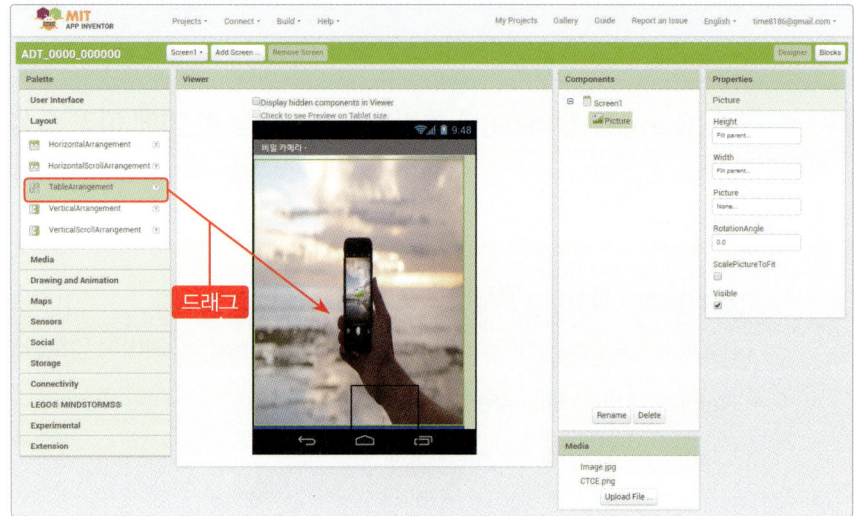

❷ [Components(컴포넌트)]에서 [TableArrangement1(표배치1)]을 선택한 다음 [Rename(이름 바꾸기)]를 클릭합니다. [Rename Components(컴포넌트 이름 바꾸기)] 대화상자가 나타나면 [New name(새로운 이름)]에 'Arrange'를 입력하고 [OK(확인)]를 클릭합니다. 이렇게 하면 [TableArrangement1(표배치1)] 컴포넌트의 이름이 'Arrange'로 바뀝니다.

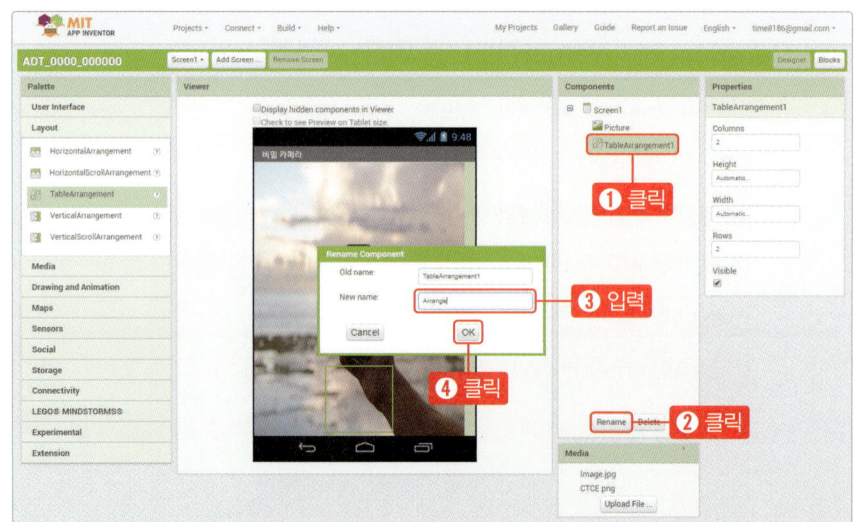

❸ [Properties(속성)]의 [Columns(열)] 항목을 클릭해 '3'을 입력하고 Enter를 누릅니다.

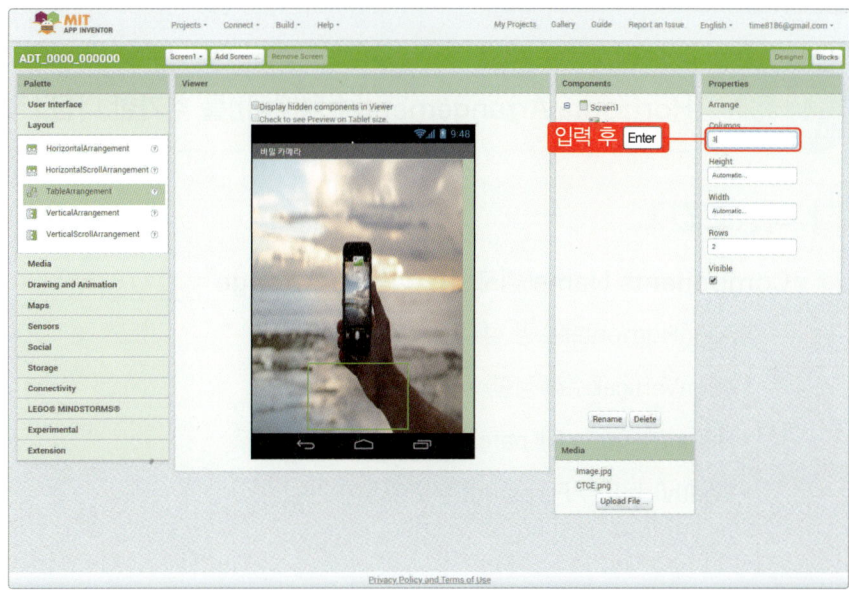

❹ [Properties(속성)]의 [Width(너비)] 항목을 클릭해 'Fill parent(부모에 맞추기)'를 선택한 다음 [OK(확인)]를 클릭합니다.

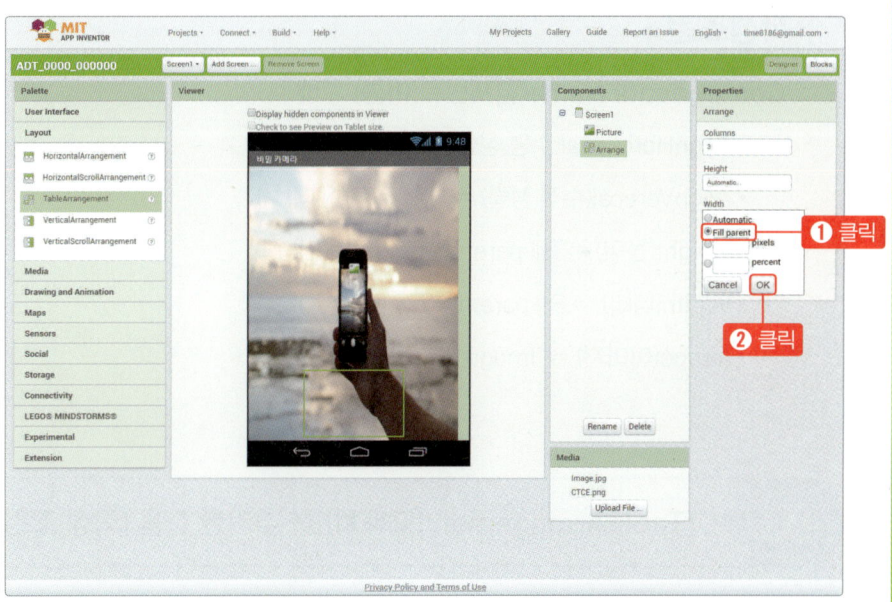

예제로 기본 다지기

01 [HorizontalArrangement(수평배치)]를 추가한 다음 [작성 조건]에 따라 속성을 설정하시오.

| 작성조건 |

Components Name(컴포넌트 이름) : "Arrange"
- AlignHorizontal(수평 정렬) ⇒ Center(중앙) : 3
- AlignVertical(수직 정렬) ⇒ Center(가운데) : 1
- Height(높이) ⇒ Fill parent(부모에 맞추기)
- Width(너비) ⇒ Fill parent(부모에 맞추기)

02 [VerticalArrangement(수직배치)]를 추가한 다음 [작성 조건]에 따라 속성을 설정하시오.

| 작성조건 |

Components Name(컴포넌트 이름) : "배치"
- AlignHorizontal(수평 정렬) ⇒ Center(중앙) : 3
- AlignVertical(수직 정렬) ⇒ Center(가운데) : 1
- Height(높이) ⇒ Fill parent(부모에 맞추기)
- Width(너비) ⇒ Fill parent(부모에 맞추기)
- Image(이미지) ⇒ 'Image.jpg' 이미지 업로드

03 [TableArrangement(표배치)]를 추가한 다음 [작성 조건]에 따라 속성을 설정하시오.

| 작성조건 |

Components Name(컴포넌트 이름) : "표배치"
- Columns(열) ⇒ "3"
- Height(높이) ⇒ Fill parent(부모에 맞추기)
- Width(너비) ⇒ Fill parent(부모에 맞추기)
- Rows(행) ⇒ "3"
- Visible(보이기) ⇒ False

Step 04 Button(버튼) 컴포넌트 추가하기

작성조건 : [Button(버튼)]을 추가한 다음 [작성 조건]에 따라 속성을 설정하시오.

Components Name(컴포넌트 이름) : "BTN1"~"BTN5"
- FontBold(글꼴 굵게) ⇒ True
- FontSize(글꼴 크기) ⇒ 16
- Width(너비) ⇒ 33 percent
- Text(텍스트) ⇒ "1"~"5"

Components Name(컴포넌트 이름) : "ENTER"
- FontBold(글꼴 굵게) ⇒ True
- FontSize(글꼴 크기) ⇒ 16
- Width(너비) ⇒ 33 percent
- Text(텍스트) ⇒ "확인"

❶ [Palette(팔레트)]에서 [User Interface(사용자 인터페이스)] 그룹을 선택합니다. 그리고 [Button(버튼)] 컴포넌트를 선택해 [Arrange] 컴포넌트로 드래그 합니다.

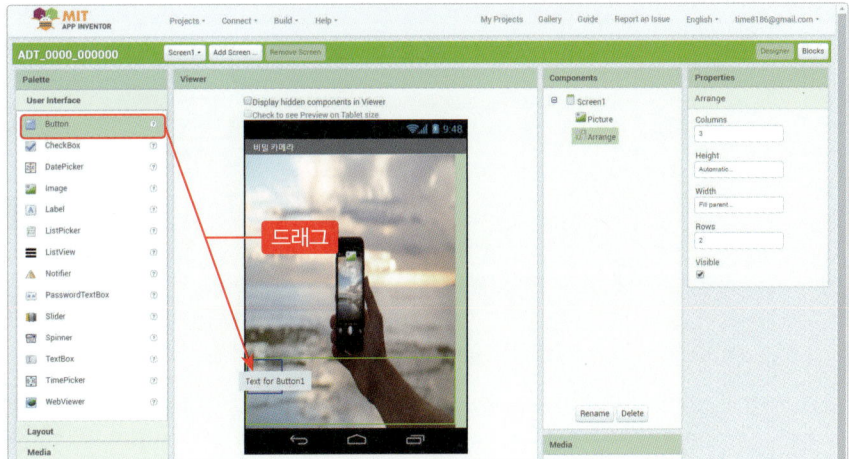

❷ [Components(컴포넌트)]에서 [Button1(버튼1)]을 선택한 다음 [Rename(이름 바꾸기)]를 클릭합니다. [Rename Components(컴포넌트 이름 바꾸기)] 대화상자가 나타나면 [New name(새로운 이름)]에 'BTN1'을 입력하고 [OK(확인)]를 클릭합니다. 이렇게 하면 [Button1(버튼1)] 컴포넌트의 이름이 'BTN1'로 바뀝니다.

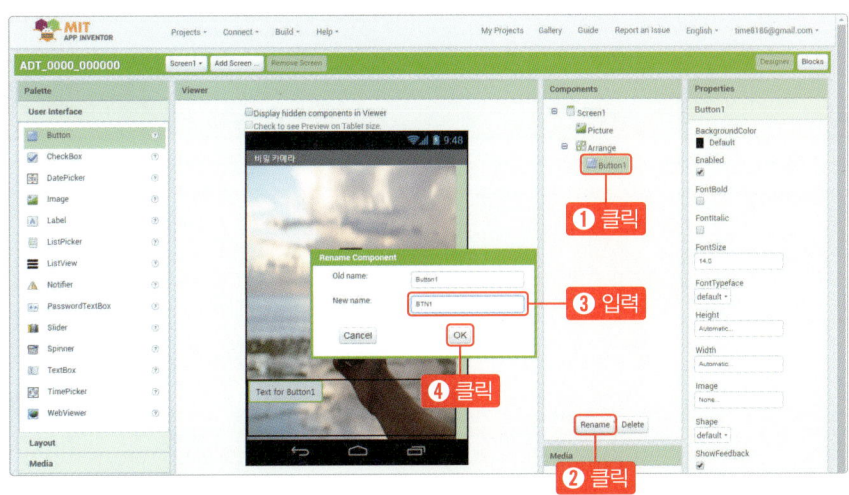

❸ [Properties(속성)]의 [FontBold(글꼴 굵게)] 항목을 클릭해 선택합니다. 그리고 [FontSize(글꼴 크기)] 항목에 '16'을 입력한 다음 Enter 를 누릅니다.

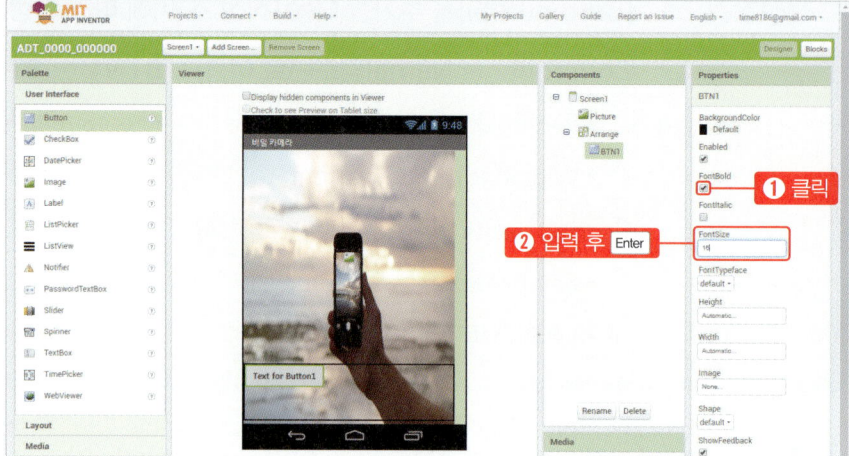

❹ [Properties(속성)]의 [Width(너비)] 항목을 클릭해 33 percent를 입력한 다음 [OK(확인)]를 클릭합니다.

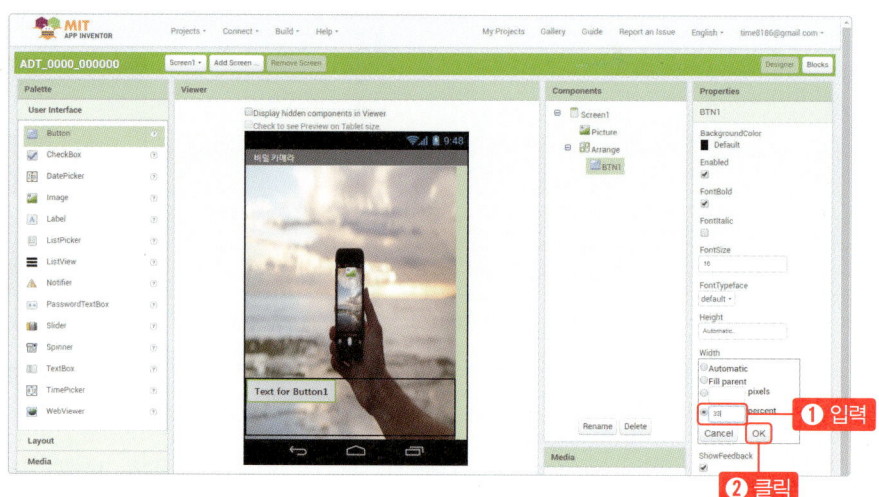

❺ [Properties(속성)]의 [Text(텍스트)] 항목을 클릭해 '1'을 입력하고 Enter 를 누릅니다.

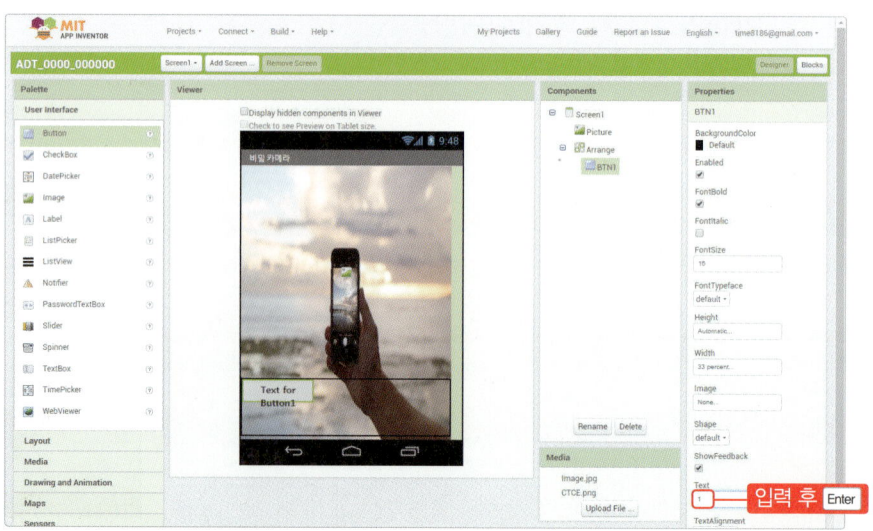

❻ ①~⑤와 같은 방법으로 [Button(버튼)] 컴포넌트를 삽입한 다음 [New name(새로운 이름)]과 [Properties(속성)]를 지정합니다.

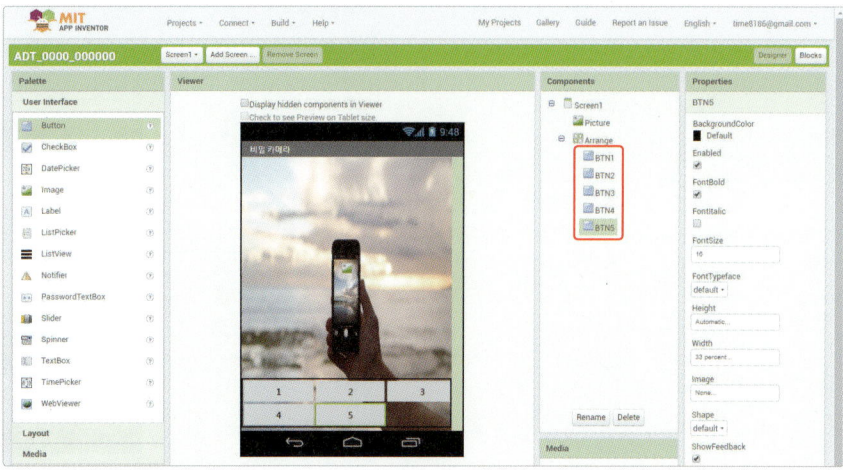

❼ [Palette(팔레트)]에서 [User Interface(사용자 인터페이스)] 그룹을 선택합니다. 그리고 [Button(버튼)] 컴포넌트를 선택해 드래그 합니다.

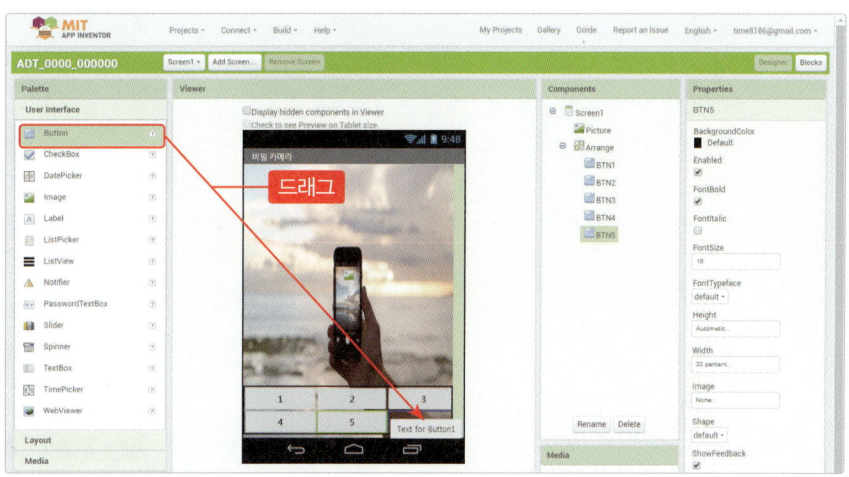

❽ [Components(컴포넌트)]에서 [Button1(버튼1)]을 선택한 다음 [Rename(이름 바꾸기)]을 클릭합니다. 그리고 [Rename Components(컴포넌트 이름 바꾸기)] 대화상자가 나타나면 [New name(새로운 이름)]에 'ENTER'을 입력하고 [OK(확인)]를 클릭합니다. 이렇게 하면 [Button1(버튼1)] 컴포넌트의 이름이 'ENTER'로 바뀝니다.

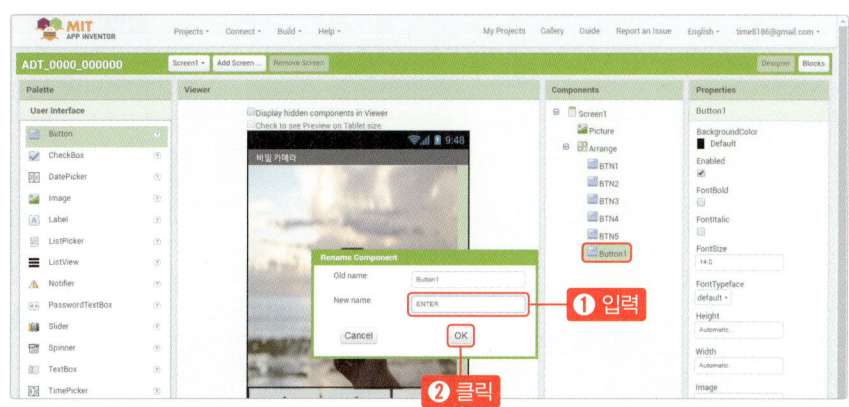

❾ [Properties(속성)]의 [FontBold(글꼴 굵게)] 항목을 클릭해 선택합니다. 그리고 [FontSize(글꼴 크기)] 항목에 '16'을 입력한 다음 Enter를 누릅니다.

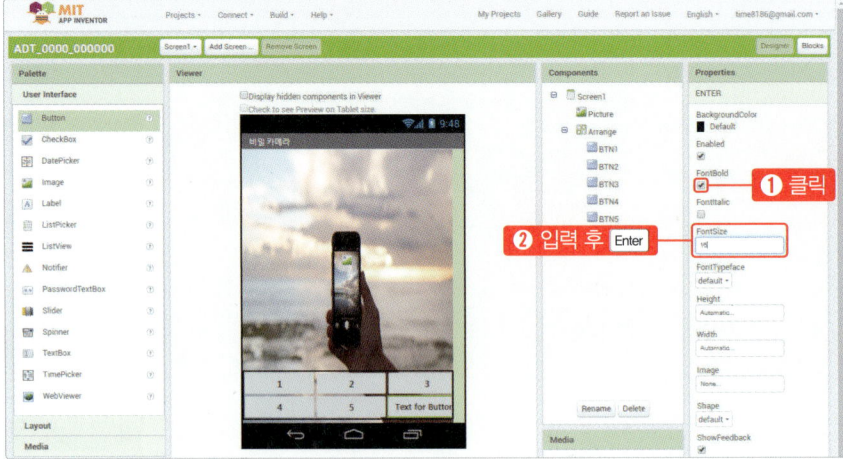

❿ [Properties(속성)]의 [Width(너비)] 항목을 클릭해 33 percent를 입력한 다음 [OK(확인)]를 클릭합니다.

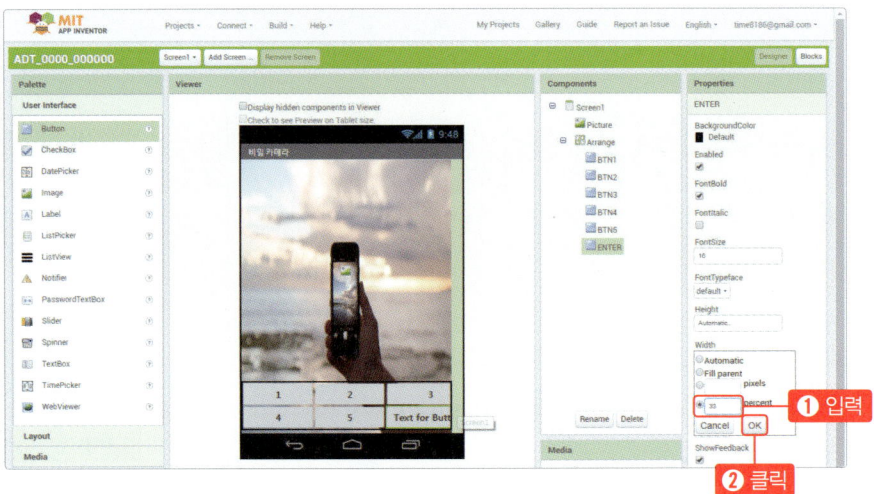

⓫ [Properties(속성)]의 [Text(텍스트)] 항목을 클릭해 '확인'을 입력하고 Enter를 누릅니다.

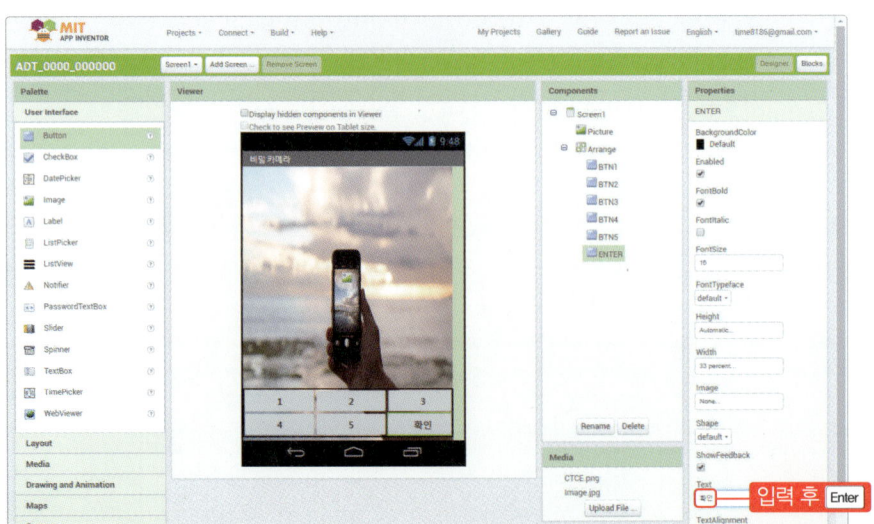

예제로 기본 다지기

01 [Button(버튼)] 컴포넌트를 다음 [작성 조건]에 따라 속성을 설정하시오.

| 작성조건 |

Components Name(컴포넌트 이름) : "버튼"
- BackgroundColor(배경색) ⇒ Red(빨강)
- FontBold(글꼴 굵게) ⇒ True
- FontSize(글꼴 크기) ⇒ 20
- Width(너비) ⇒ Fill parent(부모에 맞추기)
- Shape(모양) ⇒ rounded(둥근 모서리)
- Text(텍스트) ⇒ "확인"
- TextColor(텍스트 색상) ⇒ White(흰색)

02 [Slider(슬라이더)] 컴포넌트를 다음 [작성 조건]에 따라 속성을 설정하시오.

| 작성조건 |

Components Name(컴포넌트 이름) : "SoundVolume"
- ColorLeft(왼쪽 색) ⇒ Gray(회색)
- ColorRight(오른쪽 색) ⇒ Magenta(자홍색)
- Width(너비) ⇒ Fill parent(부모에 맞추기)
- MaxValue(최댓값) ⇒ '100'
- MinValue(최솟값) ⇒ '0'

03 [WebViewer(웹뷰어)] 컴포넌트를 다음 [작성 조건]에 따라 속성을 설정하시오.

| 작성조건 |

Components Name(컴포넌트 이름) : "홈페이지"
- Height(높이) ⇒ Fill parent(부모에 맞추기)
- Width(너비) ⇒ Fill parent(부모에 맞추기)
- HomeUrl(홈 URL) ⇒ 'https://www.naver.com'

Step 05 Label(레이블) 컴포넌트 추가하기

작성조건 : [Label(레이블)]을 추가한 다음 [작성 조건]에 따라 속성을 설정하시오.

Components Name(컴포넌트 이름) : "Password"
- FontBold(글꼴 굵게) ⇒ True
- FontSize(글꼴 크기) ⇒ 16
- Width(너비) ⇒ Fill parent(부모에 맞추기)
- Text(텍스트) ⇒ "비밀번호"

❶ [Palette(팔레트)]에서 [User Interface(사용자 인터페이스)] 그룹을 선택합니다. 그리고 [Label(레이블)] 컴포넌트를 선택해 드래그 합니다.

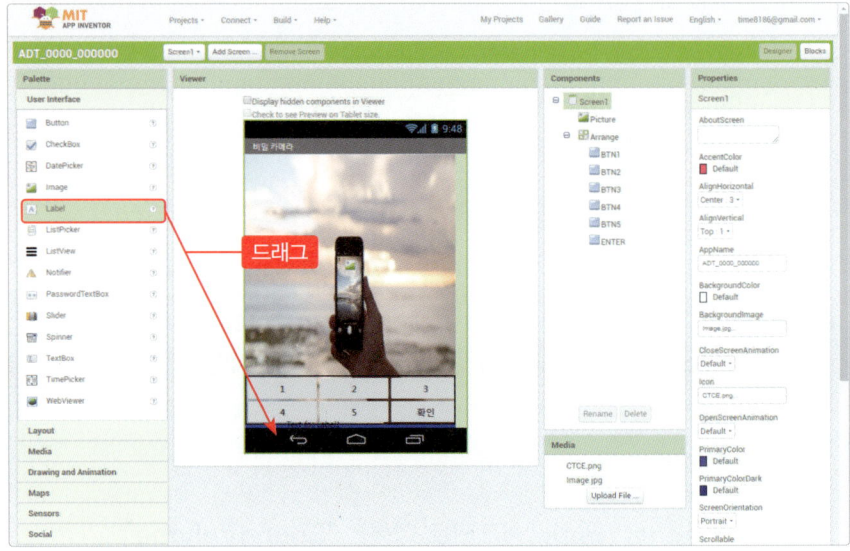

❷ [Components(컴포넌트)]에서 [Label1(레이블1)]을 선택한 다음 [Rename(이름 바꾸기)]을 클릭합니다. [Rename Components(컴포넌트 이름 바꾸기)] 대화상자가 나타나면 [New name(새로운 이름)]에 'Password'를 입력하고 [OK(확인)]를 클릭합니다. 이렇게 하면 [Label1(레이블1)] 컴포넌트의 이름이 'Password'로 바뀝니다.

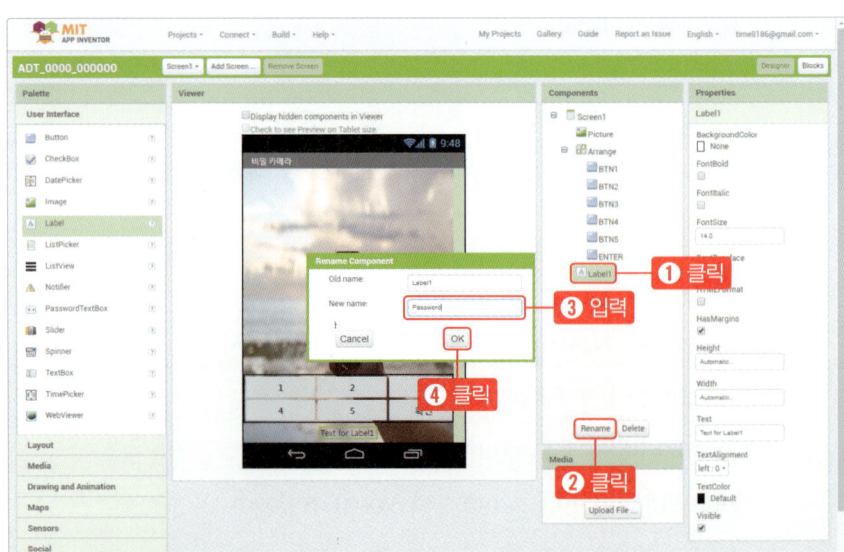

❸ [Properties(속성)]의 [FontBold(글꼴 굵게)] 항목을 클릭해 선택합니다. 그리고 [FontSize(글꼴 크기)] 항목에 '16'을 입력한 다음 Enter 를 누릅니다.

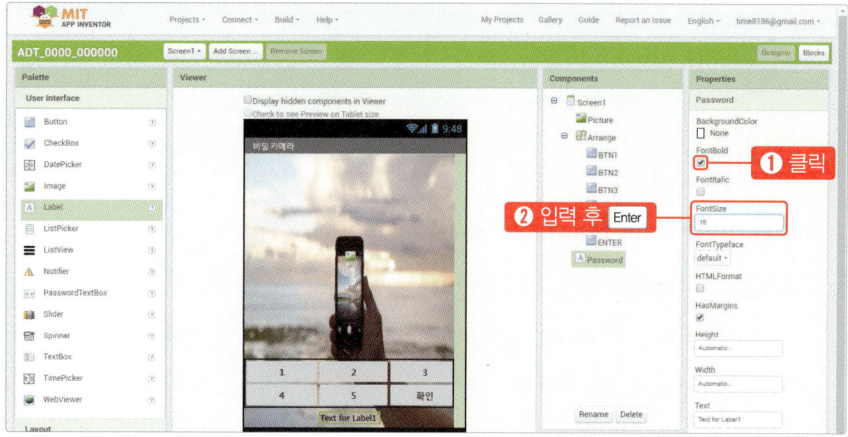

❹ [Properties(속성)]의 [Width(너비)] 항목을 클릭해 'Fill parent(부모에 맞추기)'를 선택한 다음 [OK(확인)]를 클릭합니다.

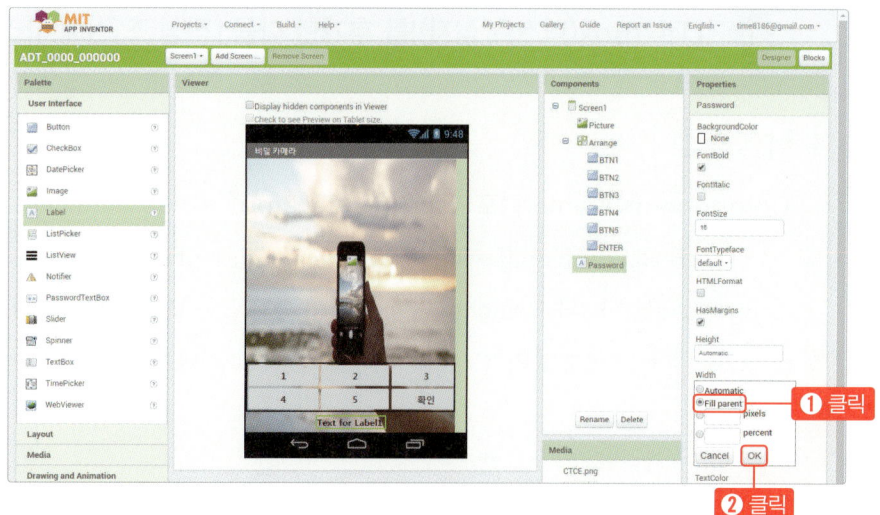

❺ [Properties(속성)]의 [Text(텍스트)] 항목을 클릭해 '비밀번호'를 입력하고 Enter 를 누릅니다.

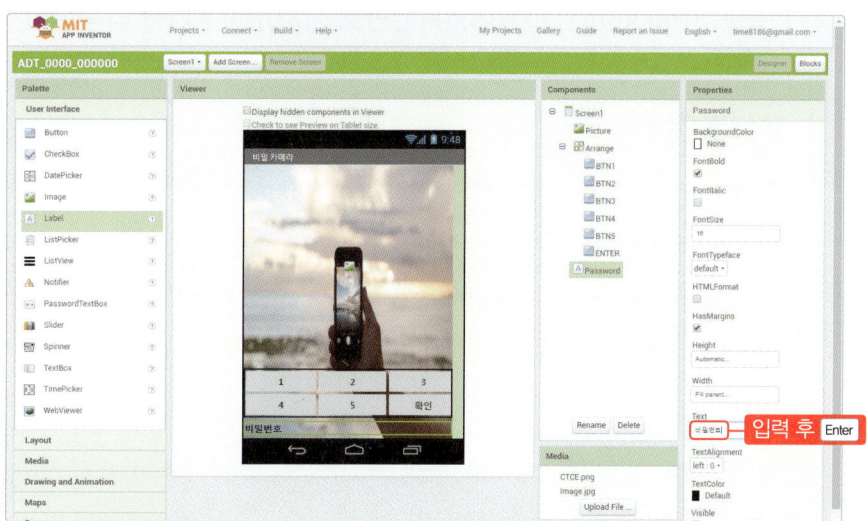

예제로 기본 다지기

01 [Label(레이블)]을 추가한 다음 [작성 조건]에 따라 속성을 설정하시오.

| 작성조건 |

Components Name(컴포넌트 이름) : "시계"
- FontBold(글꼴 진하게) ⇒ True
- FontSize(글꼴 크기) ⇒ 16
- Height(높이) ⇒ Fill parent(부모에 맞추기)
- Width(너비) ⇒ Fill parent(부모에 맞추기)
- Text(텍스트) ⇒ "현재 시간"
- TextAlignment(텍스트 정렬) ⇒ right(오른쪽) : 2

02 [TextBox(텍스트 상자)]를 추가한 다음 [작성 조건]에 따라 속성을 설정하시오.

| 작성조건 |

Components Name(컴포넌트 이름) : "Memo"
- FontBold(글꼴 진하게) ⇒ True
- FontSize(글꼴 크기) ⇒ 16
- Height(높이) ⇒ Fill parent(부모에 맞추기)
- Width(너비) ⇒ Fill parent(부모에 맞추기)
- Hint(힌트) ⇒ "메모 입력"
- MultiLine(여러 줄) ⇒ True

03 [PassportTextBox(비밀번호 상자)]를 추가한 다음 [작성 조건]에 따라 속성을 설정하시오.

| 작성조건 |

Components Name(컴포넌트 이름) : "Password"
- FontBold(글꼴 진하게) ⇒ True
- FontSize(글꼴 크기) ⇒ 16
- Height(높이) ⇒ Fill parent(부모에 맞추기)
- Width(너비) ⇒ Fill parent(부모에 맞추기)
- Hint(힌트) ⇒ "비밀번호 입력"
- TextAlignment(텍스트 정렬) ⇒ center(가운데) : 1

Step 06 Button(버튼) 컴포넌트 숨기기

작성조건 : [Button(버튼)]을 추가한 다음 [작성 조건]에 따라 속성을 설정하시오.

Components Name(컴포넌트 이름) : "TakePicture"
- FontBold(글꼴 굵게) ⇒ True
- FontSize(글꼴 크기) ⇒ 16
- Width(너비) ⇒ Fill parent(부모에 맞추기)
- Text(텍스트) ⇒ "사진 촬영"
- Visible(보이기) ⇒ False

❶ [Palette(팔레트)]에서 [User Interface(사용자 인터페이스)] 그룹을 선택합니다. 그리고 [Button(버튼)] 컴포넌트를 선택해 드래그 합니다.

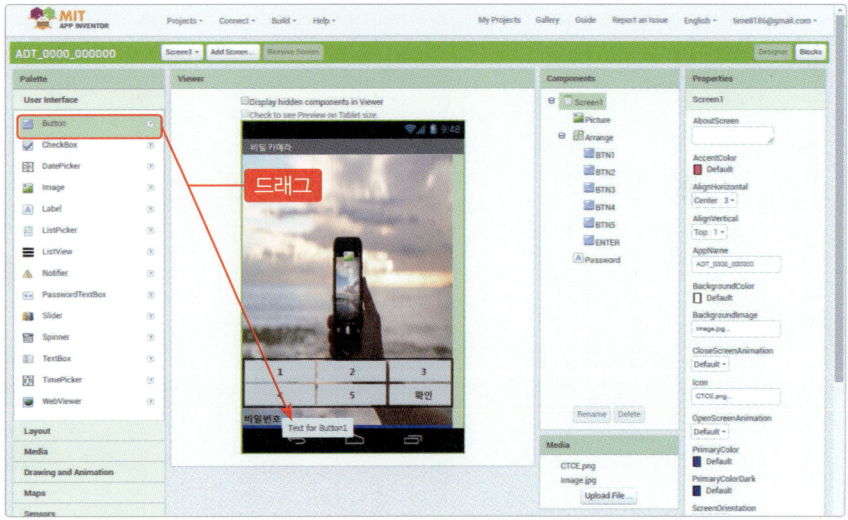

❷ [Components(컴포넌트)]에서 [Button1(버튼1)]을 선택한 다음 [Rename(이름 바꾸기)]을 클릭합니다. [Rename Components(컴포넌트 이름 바꾸기)] 대화상자가 나타나면 [New name(새로운 이름)]에 'TakePicture'를 입력하고 [OK(확인)]를 클릭합니다. 이렇게 하면 [Button1(버튼1)] 컴포넌트의 이름이 'TakePicture'로 바뀝니다.

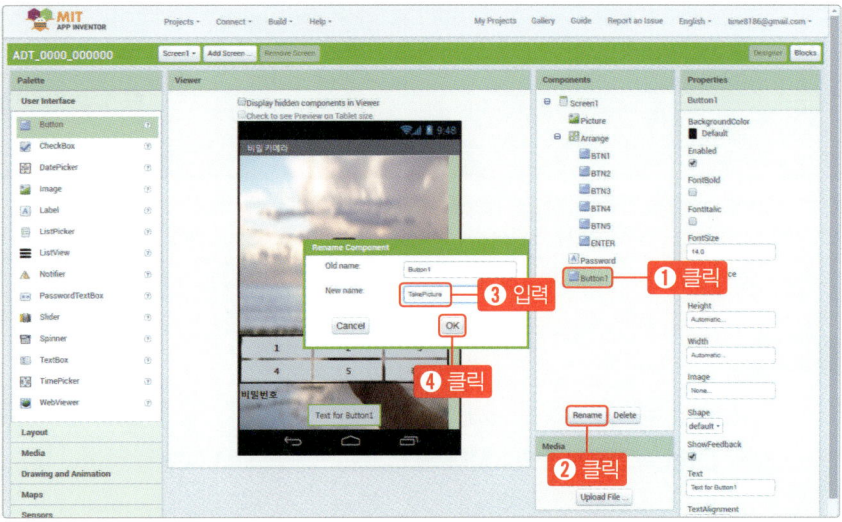

❸ [Properties(속성)]의 [FontBold(글꼴 굵게)] 항목을 클릭해 선택합니다. 그리고 [FontSize(글꼴 크기)] 항목에 '16'을 입력한 다음 Enter 를 누릅니다.

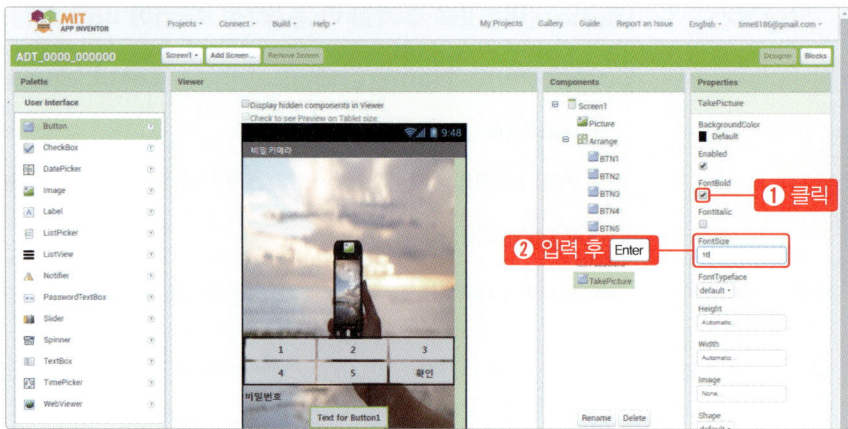

❹ [Properties(속성)]의 [Width(너비)] 항목을 클릭해 [Fill parent(부모에 맞추기)]를 선택한 다음 [OK(확인)]를 클릭합니다.

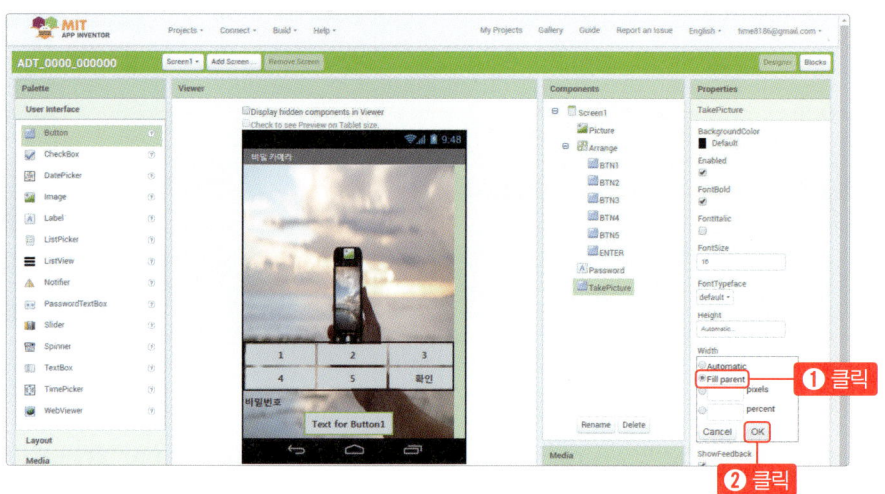

❺ [Properties(속성)]의 [Text(텍스트)] 항목에 '사진 촬영'을 입력한 다음 [Visible(보이기)] 항목을 클릭해 선택을 해제합니다.

Hint
[Visible(보이기)] 항목의 선택을 해제하면 화면에서 숨겨집니다.

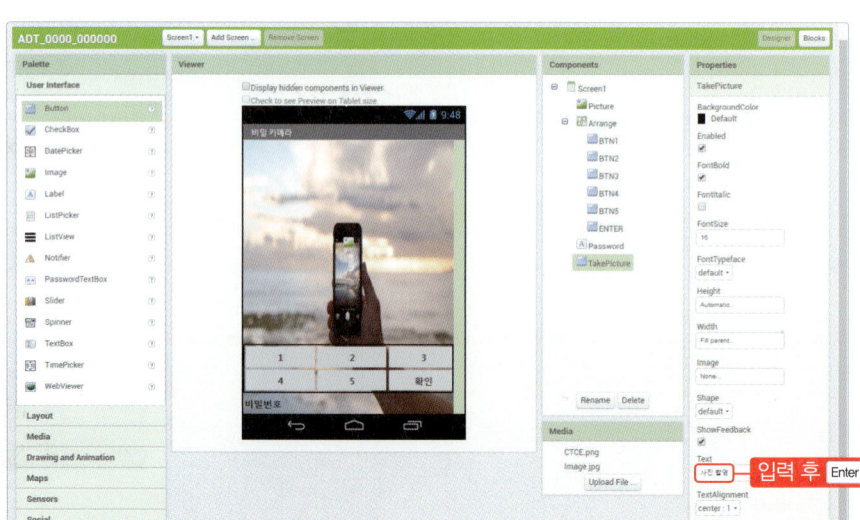

예제로 기본 다지기

01 [DatePicker(날짜 선택)]를 추가한 다음 [작성 조건]에 따라 속성을 설정하시오.

| 작성조건 |

Components Name(컴포넌트 이름) : "날짜"
- BackgroundColor(배경색) ⇒ Yellow(노랑)
- FontSize(글꼴 크기) ⇒ 18
- Shape(모양) ⇒ rounded(둥근 모서리)
- TextColor(텍스트 색상) ⇒ White(흰색)
- FontBold(글꼴 굵게) ⇒ True
- Width(너비) ⇒ Fill parent(부모에 맞추기)
- Text(텍스트) ⇒ "날짜 선택"

02 [TimePicker(시간 선택)]를 추가한 다음 [작성 조건]에 따라 속성을 설정하시오.

| 작성조건 |

Components Name(컴포넌트 이름) : "시간"
- BackgroundColor(배경색) ⇒ Red(빨강)
- FontSize(글꼴 크기) ⇒ 18
- Shape(모양) ⇒ oval(타원)
- TextColor(텍스트 색상) ⇒ White(흰색)
- FontBold(글꼴 굵게) ⇒ True
- Width(너비) ⇒ Fill parent(부모에 맞추기)
- Text(텍스트) ⇒ "시간 선택"

03 [ListView(목록 뷰)]를 추가한 다음 [작성 조건]에 따라 속성을 설정하시오.

| 작성조건 |

Components Name(컴포넌트 이름) : "국가선택"
- ElementsFromString(목록 문자열) ⇒ "한국, 미국, 일본, 영국, 러시아"
- Width(너비) ⇒ Fill parent(부모에 맞추기)
- SelectionColor(선택 항목 색상) ⇒ Blue(파랑)
- FontSize(글꼴 크기) ⇒ 25

Step 07 Non-visible components(보이지 않는 컴포넌트) 삽입하기

작성조건 : [AccelerometerSensor(가속도 센서)], [Camera(카메라)]를 각각 추가하시오.

❶ [Palette(팔레트)]에서 [Sensors(센서)] 그룹을 선택합니다. 그리고 [AccelerometerSensor(가속도 센서)] 컴포넌트를 선택해 드래그 합니다.

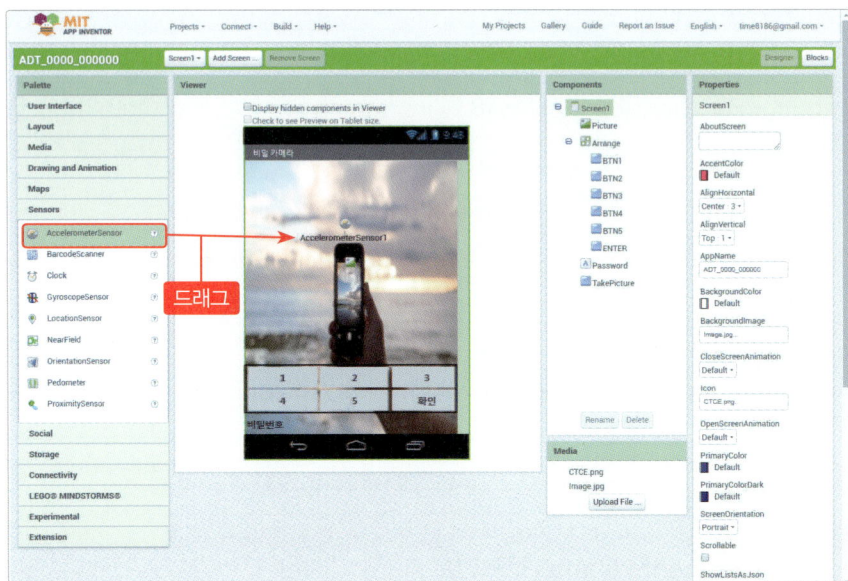

❷ [Palette(팔레트)]에서 [Media(미디어)] 그룹을 선택합니다. 그리고 [Camera(카메라)] 컴포넌트를 선택해 드래그 합니다.

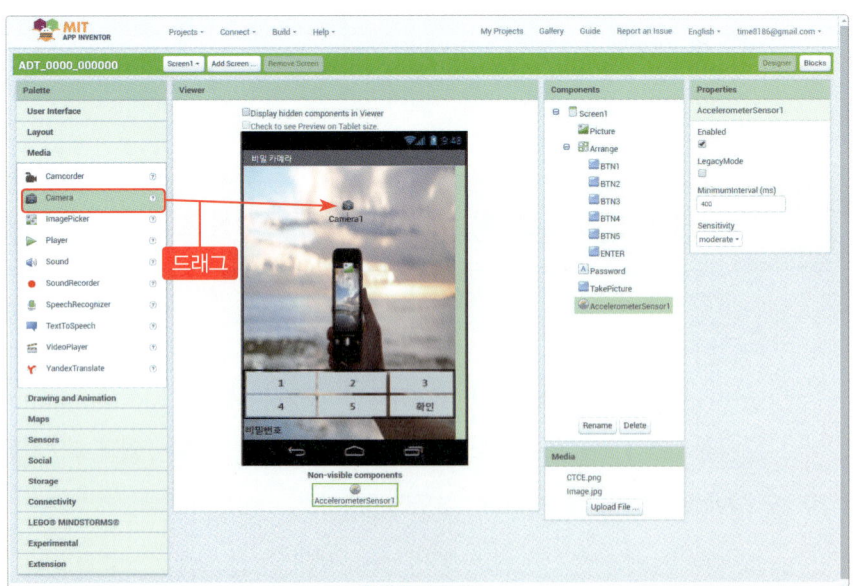

Hint

[AccelerometerSensor(가속도 센서)] 컴포넌트와 [Camera(카메라)] 컴포넌트는 [Non-visible components(보이지 않는 컴포넌트)]에만 표시됩니다.

예제로 기본 다지기

01 [Clock(시계)]과 [LocationSensor(위치 센서)]를 각각 추가하시오.

02 [Pedometer]와 [ProximitySensor(근접 센서)]를 각각 추가하시오.

03 [BarcodeScanner(바코드 스캐너)]와 [OrientationSensor(방향 센서)]를 각각 추가하시오.

04 [SoundRecorder(녹음기)]와 [Player(플레이어)]를 각각 추가하시오.

05 [Camcoder(캠코더)]와 [VideoPlayer(비디오 플레이어)]를 각각 추가하시오.

유형 03 앱 코딩

앱 인벤터의 블록 조합 화면에서 명령 블록을 이용하여 코딩하는 방법에 대해 알아봅니다.

주요 기능
- 블록 조합 화면
- 블록 연결

결과 화면
• 완성 파일 : ex03.aia

출제유형

- Step 01 : 전역변수를 만들고 초기화하는 방법에 대해 알아봅니다.
- Step 02 : 'Password' 추가하는 방법에 대해 알아봅니다.
- Step 03 : 비밀번호 비교하는 방법에 대해 알아봅니다.
- Step 04 : 카메라로 사진을 찍는 방법에 대해 알아봅니다.
- Step 05 : 촬영한 사진을 캔버스에 나타내는 방법에 대해 알아봅니다.
- Step 06 : 'Password'에 나타난 텍스트를 지우는 방법에 대해 알아봅니다.

Step 01 전역변수를 만들고 초기화하기

작성조건 : 전역변수("비밀번호")를 생성 후 '1234'로 초기화하기

❶ 블록 조합 화면으로 바꾸기 위해 디자이너 화면에서 [Blocks(블록)]을 클릭합니다.

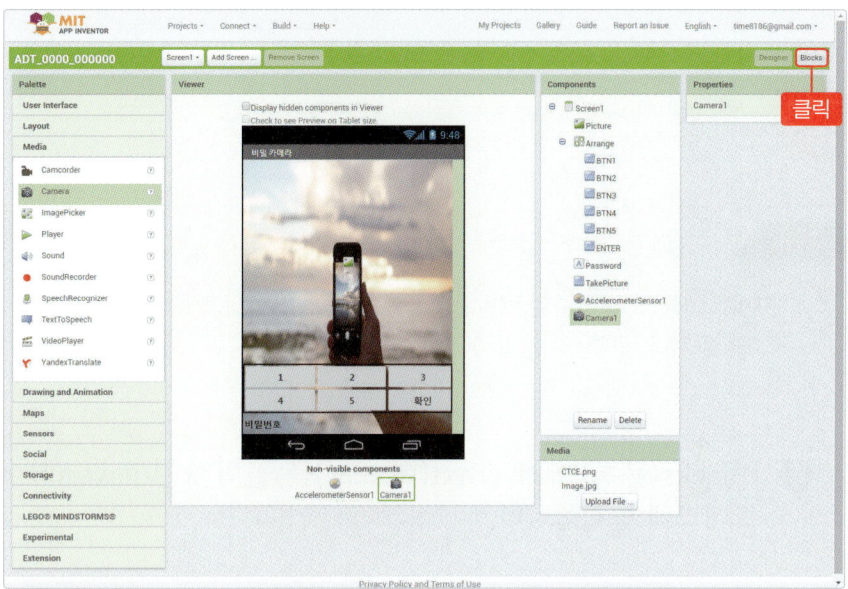

❷ 블록 조합 화면이 나타나면 [Blocks(블록)]에서 [Variables(변수)]를 클릭해 [Viewer(뷰어)]에 블록이 나타나면 [initialize global name to(전역변수 초기화 변수 이름 값)] 블록을 드래그 합니다.

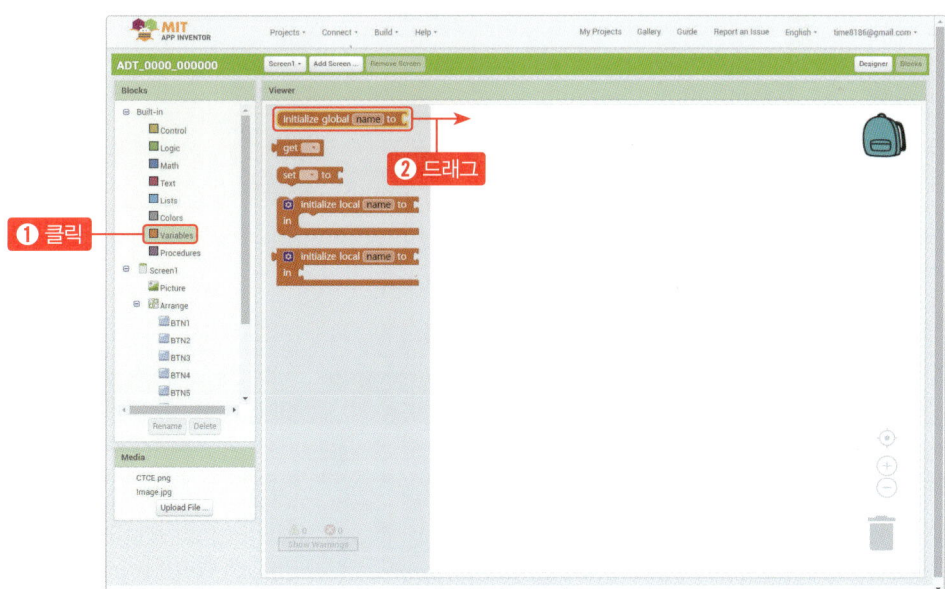

❸ '변수_이름'을 클릭한 다음 "비밀번호"를 입력합니다.

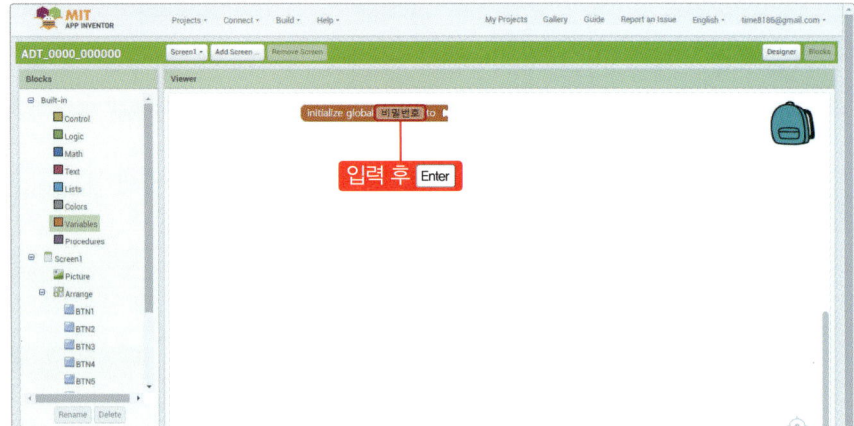

Hint

변수 이름의 시작은 한글이나 영문자, 밑줄(_)로 시작해야 되며, 숫자를 사용해도 됩니다. 그리고 밑줄(_)을 제외한 특수문자나 공백은 사용할 수 없습니다.

❹ [Blocks(블록)]에서 [Text(텍스트)]를 클릭해 [Viewer(뷰어)]에 블록이 나타나면 [" "] 블록을 드래그해 연결합니다.

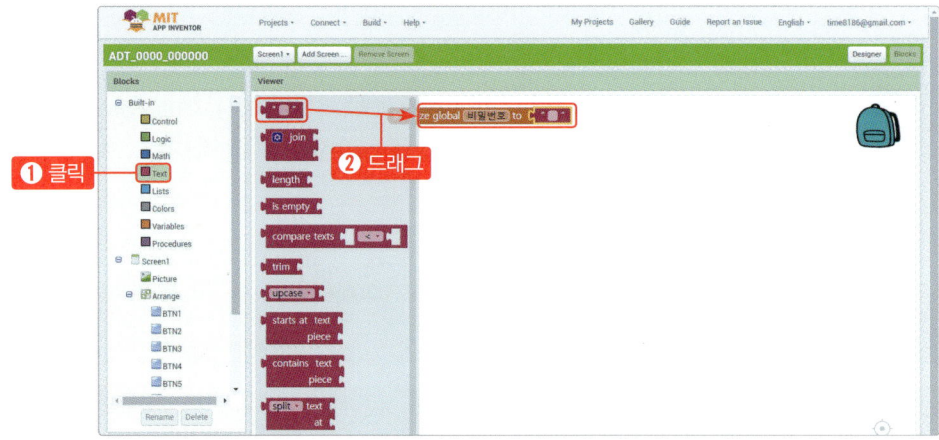

❺ [" "] 블록의 값에 '1234'를 입력합니다.

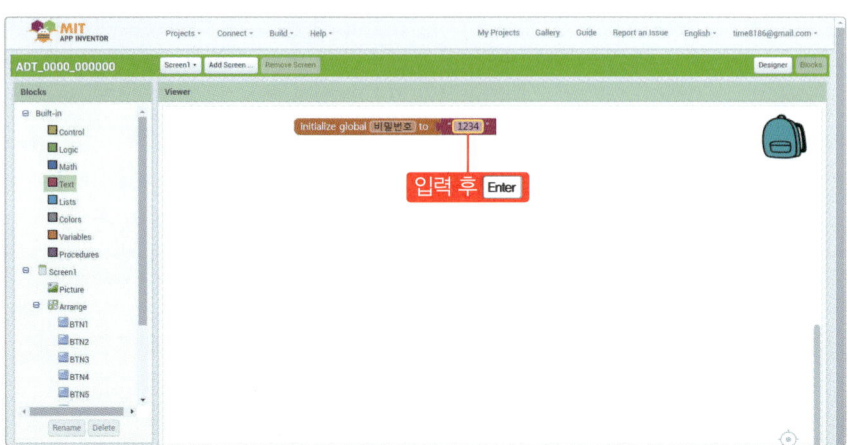

Step 02 버튼을 누르면 'Password' 추가하기

작성조건 :
'BTN1' 클릭했을 때 :
'Password'의 '텍스트' 값을 'Password'의 '텍스트'와 '1'을 합친 값으로 정하기

'BTN2' 클릭했을 때 :
'Password'의 '텍스트' 값을 'Password'의 '텍스트'와 '2'를 합친 값으로 정하기

'BTN3' 클릭했을 때 :
'Password'의 '텍스트' 값을 'Password'의 '텍스트'와 '3'을 합친 값으로 정하기

'BTN4' 클릭했을 때 :
'Password'의 '텍스트' 값을 'Password'의 '텍스트'와 '4'를 합친 값으로 정하기

'BTN5' 클릭했을 때 :
'Password'의 '텍스트' 값을 'Password'의 '텍스트'와 '5'를 합친 값으로 정하기

❶ [Blocks(블록)]에서 [BTN1]을 선택한 다음 [when BTN1.Click(언제 BTN1 클릭)] 블록을 드래그 합니다.

Hint

[BTN1]은 [Button(버튼)] 컴포넌트이며, [when BTN1. Click(언제 BTN1 클릭)] 블록은 [Button(버튼)] 컴포넌트를 클릭했을 때 실행합니다.

❷ [Password] 컴포넌트의 'Text(텍스트)' 항목에 '1'을 추가하기 위해 [Blocks(블록)]에서 [Password]를 선택합니다. 그리고 [set Password.Text(지정하기 Password.텍스트 값)] 블록을 드래그해 연결합니다.

❸ [Blocks(블록)]의 [Text(텍스트)]에서 [Join(합치기)] 블록을 드래그해 연결합니다.

Hint

[Join(합치기)] 블록은 여러 개의 텍스트를 하나로 합칠 때 사용하는 블록입니다.

❹ [Blocks(블록)]에서 [Password]를 선택해 [Password.Text(Passwoed.텍스트] 블록을 드래그해 연결합니다.

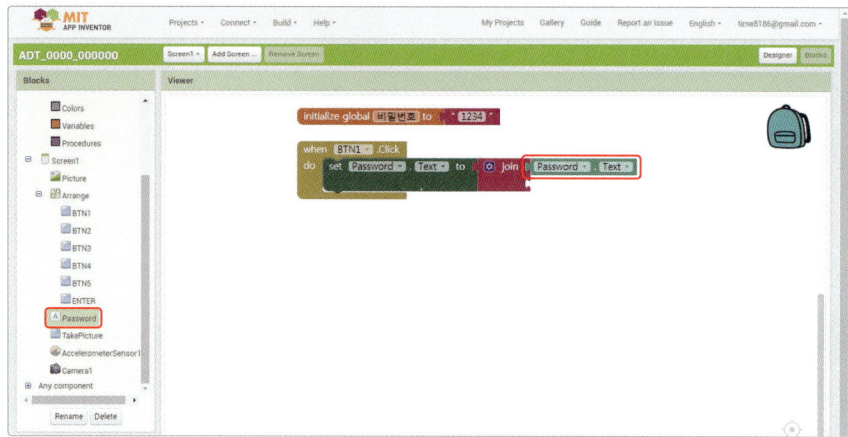

❺ [Blocks(블록)]의 [Text(텍스트)]에서 [" "] 블록을 드래그한 다음 값에 '1'을 입력합니다.

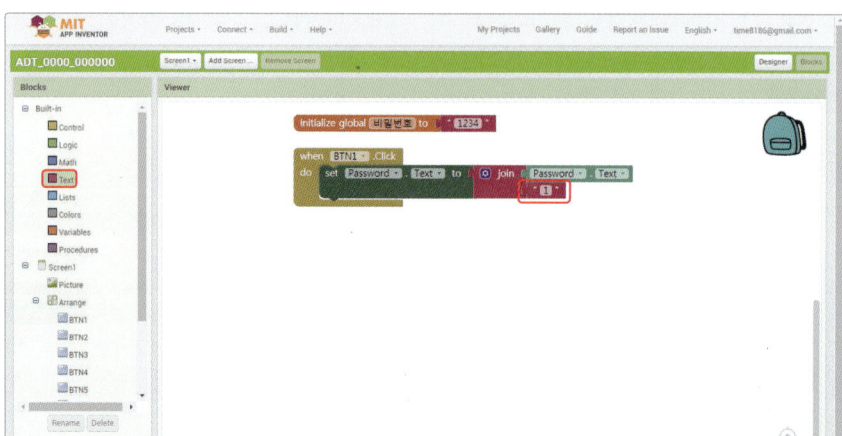

❻ 완성된 코드에서 마우스 오른쪽 단추를 클릭해 [Duplicate(복제하기)]를 선택합니다. 그리고 코드가 복제되면 목록 단추(▼)를 클릭해 'BTN2'를 선택합니다. 이어서 값에 '2'를 입력합니다.

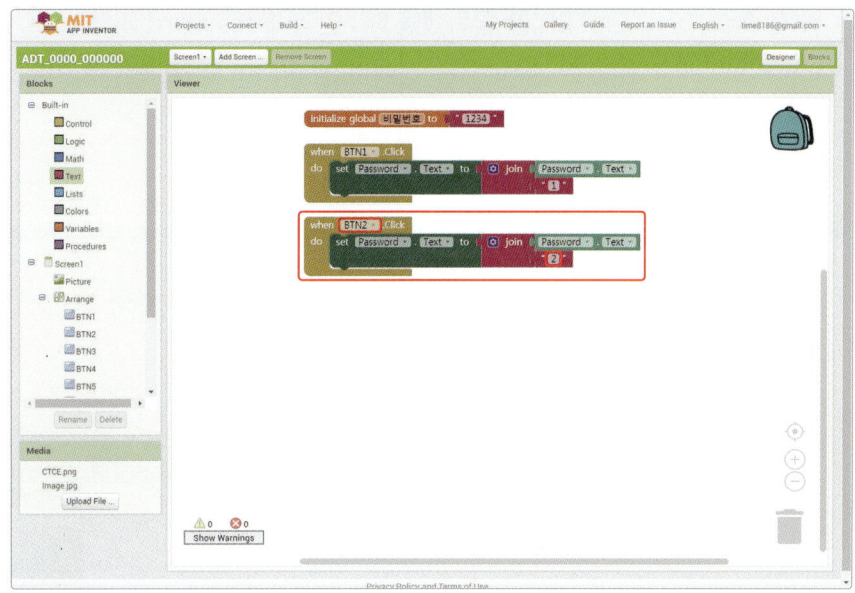

❼ ❻과 같은 방법으로 코드를 복사합니다. 그리고 목록 단추(▼)를 클릭해 컴포넌트의 이름을 선택한 다음 값을 입력합니다.

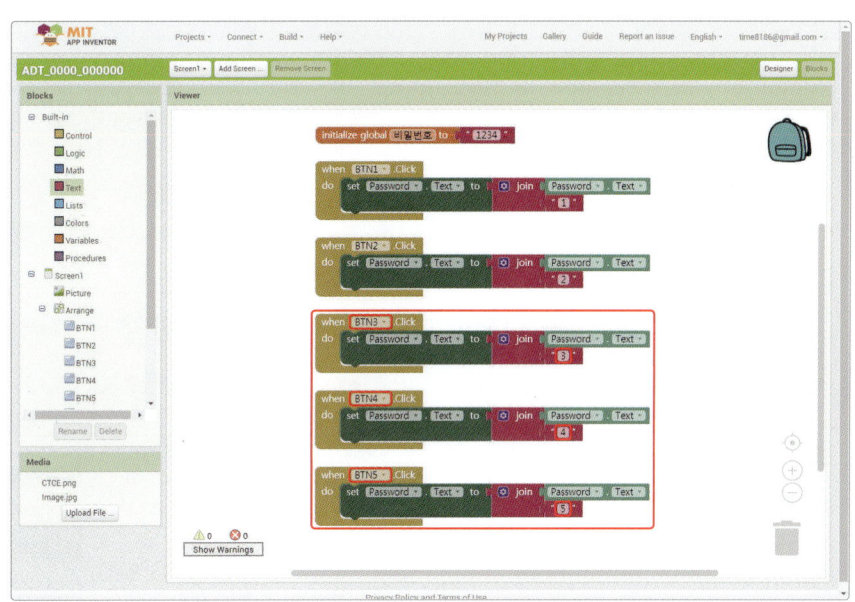

Part 02 유형 사로잡기 _ 067

Step 03 비밀번호 비교하기

작성조건 : 'ENTER'를 클릭했을 때 : 만약 'Password'의 '텍스트'와 '비밀번호' 변수의 값이 같으면 아래의 조건 '①'을 실행하고, 아니면 '②'를 실행하기
① "TakePicture" 버튼을 표시하기
② "Password"의 텍스트 지우기

❶ [ENTER] 컴포넌트를 선택한 다음 [Viewer(뷰어)]에 블록이 나타나면 [when ENTER.Click(언제 ENTER 클릭)] 블록을 드래그 합니다.

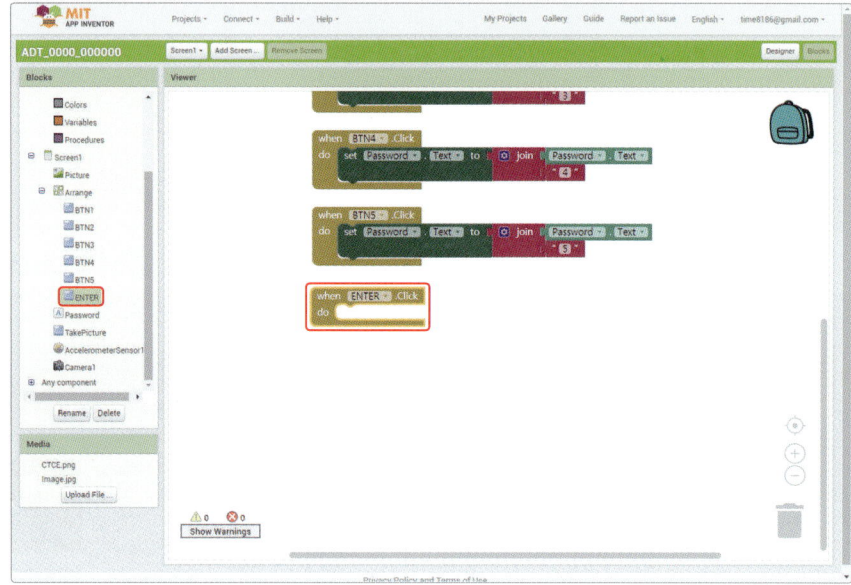

❷ [Control(제어)]를 선택한 다음 [If ~ then ~ (만약 ~ 그러면 ~)] 블록을 드래그해 연결합니다.

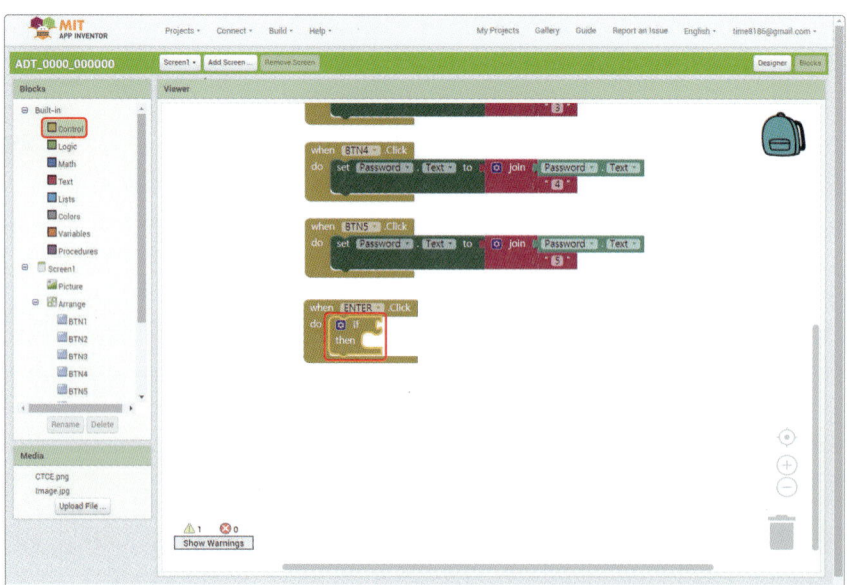

❸ ❋를 클릭해 [아니면] 명령 블록을 드래그해 연결합니다. 이렇게 하면 [If ~ then ~ (만약 ~ 그러면 ~)] 블록이 [If ~ then ~ else ~ (만약 ~ 그러면 ~ 아니라면 ~)] 블록으로 바뀝니다.

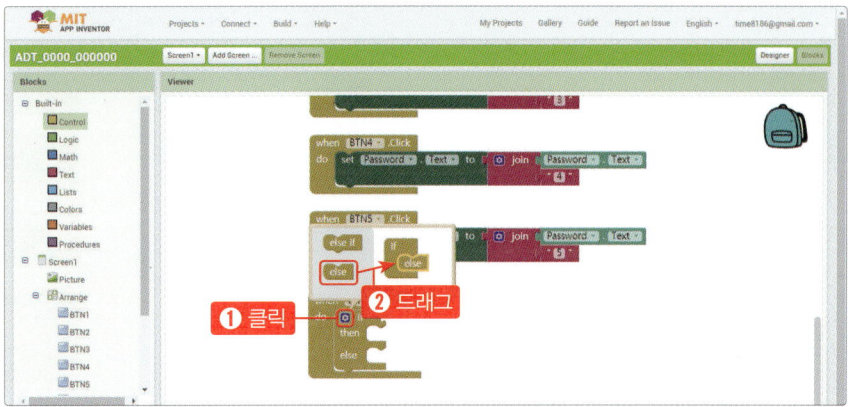

❹ [Text(텍스트)]를 선택한 다음 [compare texts ~ 〈 ~ (텍스트 비교하기 ~ 〈 ~)] 블록을 드래그해 연결합니다. 그리고 목록 단추(▼)를 클릭해 [=]를 선택합니다.

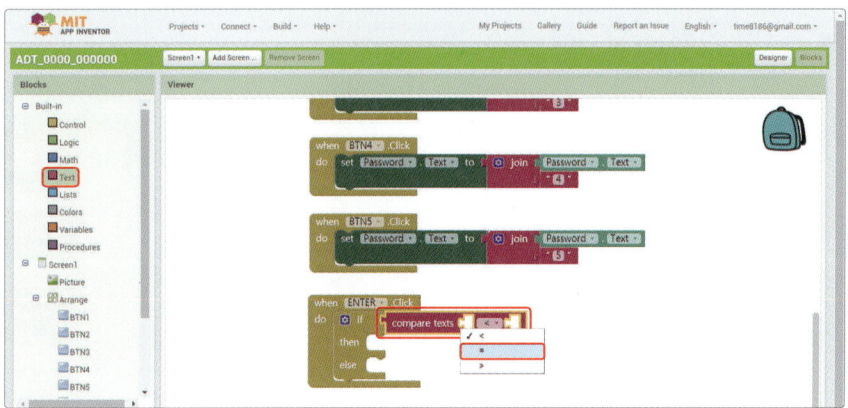

Hint

[compare texts ~ 〈 ~ (텍스트 비교하기 ~ 〈 ~)] 블록은 두 개의 텍스트를 비교하여 결과를 참(True) 또는 거짓(False)으로 알려주는 블록입니다.

❺ [Password] 컴포넌트를 선택한 다음 [Password.Text(Password.텍스트)] 명령 블록을 드래그해 끼워 넣습니다.

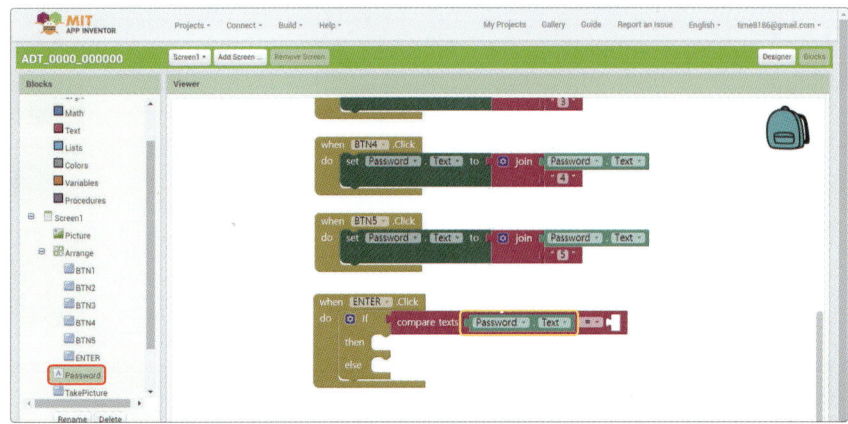

❻ [Variable(변수)]의 [get(가져오기)] 블록을 드래그해 끼워 넣은 다음 목록 단추를 클릭해 'global 비밀번호(전역변수 비밀번호)'를 선택합니다.

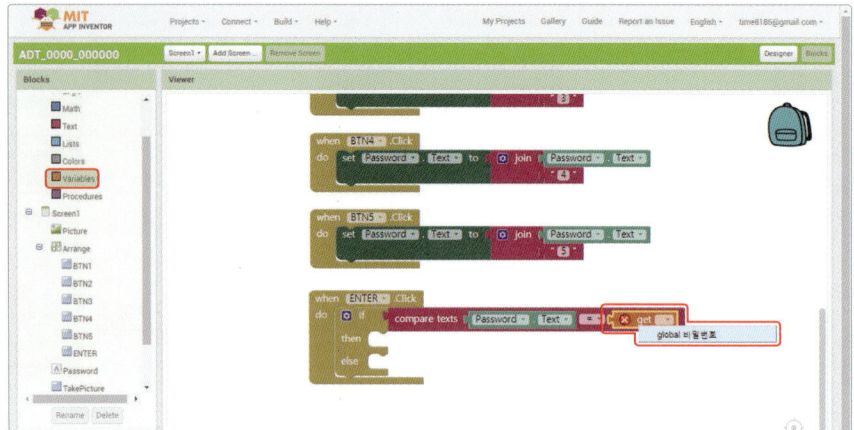

❼ [TakePicture] 컴포넌트를 선택한 다음 [set TakePicture.Visible(지정하기 TakePicture.보이기 값)] 블록을 드래그해 연결합니다. 그리고 [Logic(논리)]를 선택한 다음 [True(참)] 블록을 드래그해 끼워 넣습니다.

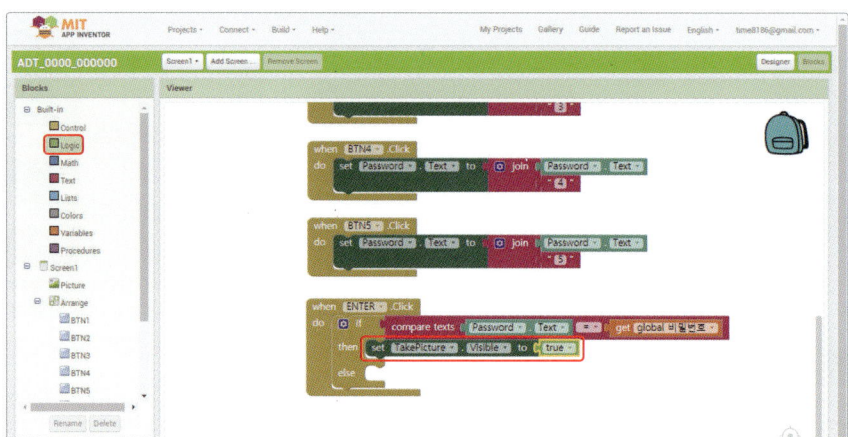

❽ [Password]를 선택한 다음 [set Password.Text(지정하기 TakePicture.텍스트 값)] 블록을 드래그해 연결합니다. 그리고 [Text(텍스트)]에서 [" "] 블록을 드래그해 연결합니다.

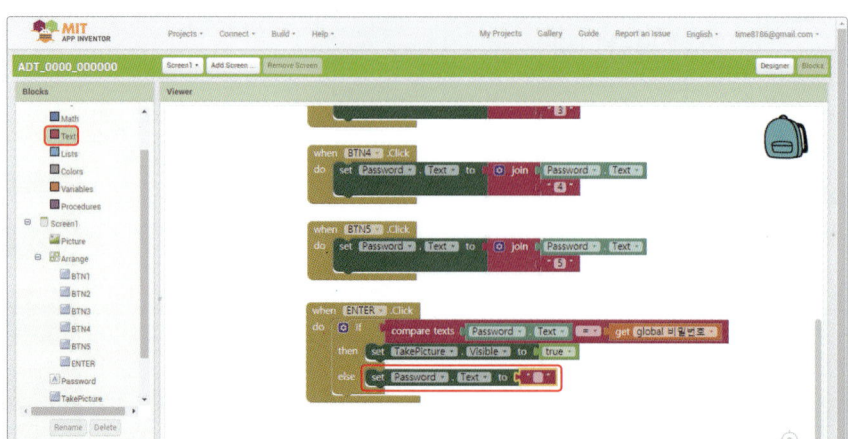

Step 04 카메라로 사진찍기

작성조건 : 'TakePicture'를 클릭했을 때 : '카메라1'로 사진 찍기

❶ [TakePicture] 컴포넌트를 클릭합니다. 그리고 [Viewer(뷰어)]가 나타나면서 블록이 나타나면 [when TakePicture.Click(언제 TakePicture.클릭)] 블록을 드래그 합니다.

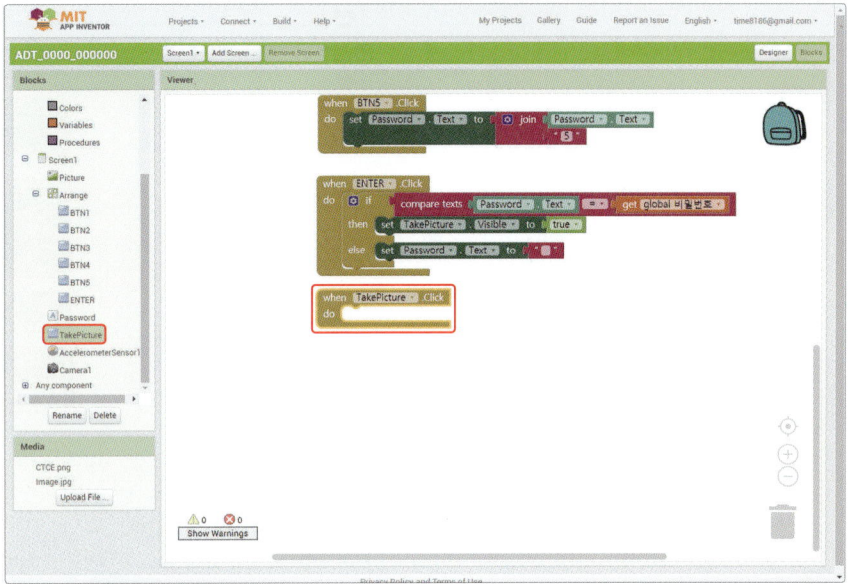

❷ 카메라로 사진을 촬영하기 위해 Blocks(블록)에서 'Camera1(카메라1)'을 선택합니다. 그리고 [call Camera1.TakePicture(카메라1로 사진 찍기)] 블록을 드래그해 연결합니다. 이렇게 하면 'TakePicture' 버튼을 클릭하면 카메라로 사진을 촬영할 수 있습니다.

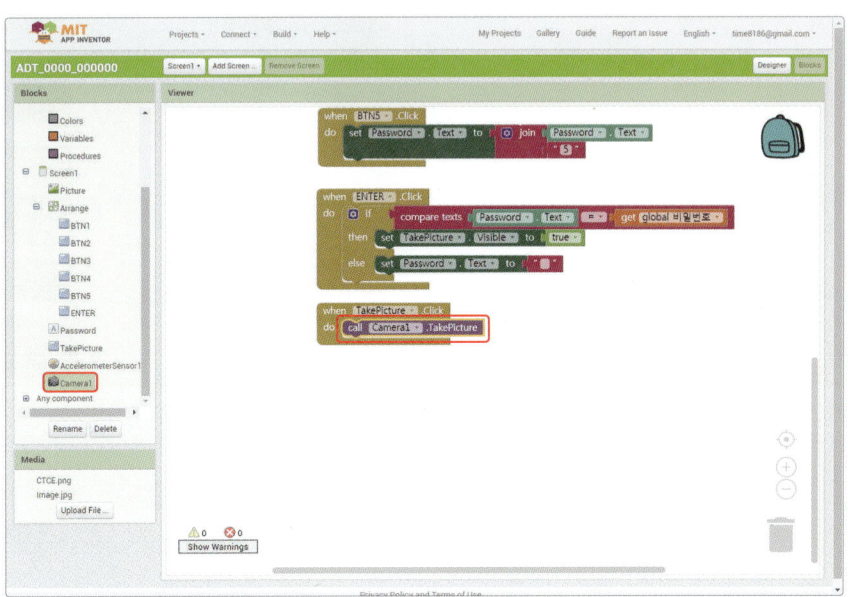

Step 05 촬영한 사진을 캔버스에 나타내기

작성조건 : '카메라1'로 사진을 찍은 후 : 촬영한 이미지를 'Picture'의 '사진'으로 가져오기

❶ 'Camera1(카메라1)'을 선택한 다음 [when Camera1 AfterPicture(언제 Camera1 사진 찍은 후)] 블록을 드래그 합니다. 이렇게 하면 카메라로 촬영한 후에 어떤 작업을 할지 지정할 수 있습니다.

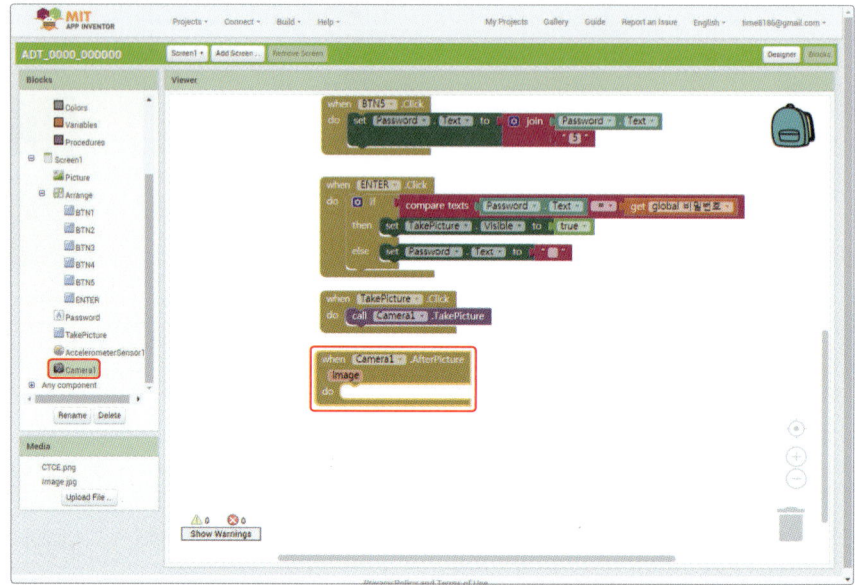

❷ Blocks(블록)에서 'Picture'를 선택한 다음 [Set Picture.Picture(지정하기 Picture.사진)]를 드래그해 연결합니다. 이렇게 하면 카메라로 촬영한 후 'Picture'의 'Picture(사진)'를 바꿀 수 있습니다.

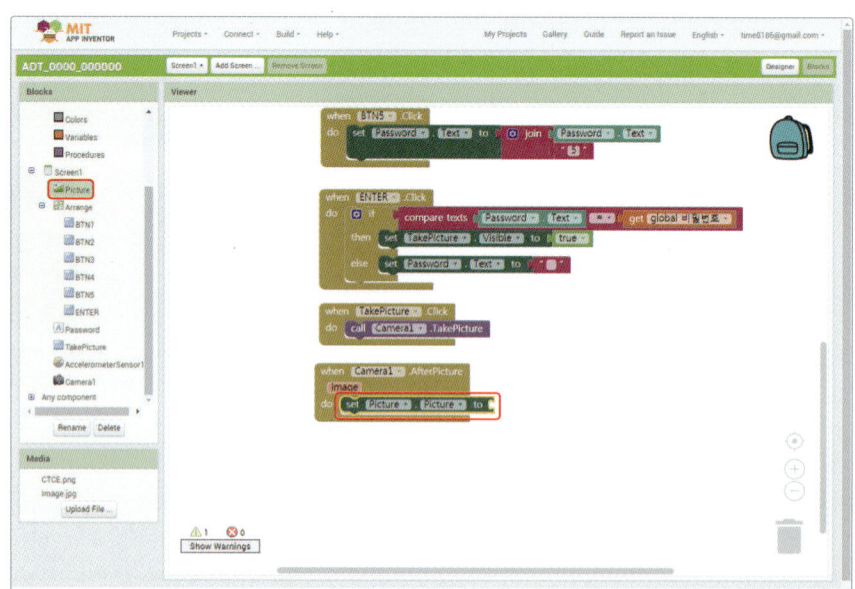

❸ 'Picture'의 'Picture(사진)'로 사용한 사진을 지정하기 위해 [image]에 마우스 포인터를 위치합니다. 이렇게 하면 새로운 블록이 나타납니다.

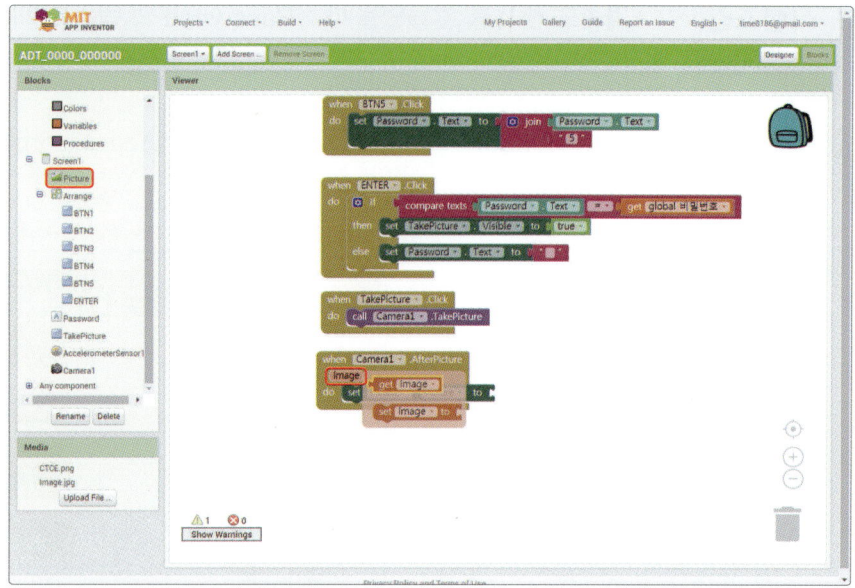

❹ [get image(가져오기 이미지)] 블록을 [Set Picture.Picture(지정하기 Picture.사진)]에 드래그해 연결합니다. 이렇게 하면 카메라로 촬영한 이미지를 'Picture' 컴포넌트의 'Picture(사진)'로 바꿀 수 있습니다.

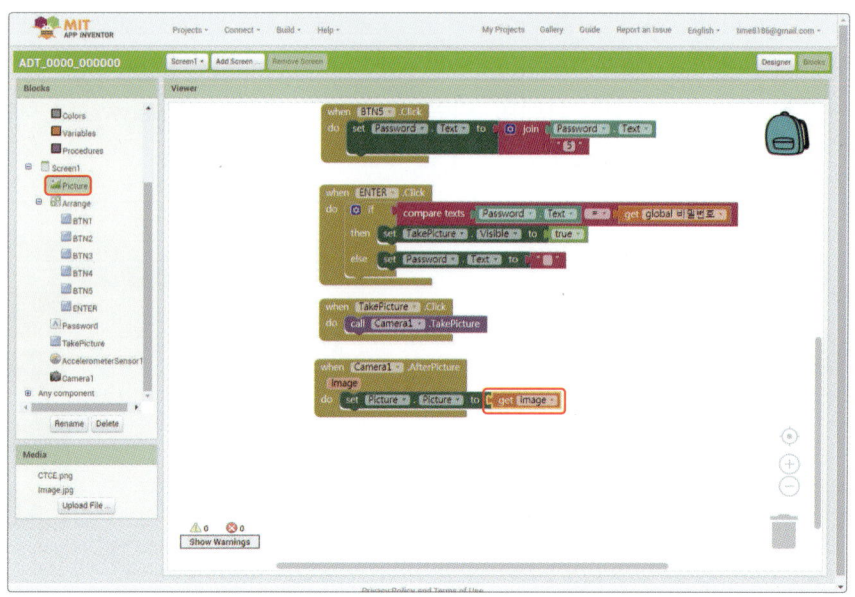

Step 06 'Password'에 나타난 텍스트 지우기

작성조건 : '가속도 센서'를 흔들었을 때 : 'Password'의 텍스트 지우기

❶ 'AccelerometerSensor1'를 선택한 다음 [언제 AccelerometerSensor1 흔들림] 블록을 드래그 합니다.

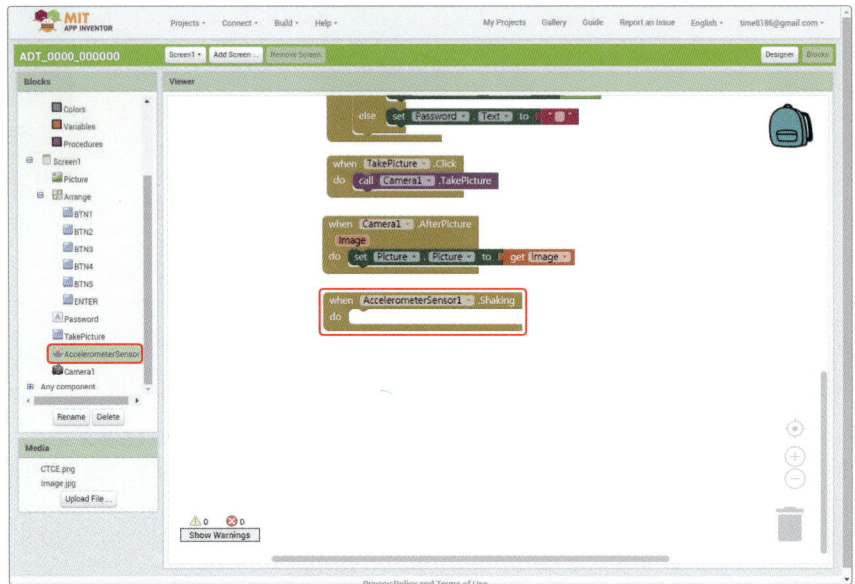

❷ [Password]를 선택한 다음 [Password.Text(Passwoed.텍스트] 블록을 드래그 합니다. 그리고 [Text(텍스트)]에서 [" "] 블록을 드래그 합니다.

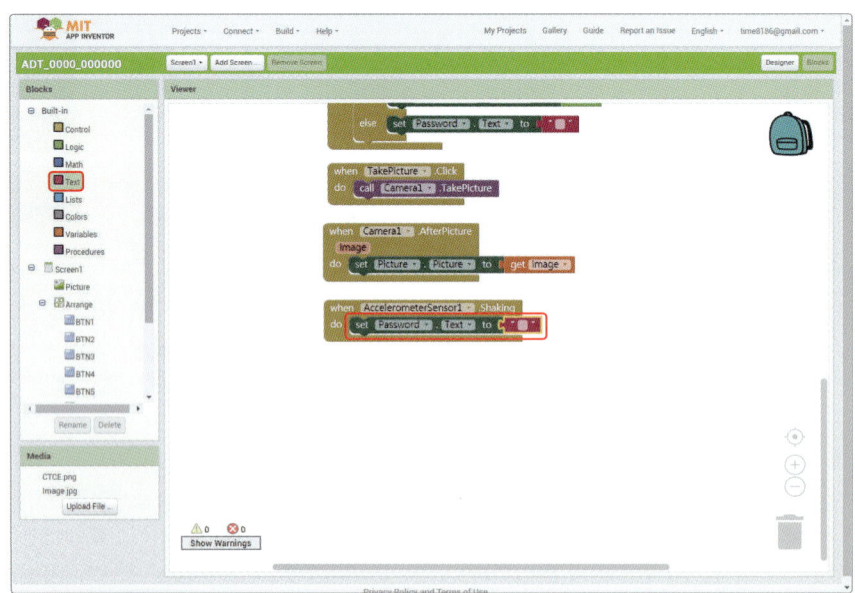

예제로 기본 다지기

텍스트를 읽어주는 프로젝트

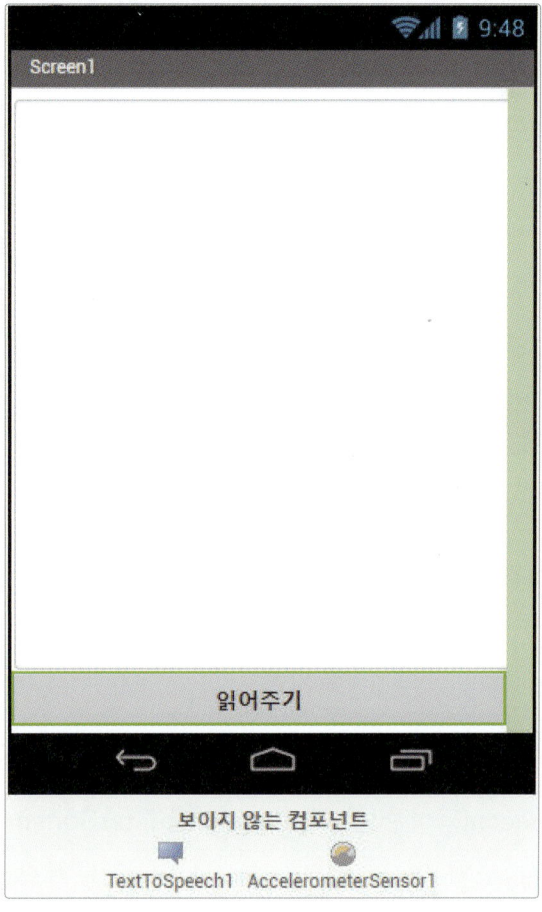

▶ Components(컴포넌트)

- ▶ Screen(스크린)
- ▶ TextBox(텍스트 상자)
- ▶ Button(버튼)
- ▶ TextToSpeech(음성 변환)
- ▶ AccelerometerSensor(가속도 센서)

01 앱 디자인

문제 1 [TextBox(텍스트 상자)]를 추가한 다음 [작성 조건]에 따라 속성을 설정하시오.

| 작성조건 |

Components Name(컴포넌트 이름) : "내용입력"
- FontBold(글꼴 굵게) ⇒ True
- FontSize(글꼴 크기) ⇒ 16
- Height(높이) ⇒ Fill parents(부모에 맞추기)
- Width(너비) ⇒ Fill parents(부모에 맞추기)
- MultiLine(여러 줄) ⇒ True

문제 2 [Button(버튼)]을 추가한 다음 [작성 조건]에 따라 속성을 설정하시오.

| 작성조건 |

Components Name(컴포넌트 이름) : "변환"
- FontBold(글꼴 굵게) ⇒ True
- FontSize(글꼴 크기) ⇒ 14
- Width(너비) ⇒ Fill parents(부모에 맞추기)
- Text(텍스트) ⇒ "읽어주기"

문제 3 [TextToSpeech(음성 변환)]와 [AccelerometerSensor(가속도 센서)]를 추가하시오.

02 앱 코딩

문제 1 [작성 조건]에 따라 코딩하시오.

| 작성조건 |

'변환'을 클릭했을 때
- '내용입력'의 텍스트를 읽어준다.

AccelerometerSensor(가속기 센서)를 흔들었을 때
- '내용입력'의 텍스트를 지운다.

예제로 기본 다지기

얼마나 걸었는지 표시하는 프로젝트

▶ Components(컴포넌트)

- ▶ Screen(스크린)
- ▶ HorizontalArrangement(수평배치)
- ▶ Button(버튼)
- ▶ Button(버튼)
- ▶ Label(레이블)
- ▶ Pedometer
- ▶ AccelerometerSensor(가속도 센서)

01 앱 디자인

문제 1 [HorizontalArrangement(수평배치)]를 추가한 다음 [작성 조건]에 따라 속성을 설정하시오.

| 작성조건 |

Components Name(컴포넌트 이름) : "버튼배치"
- Width(너비) ⇒ Fill parents(부모에 맞추기)

문제 2 [Button(버튼)]을 추가한 다음 [작성 조건]에 따라 속성을 설정하시오.

| 작성조건 |

Components Name(컴포넌트 이름) : "Start"
- FontBold(글꼴 굵게) ⇒ True
- Width(너비) ⇒ Fill parents(부모에 맞추기)
- FontSize(글꼴 크기) ⇒ 16
- Text(텍스트) ⇒ "시작"

Components Name(컴포넌트 이름) : "Stop"
- FontBold(글꼴 굵게) ⇒ True
- Width(너비) ⇒ Fill parents(부모에 맞추기)
- FontSize(글꼴 크기) ⇒ 16
- Text(텍스트) ⇒ "중지"

문제 3 [Label(레이블)]을 추가한 다음 [작성 조건]에 따라 속성을 설정하시오.

| 작성조건 |

Components Name(컴포넌트 이름) : "이동거리"
- FontBold(글꼴 굵게) ⇒ True
- Width(너비) ⇒ Fill parents(부모에 맞추기)
- TextAlignment(텍스트 정렬) ⇒ center(가운데) : 1
- FontSize(글꼴 크기) ⇒ 25
- Text(텍스트) ⇒ "이동거리"

문제 4 [Pedometer]와 [AccelerometerSensor(가속도 센서)]를 각각 추가하시오.

02 앱 코딩

문제 1 [작성 조건]에 따라 코딩하시오.

| 작성조건 |

'Start'를 클릭했을 때
- 'Pedometer'를 초기화하고, 'Pedometer'를 시작하기

'Stop'를 클릭했을 때
- 'Pedometer'를 정지하기

'Pedometer' 걸음 수가 바뀔 때
- '이동거리'의 텍스트를 'Pedometer'의 걸음 수로 바꾸기

'AccelerometerSensor(가속도 센서)'를 흔들었을 때
- 'Pedometer'를 정지하고, '이동거리'의 텍스트를 지우기

유형 04 완성된 프로젝트 저장

완성된 프로젝트를 aia 파일로 다운로드하여 저장하고 이름을 바꾸는 방법에 대해 알아봅니다.

주요 기능
- aia 파일 만들기
- 파일 이동하기

결과 화면

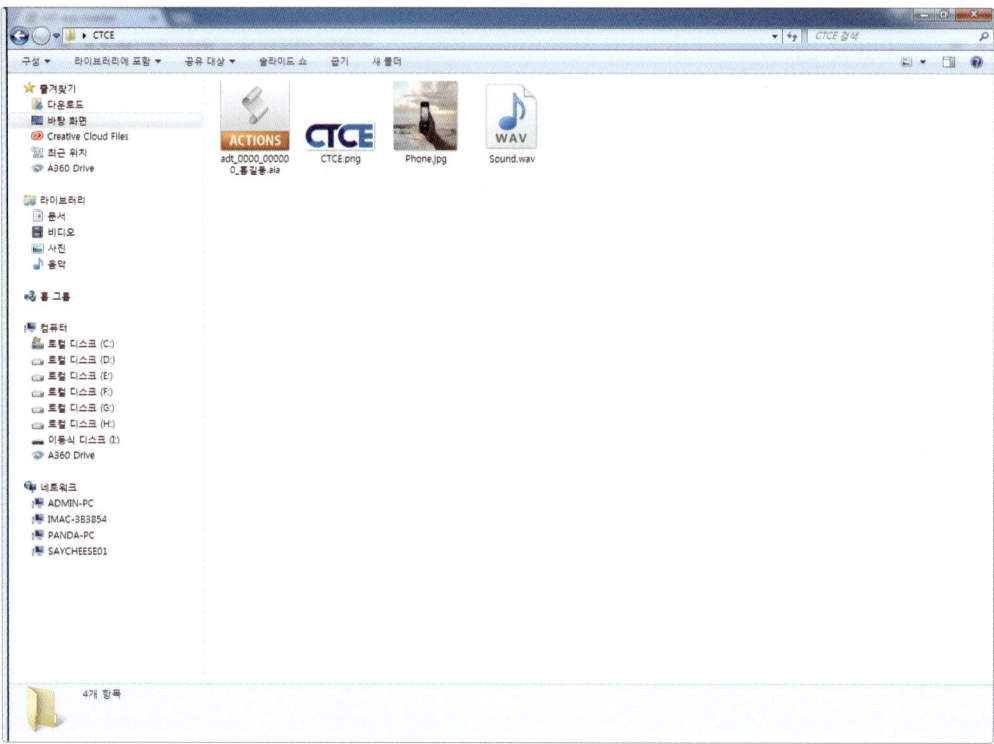

출제유형

- Step 01 : 완성된 프로젝트를 내 컴퓨터에 저장하는 방법에 대해 알아봅니다.
- Step 02 : 저장된 프로젝트의 이름을 바꾸는 방법에 대해 알아봅니다.

Step 01 프로젝트를 내 컴퓨터에 저장하기

작성조건 : 다음 규칙에 따라 프로젝트를 생성하고 저장하시오. [저장 경로 : 바탕화면 – CTCE 폴더]

| 프로젝트 생성 | '수검번호' | 프로젝트 저장 | '수검번호.aia' |

– 예 수검번호가 ADT-0000-000000인 경우 'adt_0000_000000'으로 지정할 것

① 완성된 프로젝트를 저장하기 위해 [Projects(프로젝트)]-[Save project(프로젝트 저장)]를 선택합니다. 이렇게 하면 프로젝트가 웹에 저장됩니다.

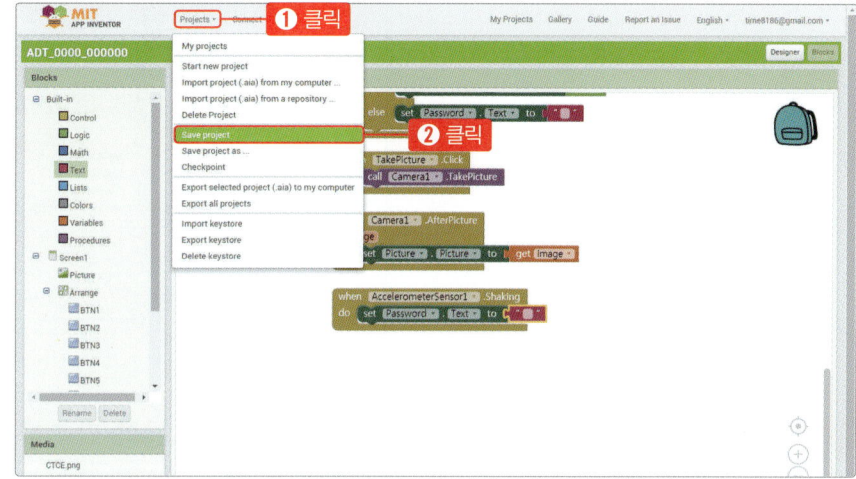

② 완성된 프로젝트를 내 컴퓨터에 저장하기 위해 [Projects(프로젝트)]-[Export selected project(.aia) to my computer(선택된 프로젝트(.aia)를 내 컴퓨터로 내보내기)]를 선택합니다.

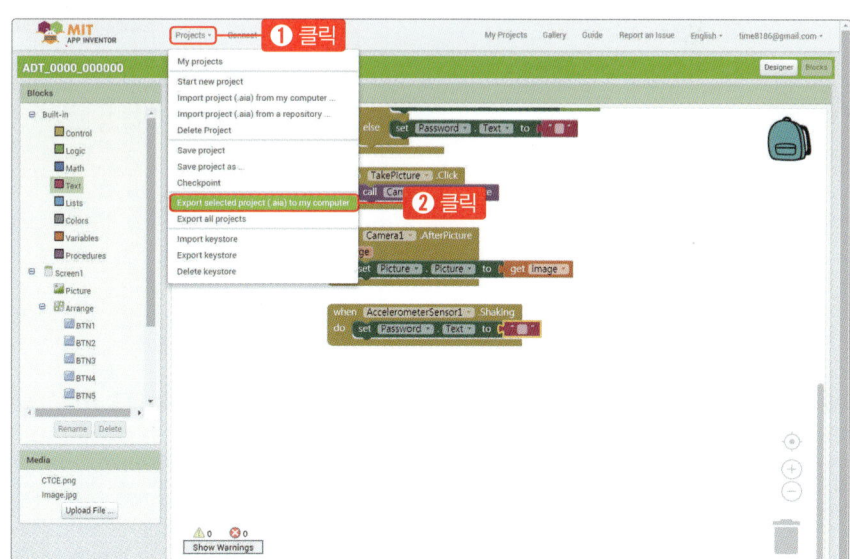

Hint

[Projects(프로젝트)]-[Export selected project(.aia) to my computer(선택된 프로젝트(.aia)를 내 컴퓨터로 내보내기)]를 선택해 내 컴퓨터로 내보낸 파일은 [다운로드] 폴더에 저장됩니다.

Step 02 파일 이동과 이름 바꾸기

작성조건 : 다음 규칙에 따라 프로젝트를 생성하고 저장하시오. [저장 경로 : 바탕화면 – CTCE 폴더]

프로젝트 생성	'수검번호'	프로젝트 저장	'수검번호.aia'

– 예 수검번호가 ADT-0000-000000인 경우 'adt_0000_000000'으로 지정할 것

❶ 다운로드 된 프로젝트를 선택한 다음 마우스 오른쪽 단추를 눌러 [잘라내기]를 선택합니다.

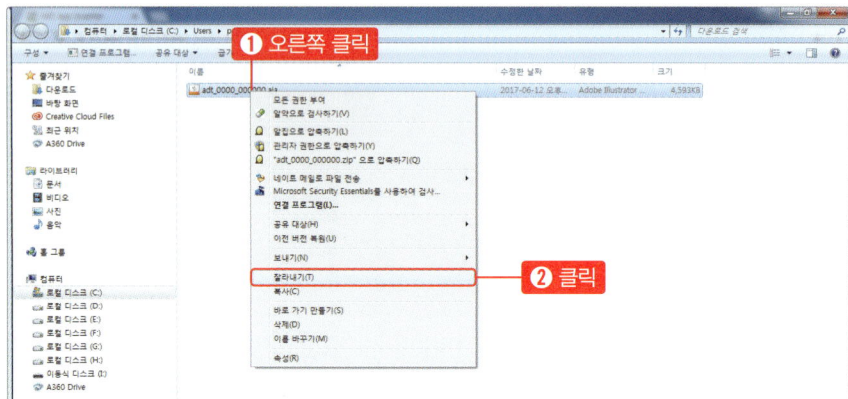

❷ '바탕화면'의 'CTCE' 폴더를 선택하고 마우스 오른쪽 단추를 눌러 [붙여넣기]를 선택합니다.

❸ F2 키를 눌러 파일 이름을 'adt_0000_000000_이름.aia'로 바꾼 다음 Enter 를 누릅니다.

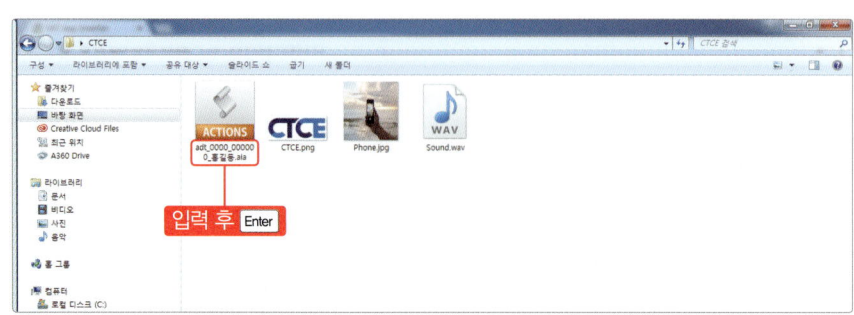

ADT 앱창의개발능력

PART 03

예제로 정복하기

예제 **01** 간단 메모장

예제 **02** 음성번역기

예제 **03** 그림판

예제 **04** 검색 엔진

예제 **05** 영어 메시지 발송

예제 **06** 소리로 전화걸기

예제 **07** 이동 경로 저장

예제 **08** 스마트 조명

예제 **09** 그림 메모

예제 **10** 예약 사이트

예제 01 간단 메모장

제목과 내용을 입력한 후 버튼을 클릭하면 파일로 저장하는 앱 만들기

결과 화면
• 완성 파일 : exam01.aia

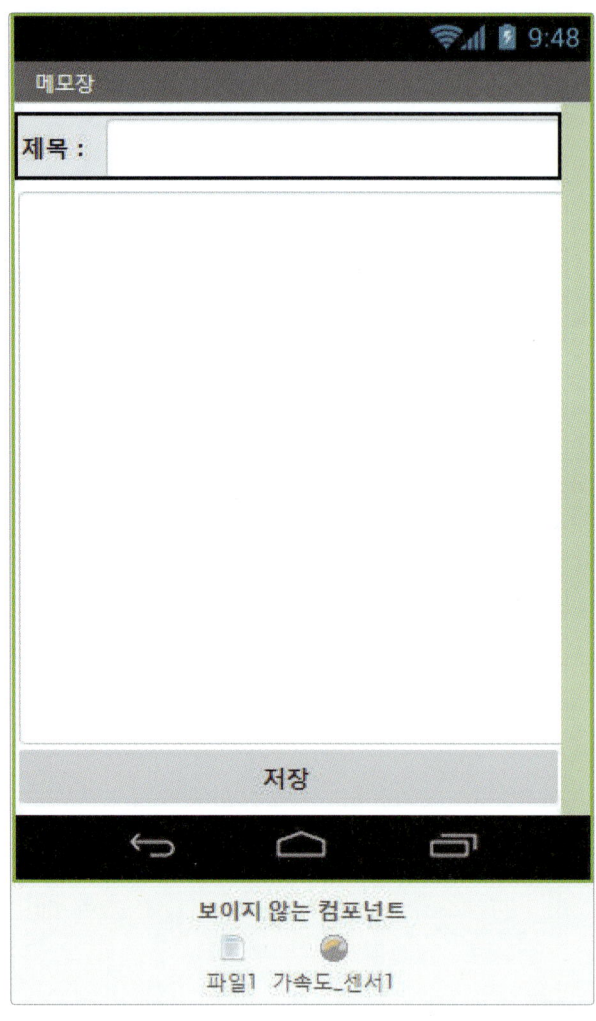

▶ Components(컴포넌트)

- ▶ Screen(스크린)
- ▶ TextBox(텍스트 상자)
- ▶ File(파일)
- ▶ HorizontalArrangement(수평배치)
- ▶ TextBox(텍스트 상자)
- ▶ AccelerometerSensor(가속도 센서)
- ▶ Label(레이블)
- ▶ Button(버튼)

▶ Media(미디어)

- ▶ CTCE.png

앱 디자인하기

앱 디자인은 [작성 조건]을 준수하여 설정하되 제시되지 않은 항목은 변경하지 않도록 합니다.

① **[작성 조건]에 따라 [Screen(스크린)]을 설정하시오.**

| 작성조건 | Components Name(컴포넌트 이름) : "Screen1"
- ScreenOrientation(스크린 방향) ⇒ Portrait(세로)
- Icon(아이콘) ⇒ 'CTCE.png' 이미지 업로드
- Title(제목) ⇒ '메모장'

② **[HorizontalArrangement(수평배치)]를 추가한 다음 [작성 조건]에 따라 속성을 설정하시오.**

| 작성조건 | Components Name(컴포넌트 이름) : "수평배치1"
- AlignVertical(수직 정렬) ⇒ Center(가운데) : 2
- Width(너비) ⇒ Fill parents(부모에 맞추기)

③ **[Label(레이블)]을 추가한 다음 [작성 조건]에 따라 속성을 설정하시오.**

| 작성조건 | Components Name(컴포넌트 이름) : "레이블1"
- FontBold(글꼴 굵게) ⇒ True
- FontSize(글꼴 크기) ⇒ 16
- Text(텍스트) ⇒ "제목 :"

④ **[TextBox(텍스트 상자)]를 추가한 다음 [작성 조건]에 따라 속성을 설정하시오.**

| 작성조건 | Components Name(컴포넌트 이름) : "이름"
- FontBold(글꼴 굵게) ⇒ True
- FontSize(글꼴 크기) ⇒ 16
- Width(너비) ⇒ Fill parents(부모에 맞추기)
- Hint(힌트) ⇒ "제목 입력"

⑤ **[TextBox(텍스트 상자)]를 추가한 다음 [작성 조건]에 따라 속성을 설정하시오.**

| 작성조건 | Components Name(컴포넌트 이름) : "내용"
- FontSize(글꼴 크기) ⇒ 16
- Height(높이) ⇒ Fill parents(부모에 맞추기)
- Width(너비) ⇒ Fill parents(부모에 맞추기)
- Hint(힌트) ⇒ "메모 입력"
- MultiLine(여러 줄) ⇒ True

⑥ **[Button(버튼)]을 추가한 다음 [작성 조건]에 따라 속성을 설정하시오.**

| 작성조건 | Components Name(컴포넌트 이름) : "Save"
- FontBold(글꼴 굵게) ⇒ True
- FontSize(글꼴 크기) ⇒ 16
- Width(너비) ⇒ Fill parents(부모에 맞추기)
- Text(텍스트) ⇒ "저장"

⑦ **[File(파일)]과 [AccelerometerSensor(가속도 센서)]를 각각 추가하시오.**

코딩 구현하기

코딩은 [작성 조건]을 준수하여 최소한의 명령 블록으로 프로젝트가 오류 없이 실행되도록 구성합니다.

01 'Save'를 클릭했을 때
- 만약 '이름'의 '텍스트'가 비어있지 않으면, '파일'의 '파일이름'을 '이름'으로 정하고, '텍스트'를 '내용'으로 정한 다음 파일로 저장하기

02 파일 저장 후
- '이름'의 '텍스트'와 '내용'의 '텍스트'를 지우기

03 'AccelerometerSensor(가속도 센서)'를 흔들었을 때
- '이름'의 '텍스트'와 '내용'의 '텍스트'를 지우기

예제 02

음성번역기

음성을 인식한 후 번역해주는 앱 만들기

결과 화면　•완성 파일 : exam02.aia

▶ Components(컴포넌트)

- ▶ Screen(스크린)
- ▶ TextBox(텍스트 상자)
- ▶ YandexTranslate(Yandex 번역)
- ▶ Button(버튼)
- ▶ SpeechRecognizer(음성 인식)
- ▶ Label(레이블)
- ▶ TextToSpeech(음성 변환)

▶ Media(미디어)

- ▶ CTCE.png

앱 디자인하기

앱 디자인은 [작성 조건]을 준수하여 설정하되 제시되지 않은 항목은 변경하지 않도록 합니다.

① [작성 조건]에 따라 [Screen(스크린)]을 설정하시오.

| 작성조건 |　　Components Name(컴포넌트 이름) : "Screen1"
　　　　　　　　・ ScreenOrientation(스크린 방향) ⇒ Portrait(세로)
　　　　　　　　・ Icon(아이콘) ⇒ 'CTCE.png' 이미지 업로드
　　　　　　　　・ Title(제목) ⇒ '음성 번역기'

② [Button(버튼)]을 추가한 다음 [작성 조건]에 따라 속성을 설정하시오.

| 작성조건 |　　Components Name(컴포넌트 이름) : "Voice"
　　　　　　　　・ FontBold(글꼴 굵게) ⇒ True
　　　　　　　　・ FontSize(글꼴 크기) ⇒ 20
　　　　　　　　・ Width(너비) ⇒ Fill parents(부모에 맞추기)
　　　　　　　　・ Text(텍스트) ⇒ "음성인식"

③ [Label(레이블)]을 추가한 다음 [작성 조건]에 따라 속성을 설정하시오.

| 작성조건 |　　Components Name(컴포넌트 이름) : "번역전"
　　　　　　　　・ FontSize(글꼴 크기) ⇒ 15
　　　　　　　　・ Height(높이) ⇒ Fill parents(부모에 맞추기)
　　　　　　　　・ Width(너비) ⇒ Fill parents(부모에 맞추기)
　　　　　　　　・ Text(텍스트) ⇒ " "

④ **[TextBox(텍스트 상자)]**를 추가한 다음 [작성 조건]에 따라 속성을 설정하시오.

| 작성조건 | Components Name(컴포넌트 이름) : "번역후"
- FontSize(글꼴 크기) ⇒ 15
- Height(높이) ⇒ Fill parents(부모에 맞추기)
- Width(너비) ⇒ Fill parents(부모에 맞추기)
- Hint(힌트) ⇒ " "

⑤ **[SpeechRecognizer(음성 인식)]**과 **[TextToSpeech(음성 변환)]**, **[YandexTranslate(Yandex 번역)]**을 각각 추가하시오.

코딩 구현하기

코딩은 [작성 조건]을 준수하여 최소한의 명령 블록으로 프로젝트가 오류 없이 실행되도록 구성합니다.

01 'Voice'를 클릭했을 때
- '음성 인식'의 '텍스트' 가져오기

02 '음성 인식'의 텍스트 가져온 후
- 가져온 '텍스트'를 '번역전'에 표시하고 번역 언어(ko-en)로 번역하기

03 번역을 받았을 때
- 번역한 텍스트를 '번역후'에 표시하고 읽어주기

예제 03 그림판

화면을 터치해 그림을 그리는 앱 만들기

결과 화면 • 완성 파일 : exam03.aia

▶ Components(컴포넌트)

- ▶ Screen(스크린)
- ▶ Button(버튼)
- ▶ Button(버튼)
- ▶ Canvas(캔버스)
- ▶ Button(버튼)
- ▶ Slider(슬라이더)
- ▶ HorizontalArrangement(수평배치)
- ▶ Button(버튼)
- ▶ AccelerometerSensor(가속도 센서)

▶ Media(미디어)

- ▶ CTCE.png

앱 디자인하기

앱 디자인은 [작성 조건]을 준수하여 설정하되 제시되지 않은 항목은 변경하지 않도록 합니다.

① **[작성 조건]에 따라 [Screen(스크린)]을 설정하시오.**

| 작성조건 | Components Name(컴포넌트 이름) : "Screen1"
- ScreenOrientation(스크린 방향) ⇒ Portrait(세로)
- Icon(아이콘) ⇒ 'CTCE.png' 이미지 업로드
- Title(제목) ⇒ '그림판'

② **[작성 조건]에 따라 [Canvas(캔버스)]를 추가한 다음 [작성 조건]에 따라 속성을 설정하시오.**

| 작성조건 | Components Name(컴포넌트 이름) : "캔버스1"
- Height(높이) ⇒ Fill parents(부모에 맞추기)
- Width(너비) ⇒ Fill parents(부모에 맞추기)

③ **[HorizontalArrangement(수평배치)]를 추가한 다음 [작성 조건]에 따라 속성을 설정하시오.**

| 작성조건 | Components Name(컴포넌트 이름) : "수평배치1"
- Width(너비) ⇒ Fill parents(부모에 맞추기)

④ **[Button(버튼)]을 추가한 다음 [작성 조건]에 따라 속성을 설정하시오.**

| 작성조건 | Components Name(컴포넌트 이름) : "Black"
- BackgoundColor(배경색) ⇒ Black(검정)
- Text(텍스트) ⇒ "검정"
- Width(너비) ⇒ Fill parents(부모에 맞추기)
- TextColor(텍스트 색상) ⇒ "White(흰색)"

Components Name(컴포넌트 이름) : "Blue"
- BackgoundColor(배경색) ⇒ Blue(파랑)
- Text(텍스트) ⇒ "파랑"
- Width(너비) ⇒ Fill parents(부모에 맞추기)
- TextColor(텍스트 색상) ⇒ "White(흰색)"

Components Name(컴포넌트 이름) : "Red"
- BackgoundColor(배경색) ⇒ Red(빨강)
- Text(텍스트) ⇒ "빨강"
- Width(너비) ⇒ Fill parents(부모에 맞추기)
- TextColor(텍스트 색상) ⇒ "White(흰색)"

Components Name(컴포넌트 이름) : "Yellow"
- BackgoundColor(배경색) ⇒ Yellow(노랑)
- Text(텍스트) ⇒ "노랑"
- Width(너비) ⇒ Fill parents(부모에 맞추기)

⑤ **[Slider(슬라이더)]를 추가한 다음 [작성 조건]에 따라 속성을 설정하시오.**

| 작성조건 | Components Name(컴포넌트 이름) : "선굵기"
- Width(너비) ⇒ Fill parents(부모에 맞추기)
- MaxValue(최댓값) ⇒ 20
- MinValue(최솟값) ⇒ 1
- ThumbPosition(섬네일 위치) ⇒ 5

⑥ **[AccelerometerSensor(가속도 센서)]를 추가하시오.**

코딩 구현하기

코딩은 [작성 조건]을 준수하여 최소한의 명령 블록으로 프로젝트가 오류 없이 실행되도록 구성합니다.

01 'Black'을 클릭했을 때
- '캔버스'의 '페인트 색상'을 '검정'으로 지정하기

02 'Blue'를 클릭했을 때
- '캔버스'의 '페인트 색상'을 '파랑'으로 지정하기

03 'Red'를 클릭했을 때
- '캔버스'의 '페인트 색상'을 '빨강'으로 지정하기

04 'Yellow'를 클릭했을 때
- '캔버스'의 '페인트 색상'을 '노랑'으로 지정하기

05 '캔버스'를 터치했을 때
- 터치한 위치에 점 그리기

06 '선굵기'의 셈네일 위치를 변경했을 때
- '캔버스'의 '선 두께'를 '섬네일 위치'로 정하기

07 'AccelerometerSensor(가속도 센서)'를 흔들었을 때
- '캔버스' 지우기

검색 엔진

단어를 입력하면 구글에서 검색해 결과를 표시해 주는 앱 만들기

결과 화면   • 완성 파일 : exam04.aia

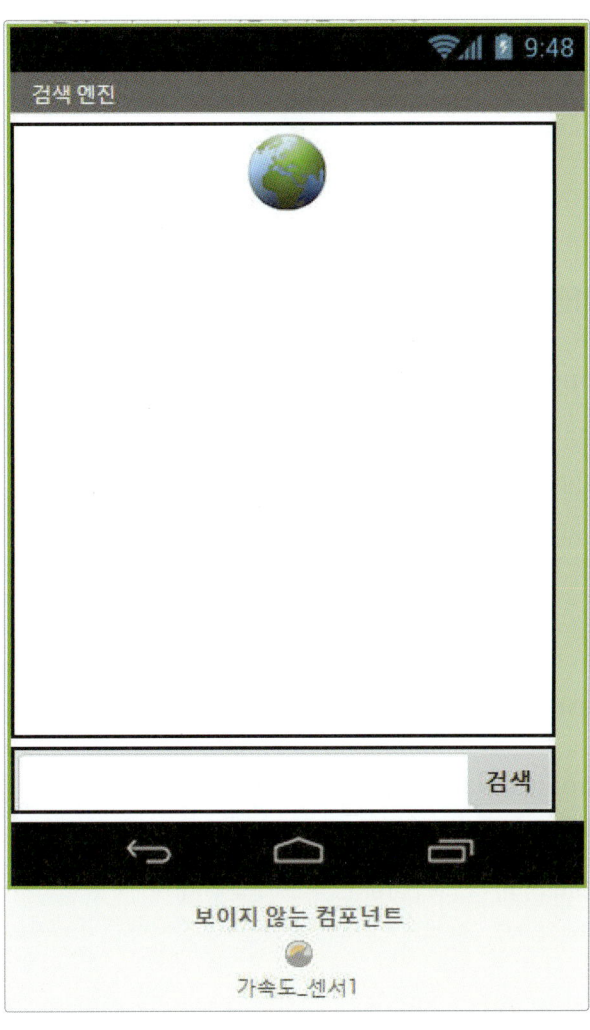

▶ Components(컴포넌트)

- ▶ Screen(스크린)
- ▶ WebViewer(웹뷰어)
- ▶ HorizontalArrangement(수평배치)
- ▶ TextBox(텍스트 상자)
- ▶ Button(버튼)
- ▶ AccelerometerSensor(가속도 센서)

▶ Media(미디어)

- ▶ CTCE.png

Part 03 예제로 정복하기 _ **093**

앱 디자인하기

앱 디자인은 [작성 조건]을 준수하여 설정하되 제시되지 않은 항목은 변경하지 않도록 합니다.

① [작성 조건]에 따라 [Screen(스크린)]을 설정하시오.

| 작성조건 | Components Name(컴포넌트 이름) : "Screen1"
- AlignVertical(수직 정렬) ⇒ Bottom(아래) : 3
- ScreenOrientation(스크린 방향) ⇒ Portrait(세로)
- Icon(아이콘) ⇒ 'CTCE.png' 이미지 업로드
- Title(제목) ⇒ '검색 엔진'

② [WebViewer(웹뷰어)]를 추가한 다음 [작성 조건]에 따라 속성을 설정하시오.

| 작성조건 | Components Name(컴포넌트 이름) : "웹뷰어1"
- Height(높이) ⇒ Fill parents(부모에 맞추기)
- Width(너비) ⇒ Fill parents(부모에 맞추기)
- HomeUrl(홈 URL) ⇒ "https://www.google.com"

③ [HorizontalArrangement(수평배치)]를 추가한 다음 [작성 조건]에 따라 속성을 설정하시오.

| 작성조건 | Components Name(컴포넌트 이름) : "수평배치1"
- AlignVertical(수직 정렬) ⇒ Center(가운데) : 2
- Width(너비) ⇒ Fill parents(부모에 맞추기)

④ [TextBox(텍스트 상자)]를 추가한 다음 [작성 조건]에 따라 속성을 설정하시오.

| 작성조건 | Components Name(컴포넌트 이름) : "검색단어"
- FontBold(글꼴 굵게) ⇒ True
- FontSize(글꼴 크기) ⇒ 16
- Width(너비) ⇒ Fill parents(부모에 맞추기)
- Hint(힌트) ⇒ "검색할 단어 입력"

⑤ **[Button(버튼)]을 추가한 다음 [작성 조건]에 따라 속성을 설정하시오.**

| 작성조건 | Components Name(컴포넌트 이름) : "Search"
- FontBold(글꼴 굵게) ⇒ True
- FontSize(글꼴 크기) ⇒ 16
- Text(텍스트) ⇒ "검색"

⑥ **[AccelerometerSensor(가속도 센서)]를 추가하시오.**

코딩 구현하기

코딩은 [작성 조건]을 준수하여 최소한의 명령 블록으로 프로젝트가 오류 없이 실행되도록 구성합니다.

01 'Search'를 클릭했을 때
- 만약 '검색단어'의 '텍스트'가 비어 있다면 ㉮를 실행하고, 아니라면 ㉯를 실행하기
  ㉮ '웹뷰어1'의 '홈 URL'을 "https://www.google.co.kr/?gws_rd=sssi#newwindow=1&q=" 와 '검색단어'의 '텍스트'를 결합한 값으로 지정하기
  ㉯ '웹뷰어1'의 '홈 URL'를 "https://www.google.co.kr"로 지정하기

02 'AccelerometerSensor(가속도 센서)'를 흔들었을 때
- '웹뷰어1'의 '홈 URL'를 "https://www.google.co.kr"로 지정하기
- '검색단어'의 '텍스트'를 지우기

예제 05 영어 메시지 발송

한글을 입력하면 영어로 번역한 후 메시지를 보내주는 앱 만들기

결과 화면
• 완성 파일 : exam05.aia

▶ Components(컴포넌트)

- ▶ Screen(스크린)
- ▶ TextBox(텍스트 상자)
- ▶ Button(버튼)
- ▶ TextBox(텍스트 상자)
- ▶ HorizontalArrangement(수평배치)
- ▶ TextBox(텍스트 상자)
- ▶ Button(버튼)
- ▶ YandexTranslate(Yandex 번역)
- ▶ Texting(문자 메시지)
- ▶ AccelerometerSensor(가속도 센서)

▶ Media(미디어)

- ▶ CTCE.png
- ▶ dot.png

앱 디자인하기

앱 디자인은 [작성 조건]을 준수하여 설정하되 제시되지 않은 항목은 변경하지 않도록 합니다.

① **[작성 조건]에 따라 [Screen(스크린)]을 설정하시오.**

| 작성조건 | Components Name(컴포넌트 이름) : "Screen1"
- ScreenOrientation(스크린 방향) ⇒ Portrait(세로)
- BackgroundImage(배경 이미지) ⇒ 'dot.png' 이미지 업로드
- Icon(아이콘) ⇒ 'CTCE.png' 이미지 업로드
- Title(제목) ⇒ '번역 메시지'

② **[TextBox(텍스트 상자)]를 추가한 다음 [작성 조건]에 따라 속성을 설정하시오.**

| 작성조건 | Components Name(컴포넌트 이름) : "입력상자"
- Height(높이) ⇒ Fill parents(부모에 맞추기)
- Width(너비) ⇒ Fill parents(부모에 맞추기)
- Hint(힌트) ⇒ "전송할 메시지 입력"
- MultiLine(여러 줄) ⇒ True

③ **[Button(버튼)]을 추가한 다음 [작성 조건]에 따라 속성을 설정하시오.**

| 작성조건 | Components Name(컴포넌트 이름) : "번역"
- FontBold(글꼴 굵게) ⇒ True
- FontSize(글꼴 크기) ⇒ 16
- Width(너비) ⇒ Fill parents(부모에 맞추기)
- Shape(모양) ⇒ rounded(둥근 모서리)

④ **[TextBox(텍스트 상자)]를 추가한 다음 [작성 조건]에 따라 속성을 설정하시오.**

| 작성조건 | Components Name(컴포넌트 이름) : "메시지"
- Height(높이) ⇒ Fill parents(부모에 맞추기)
- Width(너비) ⇒ Fill parents(부모에 맞추기)
- MultiLine(여러 줄) ⇒ True

⑤ **[HorizontalArrangement(수평배치)]를 추가한 다음 [작성 조건]에 따라 속성을 설정하시오.**

| 작성조건 | Components Name(컴포넌트 이름) : "수평배치1"
- Width(너비) ⇒ Fill parents(부모에 맞추기)

⑥ **[TextBox(텍스트 상자)]를 추가한 다음 [작성 조건]에 따라 속성을 설정하시오.**

| 작성조건 | Components Name(컴포넌트 이름) : "연락처"
- FontBold(글꼴 굵게) ⇒ True
- Width(너비) ⇒ Fill parents(부모에 맞추기)
- Hint(힌트) ⇒ "연락처 입력"
- FontSize(글꼴 크기) ⇒ 16
- NumbersOnly ⇒ True

⑦ **[Button(버튼)]을 추가한 다음 [작성 조건]에 따라 속성을 설정하시오.**

| 작성조건 | Components Name(컴포넌트 이름) : "Send"
- FontBold(글꼴 굵게) ⇒ True
- Width(너비) ⇒ Fill parents(부모에 맞추기)
- FontSize(글꼴 크기) ⇒ 16
- Shape(모양) ⇒ rounded(둥근 모서리)

⑧ **[YandexTranslate(Yandex 번역)], [Texting(문자 메시지)], [AccelerometerSensor(가속도 센서)]를 각각 추가하시오.**

코딩 구현하기

코딩은 [작성 조건]을 준수하여 최소한의 명령 블록으로 프로젝트가 오류 없이 실행되도록 구성합니다.

01 '번역'을 클릭했을 때
- '입력상자'의 '텍스트'를 언어(ko-en)으로 번역하기

02 번역 후
- 번역된 내용을 '메시지'의 '텍스트'로 지정하기

03 'Send'를 클릭했을 때
- '문자 메시지'의 '전화번호'를 '연락처'의 '텍스트'로 지정하기
- '문자 메시지'의 '메시지'를 '메시지'의 '텍스트'로 지정하기
- 문자 메시지 보내기

04 'AccelerometerSensor(가속도 센서)'를 흔들었을 때
- '입력상자'의 '텍스트' 지우기
- '문자 메시지'의 '전화번호' 값과 '메시지' 값 지우기

예제 06

소리로 전화걸기

소리로 전화를 걸 수 있는 앱 만들기

결과 화면 • 완성 파일 : exam06.aia

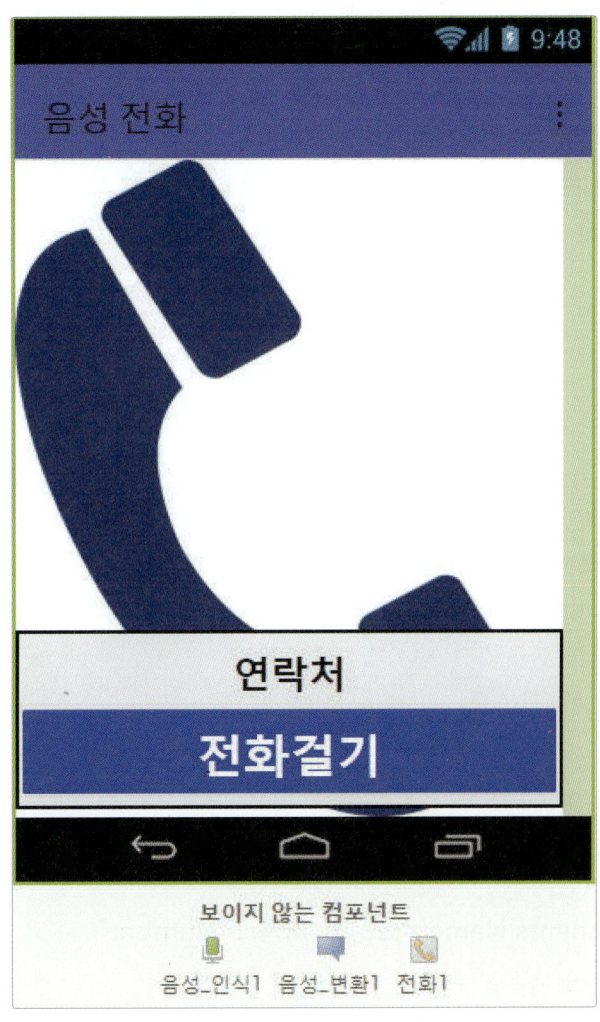

▶ Components(컴포넌트)

- ▶ Screen(스크린)
- ▶ VerticalArrangement(수직배치)
- ▶ Label(레이블)
- ▶ Button(버튼)
- ▶ SpeechRecognizer(음성 인식)
- ▶ TextToSpeech(음성 변환)
- ▶ PhoneCall(전화)

▶ Media(미디어)

- ▶ CTCE.png
- ▶ phone.png

앱 디자인하기

앱 디자인은 [작성 조건]을 준수하여 설정하되 제시되지 않은 항목은 변경하지 않도록 합니다.

① [작성 조건]에 따라 [Screen(스크린)]을 설정하시오.

| 작성조건 |

Components Name(컴포넌트 이름) : "Screen1"
- AlignVertical(수직 정렬) ⇒ Bottom(아래) : 3
- BackgroundImage(배경 이미지) ⇒ 'phone.png' 이미지 업로드
- Icon(아이콘) ⇒ 'CTCE.png' 이미지 업로드
- ScreenOrientation(스크린 방향) ⇒ Portrait(세로)
- Theme ⇒ 'Black Title Text'
- Title(제목) ⇒ "음성 전화"

② [VerticalArrangement(수직배치)]를 추가한 다음 [작성 조건]에 따라 속성을 설정하시오.

| 작성조건 |

Components Name(컴포넌트 이름) : "수직배치1"
- Width(너비) ⇒ Fill parents(부모에 맞추기)

③ [Label(레이블)]을 추가한 다음 [작성 조건]에 따라 속성을 설정하시오.

| 작성조건 |

Components Name(컴포넌트 이름) : "Number"
- FontBold(글꼴 굵게) ⇒ True
- FontSize(글꼴 크기) ⇒ 25
- Width(너비) ⇒ Fill parents(부모에 맞추기)
- Text(텍스트) ⇒ "연락처"
- TextAlign(텍스트 정렬) ⇒ Center(가운데) : 1

④ **[Button(버튼)]**을 추가한 다음 [작성 조건]에 따라 속성을 설정하시오.

| 작성조건 | Components Name(컴포넌트 이름) : "전화"
- BackgorundColor(배경색) : Blue(파랑)
- FontBold(글꼴 굵게) ⇒ True
- FontSize(글꼴 크기) ⇒ 30
- Width(너비) ⇒ Fill parents(부모에 맞추기)
- Text(텍스트) ⇒ "전화걸기"
- TextColor(텍스트 색상) ⇒ White(흰색)

⑤ **[SpeechRecognizer(음성 인식)]**, **[TextToSpeech(음성 변환)]**, **[PhoneCall(전화)]**을 각각 추가하시오.

코딩 구현하기

코딩은 [작성 조건]을 준수하여 최소한의 명령 블록으로 프로젝트가 오류 없이 실행되도록 구성합니다.

01 '전화'를 클릭했을 때
- '음성 인식'의 텍스트를 가져오기

02 '음성 변환'의 텍스트를 가져온 후
- 'Number'의 '텍스트' 값을 '음성 인식'의 '결과'로 지정하기
- 만약 'Number'의 '텍스트'가 비어 있다면 ㉮를 실행하고, 아니라면 ㉯를 실행하기
  - ㉮ '음성 변환'으로 "연락처를 확인하세요"를 말하기
  - ㉯ '음성 변환'으로 'Number'의 '텍스트'와 "로 전화를 겁니다"를 합친 값을 말하기

03 '음성 변환'로 말한 후
- 만약 'Number'의 '텍스트'가 비어있지 않으면, '전화'의 '전화번호'를 'Number'의 '텍스트'로 정한 다음 전화 걸기

예제 07 이동 경로 저장

일정한 시간마다 이동 경로를 표시하고 파일로 저장하는 앱 만들기

결과 화면
• 완성 파일 : exam07.aia

▶ Components(컴포넌트)

- ▶ Screen(스크린)
- ▶ Label(레이블)
- ▶ Clock(시계)
- ▶ Button(버튼)
- ▶ Button(버튼)
- ▶ LocationSensor(위치 센서)
- ▶ HorizontalArrangement(수평배치)
- ▶ ListView(목록 뷰)
- ▶ File(파일)

▶ Media(미디어)

- ▶ CTCE.png
- ▶ Background.jpg

앱 디자인하기

앱 디자인은 [작성 조건]을 준수하여 설정하되 제시되지 않은 항목은 변경하지 않도록 합니다.

① **[작성 조건]에 따라 [Screen(스크린)]을 설정하시오.**

| 작성조건 | Components Name(컴포넌트 이름) : "Screen1"
- BackgroundImage(배경 이미지) ⇒ 'Background.jpg' 이미지 업로드
- Icon(아이콘) ⇒ 'CTCE.png' 이미지 업로드
- ScreenOrientation(스크린 방향) ⇒ Portrait(세로)
- Title(제목) ⇒ '이동 경로 기록'

② **[Button(버튼)]을 추가한 다음 [작성 조건]에 따라 속성을 설정하시오.**

| 작성조건 | Components Name(컴포넌트 이름) : "Start"
- FontBold(글꼴 굵게) ⇒ True
- FontSize(글꼴 크기) ⇒ 20
- Width(너비) ⇒ Fill parents(부모에 맞추기)
- Text(텍스트) ⇒ "이동 시작"

③ **[HorizontalArrangement(수평배치)]를 추가한 다음 [작성 조건]에 따라 속성을 설정하시오.**

| 작성조건 | Components Name(컴포넌트 이름) : "수평배치1"
- AlignVertical ⇒ Center(가운데) : 2
- Width(너비) ⇒ Fill parents(부모에 맞추기)

④ **[Label(레이블)]을 추가한 다음 [작성 조건]에 따라 속성을 설정하시오.**

| 작성조건 | Components Name(컴포넌트 이름) : "시작시간"
- FontBold(글꼴 굵게) ⇒ True
- FontSize(글꼴 크기) ⇒ 22
- Width(너비) ⇒ Fill parents(부모에 맞추기)
- Text(텍스트) ⇒ "시작 시간"
- TextAlign(텍스트 정렬) ⇒ center(가운데) : 1

⑤ **[Button(버튼)]**을 추가한 다음 [작성 조건]에 따라 속성을 설정하시오.

| 작성조건 | Components Name(컴포넌트 이름) : "Save"
- FontBold(글꼴 굵게) ⇒ True
- FontSize(글꼴 크기) ⇒ 22
- Width(너비) ⇒ Fill parents(부모에 맞추기)
- Text(텍스트) ⇒ "파일로 저장"

⑥ **[ListView(목록 뷰)]**를 추가한 다음 [작성 조건]에 따라 속성을 설정하시오.

| 작성조건 | Components Name(컴포넌트 이름) : "이동경로"
- Width(너비) ⇒ Fill parents(부모에 맞추기)
- FontSize(글꼴 크기) ⇒ 15

⑦ **[Clock(시계)]**를 추가한 다음 [작성 조건]에 따라 속성을 설정하시오.

| 작성조건 | Components Name(컴포넌트 이름) : "시계1"
- TimerInterval(타이머 간격) ⇒ 10000

⑧ **[LocationSensor(위치 센서)], [File(파일)]**을 각각 추가하시오.

코딩 구현하기

코딩은 [작성 조건]을 준수하여 최소한의 명령 블록으로 프로젝트가 오류 없이 실행되도록 구성합니다.

01 전역변수를 만들고 초기화
- 전역변수("경로")를 만들고, 빈 리스트로 초기화하기

02 'Start'를 클릭했을 때
- '시작시간'의 '텍스트'를 현재 시간으로 지정하기

03 '시계1' 타이머일 때
- '경로' 리스트에 '현재 시간'과 '현재 주소', 줄바꿈(\n)를 결합하여 항목으로 추가하기
- '이동경로'의 '목록 문자열' 값에 '경로' 리스트의 값을 항목별로 표시하기

04 'Save'를 클릭했을 때
- '파일 이름'을 현재 날짜로, '텍스트'를 '경로' 리스트 값으로 하여 파일로 저장하기

예제 08

스마트 조명

사진 촬영 시 효과를 주기 위해 다양한 색상을 비추는 조명을 만드는 앱 만들기

결과 화면 • 완성 파일 : exam08.aia

▶ Components(컴포넌트)

- ▶ Screen(스크린)
- ▶ Canvas(캔버스)
- ▶ HorizontalArrangement(수평배치)
- ▶ Button(버튼)
- ▶ Button(버튼)
- ▶ Button(버튼)
- ▶ Button(버튼)
- ▶ Button(버튼)
- ▶ Button(버튼)
- ▶ AccelerometerSensor(가속도 센서)

▶ Media(미디어)

- ▶ CTCE.png

앱 디자인하기

앱 디자인은 [작성 조건]을 준수하여 설정하되 제시되지 않은 항목은 변경하지 않도록 합니다.

① **[작성 조건]에 따라 [Screen(스크린)]을 설정하시오.**

| 작성조건 | Components Name(컴포넌트 이름) : "Screen1"
- Icon(아이콘) ⇒ 'CTCE.png' 이미지 업로드
- ScreenOrientation(스크린 방향) ⇒ Sensor(센서)
- Title(제목) ⇒ '스마트 조명'

② **[Canvas(캔버스)]를 추가한 다음 [작성 조건]에 따라 속성을 설정하시오.**

| 작성조건 | Components Name(컴포넌트 이름) : "Start"
- Height(높이) ⇒ Fill parents(부모에 맞추기)
- Width(너비) ⇒ Fill parents(부모에 맞추기)

③ **[HorizontalArrangement(수평배치)]를 추가한 다음 [작성 조건]에 따라 속성을 설정하시오.**

| 작성조건 | Components Name(컴포넌트 이름) : "수평배치1"
- Width(너비) ⇒ Fill parents(부모에 맞추기)

④ **[Button(버튼)]을 추가한 다음 [작성 조건]에 따라 속성을 설정하시오.**

| 작성조건 | Components Name(컴포넌트 이름) : "빨강"
- BackgroundColor(배경색) ⇒ Red(빨강)
- Width(너비) ⇒ Fill parents(부모에 맞추기)

⑤ **[Button(버튼)]을 추가한 다음 [작성 조건]에 따라 속성을 설정하시오.**

| 작성조건 | Components Name(컴포넌트 이름) : "파랑"
- BackgroundColor(배경색) ⇒ Blue(파랑)
- Width(너비) ⇒ Fill parents(부모에 맞추기)

⑥ **[Button(버튼)]을 추가한 다음 [작성 조건]에 따라 속성을 설정하시오.**

| 작성조건 | Components Name(컴포넌트 이름) : "자홍"
- BackgroundColor(배경색) ⇒ Magenta(자홍)
- Width(너비) ⇒ Fill parents(부모에 맞추기)

⑦ **[Button(버튼)]을 추가한 다음 [작성 조건]에 따라 속성을 설정하시오.**

| 작성조건 | Components Name(컴포넌트 이름) : "노랑"
- BackgroundColor(배경색) ⇒ Yellow(노랑)
- Width(너비) ⇒ Fill parents(부모에 맞추기)

⑧ **[Button(버튼)]을 추가한 다음 [작성 조건]에 따라 속성을 설정하시오.**

| 작성조건 | Components Name(컴포넌트 이름) : "초록"
- BackgroundColor(배경색) ⇒ Green(초록)
- Width(너비) ⇒ Fill parents(부모에 맞추기)

⑨ **[Button(버튼)]을 추가한 다음 [작성 조건]에 따라 속성을 설정하시오.**

| 작성조건 | Components Name(컴포넌트 이름) : "Off"
- FontBold(글꼴 굵게) ⇒ True
- FontSize(글꼴 크기) ⇒ 22
- Width(너비) ⇒ Fill parents(부모에 맞추기)
- Text(텍스트) ⇒ "끄기"

⑩ **[AccelerometerSensor(가속도 센서)]를 추가하시오.**

코딩 구현하기

코딩은 [작성 조건]을 준수하여 최소한의 명령 블록으로 프로젝트가 오류 없이 실행되도록 구성합니다.

01 '버튼숨기기' 함수를 실행했을 때
- '수평배치'와 'Off'를 화면에서 숨기기

02 '빨강'를 클릭했을 때
- '캔버스'의 '배경색'을 '빨강'의 '배경색'으로 지정하기
- '버튼숨기기' 함수를 호출하기

03 '파랑'을 클릭했을 때
- '캔버스'의 '배경색'을 '파랑'의 '배경색'으로 지정하기
- '버튼숨기기' 함수를 호출하기

04 '자홍'을 클릭했을 때
- '캔버스'의 '배경색'을 '자홍'의 '배경색'으로 지정하기
- '버튼숨기기' 함수를 호출하기

05 '초록'을 클릭했을 때
- '캔버스'의 '배경색'을 '초록'의 '배경색'으로 지정하기
- '버튼숨기기' 함수를 호출하기

06 '노랑'을 클릭했을 때
- '캔버스'의 '배경색'을 '노랑'의 '배경색'으로 지정하기
- '버튼숨기기' 함수를 호출하기

07 'AccelerometerSensor(가속도 센서)'를 흔들었을 때
- '수평배치'와 'Off'를 화면에 표시하기

08 'Off'를 클릭했을 때
- '캔버스'의 '배경색'을 "흰색"으로 지정하기

예제 09

그림 메모

임의로 작성한 메모를 파일로 저장해 주는 앱 만들기

결과 화면 • 완성 파일 : exam09.aia

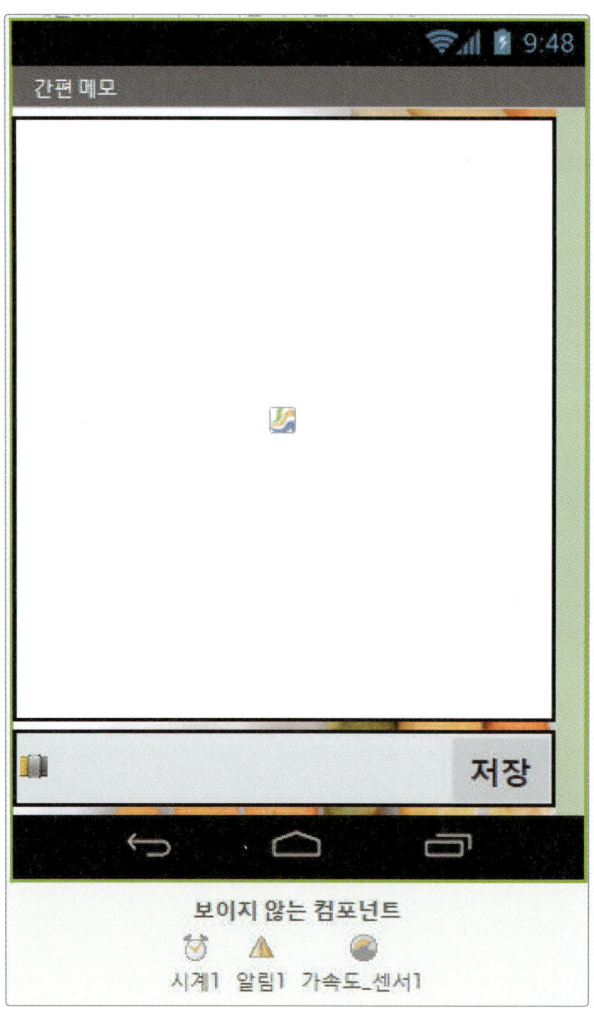

▶ Components(컴포넌트)

- ▶ Screen(스크린)
- ▶ Canvas(캔버스)
- ▶ HorizontalArrangement(수평배치)
- ▶ Slider(슬라이더)
- ▶ Button(버튼)
- ▶ Clock(시계)
- ▶ Notifier(알림)
- ▶ AccelerometerSensor(가속도 센서)

▶ Media(미디어)

- ▶ CTCE.png
- ▶ Background.jpg

앱 디자인하기

앱 디자인은 [작성 조건]을 준수하여 설정하되 제시되지 않은 항목은 변경하지 않도록 합니다.

① **[작성 조건]에 따라 [Screen(스크린)]을 설정하시오.**

| 작성조건 | Components Name(컴포넌트 이름) : "Screen1"
- BackgroundImage ⇒ 'Background.jpg' 이미지 업로드
- Icon(아이콘) ⇒ 'CTCE.png' 이미지 업로드
- ScreenOrientation(스크린 방향) ⇒ Sensor(센서)
- Title(제목) ⇒ '간편 메모'

② **[Canvas(캔버스)]를 추가한 다음 [작성 조건]에 따라 속성을 설정하시오.**

| 작성조건 | Components Name(컴포넌트 이름) : "캔버스1"
- Height(높이) ⇒ Fill parents(부모에 맞추기)
- Width(너비) ⇒ Fill parents(부모에 맞추기)

③ **[HorizontalArrangement(수평배치)]를 추가한 다음 [작성 조건]에 따라 속성을 설정하시오.**

| 작성조건 | Components Name(컴포넌트 이름) : "수평배치1"
- AlignVertical(수직정렬) ⇒ Center(가운데) : 2
- Width(너비) ⇒ Fill parents(부모에 맞추기)

④ **[Slider(슬라이더)]를 추가한 다음 [작성 조건]에 따라 속성을 설정하시오.**

| 작성조건 | Components Name(컴포넌트 이름) : "굵기"
- Width(너비) ⇒ Fill parents(부모에 맞추기)
- MaxValue(최댓값) ⇒ 20
- MinValue(최솟값) ⇒ 1

⑤ **[Button(버튼)]을 추가한 다음 [작성 조건]에 따라 속성을 설정하시오.**

| 작성조건 | Components Name(컴포넌트 이름) : "Save"
- FontBold(글꼴 굵게) ⇒ True
- FontSize(글꼴 크기) ⇒ 20
- Text(텍스트) ⇒ "저장"

6 [Clock(시계)], [Notifier(알림)], [AccelerometerSensor(가속도 센서)]를 각각 추가하시오.

코딩 구현하기

코딩은 [작성 조건]을 준수하여 최소한의 명령 블록으로 프로젝트가 오류 없이 실행되도록 구성합니다.

01 전역변수 만들기
- 전역변수("파일저장")를 만들고 거짓(False)으로 초기화하기

02 'Screen1'을 초기화했을 때
- '캔버스1'의 '선 굵기'를 "5"로 정하기
- '선굵기'의 '섬네일 위치'를 "5"로 정하기

03 '캔버스'를 터치했을 때
- 터치한 위치에 점 그리기

04 '캔버스'를 드래그했을 때
- 드래그한 모양대로 선 그리기

05 '굵기'의 위치가 바뀌었을 때
- '캔버스'의 '선굵기'를 '섬네일 위치'로 정하기

06 'Save'를 클릭했을 때
- 현재 날짜와 시간을 "yyyy년 MM월 dd일 a hh시 mm분 ss초" 형식으로 표현한 값을 '파일 이름'으로 하여 '캔버스'를 파일로 저장하기
- '파일저장' 변수에 '파일 저장 결과'를 저장하기
- '파일저장' 변숫값이 'True'이면 ㉮를 실행하고, 아니라면 ㉯를 실행하기
  ㉮ 메시지를 "파일이 저장되었습니다.", 제목은 "성공", 버튼 텍스트는 "확인"으로 하여 메시지 창 나타내기
  ㉯ "파일 저장 중 오류가 발생했습니다."라는 알림을 경고창으로 나타내기

07 'AccelerometerSensor(가속도 센서)'를 흔들었을 때
- '캔버스' 지우기

예제 10 예약 사이트

특정 시간이 되면 자동으로 지정된 사이트로 이동하도록 만드는 앱 만들기

결과 화면 • 완성 파일 : exam10.aia

▶ Components(컴포넌트)

- ▶ Screen(스크린)
- ▶ HorizontalArrangement(수평배치)
- ▶ DatePicker(날짜 선택)
- ▶ TimePicker(시간 선택)
- ▶ HorizontalArrangement(수평배치)
- ▶ TextBox(텍스트 상자)
- ▶ Button(버튼)
- ▶ WebViewer(웹 뷰어)
- ▶ Button(버튼)
- ▶ Clock(시계)

▶ Media(미디어)

- ▶ CTCE.png
- ▶ Wall.jpg

앱 디자인하기

앱 디자인은 [작성 조건]을 준수하여 설정하되 제시되지 않은 항목은 변경하지 않도록 합니다.

① [작성 조건]에 따라 [Screen(스크린)]을 설정하시오.

| 작성조건 | Components Name(컴포넌트 이름) : "Screen1"
- BackgroundImage ⇒ 'Wall.jpg' 이미지 업로드
- Icon(아이콘) ⇒ 'CTCE.png' 이미지 업로드
- Title(제목) ⇒ '예약 사이트'

② [HorizontalArrangement(수평배치)]를 추가한 다음 [작성 조건]에 따라 속성을 설정하시오.

| 작성조건 | Components Name(컴포넌트 이름) : "수평배치1"
- Width(너비) ⇒ Fill parents(부모에 맞추기)

③ [DatePicker(날짜 선택)]를 추가한 다음 [작성 조건]에 따라 속성을 설정하시오.

| 작성조건 | Components Name(컴포넌트 이름) : "예약일자"
- FontBold(글꼴 굵게) ⇒ True
- FontSize(글꼴 크기) ⇒ 20
- Width(너비) ⇒ Fill parents(부모에 맞추기)
- Text(텍스트) ⇒ "날짜 선택"

④ [TimePicker(시간 선택)]를 추가한 다음 [작성 조건]에 따라 속성을 설정하시오.

| 작성조건 | Components Name(컴포넌트 이름) : "예약시간"
- FontBold(글꼴 굵게) ⇒ True
- FontSize(글꼴 크기) ⇒ 20
- Width(너비) ⇒ Fill parents(부모에 맞추기)
- Text(텍스트) ⇒ "시간 선택"

⑤ **[HorizontalArrangement(수평배치)]**를 추가한 다음 [작성 조건]에 따라 속성을 설정하시오.

| 작성조건 |　　Components Name(컴포넌트 이름) : "수평배치2"
- Width(너비) ⇒ Fill parents(부모에 맞추기)

⑥ **[TextBox(텍스트 상자)]**를 추가한 다음 [작성 조건]에 따라 속성을 설정하시오.

| 작성조건 |　　Components Name(컴포넌트 이름) : "웹사이트"
- FontSize(글꼴 크기) ⇒ 16
- Width(너비) ⇒ Fill parents(부모에 맞추기)
- Hint(힌트) ⇒ "사이트 주소 입력"

⑦ **[Button(버튼)]**을 추가한 다음 [작성 조건]에 따라 속성을 설정하시오.

| 작성조건 |　　Components Name(컴포넌트 이름) : "예약"
- FontBold(글꼴 굵게) ⇒ True
- FontSize(글꼴 크기) ⇒ 16
- Text(텍스트) ⇒ "예약"

⑧ **[WebViewer(웹 뷰어)]**를 추가한 다음 [작성 조건]에 따라 속성을 설정하시오.

| 작성조건 |　　Components Name(컴포넌트 이름) : "웹뷰어1"
- HomeURL(홈 URL) ⇒ "https://google.co.kr"

⑨ **[Button(버튼)]**을 추가한 다음 [작성 조건]에 따라 속성을 설정하시오.

| 작성조건 |　　Components Name(컴포넌트 이름) : "주소확인"
- FontBold(글꼴 굵게) ⇒ True
- FontSize(글꼴 크기) ⇒ 16
- Width(너비) ⇒ Fill parents(부모에 맞추기)
- Text(텍스트) ⇒ "현재 사이트 주소 확인"

10 [Clock(시계)]를 추가하시오.

코딩 구현하기

코딩은 [작성 조건]을 준수하여 최소한의 명령 블록으로 프로젝트가 오류 없이 실행되도록 구성합니다.

01 전역변수 만들기
- 전역변수("웹주소")를 만들고 공백(빈 칸)으로 초기화하기

02 '예약일자'에서 '날짜'를 선택한 후
- '예약일자'에서 선택한 날짜를 "2019년 09월 28일"과 같은 형식으로 변환하여 '예약일자'의 '텍스트'로 지정하기

03 '예약시간'에서 '시간'을 설정한 후
- '예약시간'에서 선택한 시간을 "오전 11시 30분"과 같은 형식으로 변환하여 '예약시간'의 텍스트로 지정하기

04 '비활성화' 함수를 실행했을 때
- '예약일자', '예약시간', '웹사이트', '예약', '주소확인'을 각각 비활성화하기

05 '예약'을 클릭했을 때
- 만약 '웹사이트'의 텍스트가 비어 있다면 '웹뷰어'의 '홈 URL' 값을 '웹사이트'의 '텍스트'로 지정하기
- '웹주소' 변숫값을 '웹사이트'의 '텍스트'로 지정하기
- '비활성화' 함수를 호출하기

06 '시계' 타이머일 때
- 만약 '예약일자'의 텍스트와 현재 날짜가 같고, '예약시간'의 텍스트가 현재 시간과 같으면, '웹주소' 변숫값에 저장된 사이트를 '웹뷰어'에 표시하기

07 '주소확인'을 클릭했을 때
- '웹사이트'의 텍스트를 '웹뷰어'의 텍스트로 지정하기

ADT 앱창의개발능력

PART 04

실전모의고사

제 **01** 회 실전모의고사
제 **02** 회 실전모의고사
제 **03** 회 실전모의고사
제 **04** 회 실전모의고사
제 **05** 회 실전모의고사
제 **06** 회 실전모의고사
제 **07** 회 실전모의고사
제 **08** 회 실전모의고사
제 **09** 회 실전모의고사

제 **10** 회 실전모의고사
제 **11** 회 실전모의고사
제 **12** 회 실전모의고사
제 **13** 회 실전모의고사
제 **14** 회 실전모의고사
제 **15** 회 실전모의고사
제 **16** 회 실전모의고사
제 **17** 회 실전모의고사

제01회 실전모의고사

앱창의개발능력(App creative Development Test)

시험일	프로그램명	시험시간	수험번호	성명
20XX. XX. XX	앱인벤터(App Inventor)	40분		

2급 A형 — 수험자 유의사항

1. 수험자는 신분증 또는 동등한 자격을 갖춘 증빙서류를 지참하여야 시험에 응시할 수 있으며, 미지참 시 퇴실 조치합니다.

2. 시험 전 시스템(PC작동여부, 네트워크 상태 등)의 이상여부를 반드시 확인하여야 하며, 시스템 이상이 있을 시에는 감독관에게 조치를 받으셔야 합니다.

3. 시험 중 부주의 또는 고의로 시스템을 파손한 경우는 수험자 부담으로 합니다.

4. 답안 파일은 답안 전송 프로그램을 통하여 다운로드 한 파일을 이용하여 작성하셔야 합니다.

5. 작성한 답안 파일은 답안 전송 프로그램을 통하여 자동으로 전송되므로, 감독관의 지시에 따라 주시기 바랍니다.

6. 시험 중 앱인벤터(App Inventor) 이외에 시험과 관련 없는 다른 프로그램을 작동 시 부정행위로 간주하여 실격 처리됨을 유의하시기 바랍니다.

7. 다음 사항의 경우 실격(0점) 혹은 부정행위 처리됩니다.
   - 답안을 저장하지 않았거나, 저장한 파일이 손상되었을 경우
   - 답안 파일을 다른 보조 기억장치(USB) 또는 이메일(E-mail) 등으로 전송할 경우
   - 휴대용 전화기 등 통신장비를 사용할 경우
   - 시스템 조작의 미숙으로 시험이 불가능할 경우

8. 시험의 완료는 작성이 완료된 답안을 저장하고, 답안 전송이 완료된 상태를 확인한 것으로 합니다. 답안 전송 확인 후 문제지는 감독관에게 제출한 후 퇴실하여야 합니다.

9. 주어진 시험시간 이후에는 수정 또는 정정이 불가능합니다.

10. 〈수험자 유의사항〉에 기재된 방법대로 이행하지 않아 생기는 불이익은 수험자 본인에게 책임이 있음을 알려 드립니다.

| 앱창의개발능력 | **2급** | 앱인벤터[App Inventor] | 시험시간 **40분** | 1/3 |

답안 작성요령

- 불필요한 미디어 및 명령 블록을 추가한 경우, [작성 조건]을 임의로 변경 또는 추가한 경우, 프로젝트가 제대로 실행되지 않는 경우에는 <u>감점 또는 실격</u> 처리됩니다.
- 별도의 조건이 없는 경우에는 기본 값(Default)으로 처리해야 합니다.
- 파일 삽입 시에는 반드시 주어진 폴더 내에서 다운로드 한 파일을 사용해야 합니다.

※ 다음 사항을 확인하고 주어진 조건에 따라 [문제 1-5]를 완성하시오.

▶ **자동 응답** : 운전과 같이 전화를 받을 수 없는 상황일 때 자동으로 문자를 발송해 주는 앱 만들기

[**Components** (컴포넌트)]	[결과 화면]
• Screen(스크린) • ListPicker(목록 선택) • TextBox(텍스트 상자) • Button(버튼) • ListView(리스트 목록) • PhoneCall(전화) • Texting(문자 메시지)	
[**Media** (미디어)]	
• CTCE.png • dot.png	

※ 다음 규칙에 따라 프로젝트를 생성하고 저장하시오. [저장 경로 : 바탕화면 – CTCE 폴더]

프로젝트 생성	'수검번호'	프로젝트 저장	'수검번호.aia'

– 예 수검번호가 ADT-0000-000000인 경우 'ADT_0000_000000'으로 지정할 것

| 앱창의개발능력 | **2급** | 앱인벤터[App Inventor] | 시험시간 40분 |

제1작업 앱 디자인 능력 평가   40점

문제 1 [Designer(디자이너)/기본 능력]   15점

[작성 조건]에 따라 [Screen(스크린)]을 설정하시오.

[작성 조건]

▶ Components Name(컴포넌트 이름) : "Screen1"
- Icon(아이콘) ⇒ 'CTCE.png' 이미지 업로드
- ScreenOrientation(스크린 방향) ⇒ Portrait(세로)
- BackgroundImage ⇒ 'dot.png' 이미지 업로드
- Title(제목) ⇒ "자동 응답"

문제 2 [Designer(디자이너)/심화 능력]   25점

[ListPicker]을 추가한 후 [작성 조건]에 따라 속성을 설정하시오.

[작성 조건]

▶ Components Name(컴포넌트 이름) : "메시지목록"
- FontBold(글꼴 굵게) ⇒ True
- Width(너비) ⇒ Fill parent(부모에 맞추기)
- FontSize(글꼴 크기) ⇒ 20
- Text(텍스트) ⇒ "메시지 선택"

[TextBox(텍스트 상자)]를 추가한 후 [작성 조건]에 따라 속성을 설정하시오.

[작성 조건]

▶ Components Name(컴포넌트 이름) : "보낼메시지"
- FontBold(글꼴 굵게) ⇒ True
- Hint(힌트) ⇒ "보낼 메시지"
- FontSize(글꼴 크기) ⇒ 15
- Width(너비) ⇒ Fill parent(부모에 맞추기)

[Button(버튼)]을 추가한 후 [작성 조건]에 따라 속성을 설정하시오.

[작성 조건]

▶ Components Name(컴포넌트 이름) : "Start"
- FontBold(글꼴 굵게) ⇒ True
- Width(너비) ⇒ Fill parent(부모에 맞추기)
- FontSize(글꼴 크기) ⇒ 20
- Text(텍스트) ⇒ "자동 응답"

[ListViewer(목록 뷰)]을 추가한 후 [작성 조건]에 따라 속성을 설정하시오.

[작성 조건]

▶ Components Name(컴포넌트 이름) : "수신목록"
- Width(너비) ⇒ Fill parent(부모에 맞추기)
- FontSize(텍스트 크기) ⇒ 22
- Height(높이) ⇒ Fill parent(부모에 맞추기)

[PhoneCall(전화)], [Texting(문자 메시지)]를 각각 추가하시오.

| 앱창의개발능력 | **2급** | 앱인벤터[App Inventor] | 시험시간 **40분** | 3/3 |

제2작업 앱 코딩 능력 평가   60점

문제 1 [Blocks(블록)/기본 능력]   15점

[제1작업]을 참조하여 다음 [작성 조건]에 따라 코딩하시오.

[작성 조건]

▶ 변수를 만들고 초기화
- 전역변수("수신번호목록")를 만들고 빈 리스트로 초기화하기
- 전역변수("수신번호목록", "응답메시지")를 만들고 " "로 초기화하기

▶ 'Screen1'을 초기화할 때
- '메시지목록'의 '목록 문자열'을 "지금은 운전 중입니다.", "지금은 회의 중입니다.", "지금은 전화를 받을 수 없습니다.", "직접 입력"으로 지정하기
- '보낼메시지'의 '활성화'를 '거짓(False)'으로 지정하기

문제 2 [Blocks(블록)/기본 능력]   20점

[제1작업]을 참조하여 다음 [작성 조건]에 따라 코딩하시오.

[작성 조건]

▶ '메시지목록'을 선택한 후
- 만약 '메시지목록'에서 '선택된 항목 번호'가 '4'이면 ㉮를 실행하고, 아니면 ㉯를 실행하기
  ㉮ '보낼메시지'의 '활성화'를 '참(True)'으로 바꾸기
  ㉯ '보낼메시지'의 '텍스트'를 '메시지목록'의 선택된 항목으로 지정하기

▶ 'Start'를 클릭했을 때
- '응답메시지' 변숫값을 '보낼메시지'의 텍스트로 지정하기
- '보낼메시지'의 '활성화'를 '거짓(False)'으로 지정하기   • '메시지목록'의 '보이기'를 '거짓(False)'으로 지정하기

문제 3 [Blocks(블록)/심화 능력]   25점

[제1작업]을 참조하여 다음 [작성 조건]에 따라 코딩하시오.

[작성 조건]

▶ 전화를 받았을 때
- 걸려온 전화번호를 '수신전화번호' 변수에 저장하기

▶ '자동응답' 함수 만들기
- 메시지를 '보낼메시지'의 '텍스트', '전화번호'를 '수신전화번호' 변숫값으로 하여 메시지 보내기
- '수신번호목록' 리스트에 쉼표(,)와 '수신전화번호'를 결합해 추가하기
- '수신목록'의 '목록 문자열'을 '수신번호목록'으로 지정하기

▶ 전화가 종료되었을 때
- '자동응답' 함수를 호출하기

제 02회 실전모의고사

앱창의개발능력(App creative Development Test)

시험일	프로그램명	시험시간	수험번호	성명
20XX. XX. XX	앱인벤터(App Inventor)	40분		

2급 B형

수험자 유의사항

1. 수험자는 신분증 또는 동등한 자격을 갖춘 증빙서류를 지참하여야 시험에 응시할 수 있으며, 미지참 시 퇴실 조치합니다.

2. 시험 전 시스템(PC작동여부, 네트워크 상태 등)의 이상여부를 반드시 확인하여야 하며, 시스템 이상이 있을 시에는 감독관에게 조치를 받으셔야 합니다.

3. 시험 중 부주의 또는 고의로 시스템을 파손한 경우는 수험자 부담으로 합니다.

4. 답안 파일은 답안 전송 프로그램을 통하여 다운로드 한 파일을 이용하여 작성하셔야 합니다.

5. 작성한 답안 파일은 답안 전송 프로그램을 통하여 자동으로 전송되므로, 감독관의 지시에 따라 주시기 바랍니다.

6. 시험 중 앱인벤터(App Inventor) 이외에 시험과 관련 없는 다른 프로그램을 작동 시 부정행위로 간주하여 실격 처리됨을 유의하시기 바랍니다.

7. 다음 사항의 경우 실격(0점) 혹은 부정행위 처리됩니다.
   - 답안을 저장하지 않았거나, 저장한 파일이 손상되었을 경우
   - 답안 파일을 다른 보조 기억장치(USB) 또는 이메일(E-mail) 등으로 전송할 경우
   - 휴대용 전화기 등 통신장비를 사용할 경우
   - 시스템 조작의 미숙으로 시험이 불가능할 경우

8. 시험의 완료는 작성이 완료된 답안을 저장하고, 답안 전송이 완료된 상태를 확인한 것으로 합니다. 답안 전송 확인 후 문제지는 감독관에게 제출한 후 퇴실하여야 합니다.

9. 주어진 시험시간 이후에는 수정 또는 정정이 불가능합니다.

10. 〈수험자 유의사항〉에 기재된 방법대로 이행하지 않아 생기는 불이익은 수험자 본인에게 책임이 있음을 알려 드립니다.

| 앱창의개발능력 | 2급 | 앱인벤터[App Inventor] | 시험시간 40분 | 1/4 |

답안 작성요령

- 불필요한 미디어 및 명령 블록을 추가한 경우, [작성 조건]을 임의로 변경 또는 추가한 경우, 프로젝트가 제대로 실행되지 않는 경우에는 **감점 또는 실격 처리**됩니다.
- 별도의 조건이 없는 경우에는 기본 값(Default)으로 처리해야 합니다.
- 파일 삽입 시에는 반드시 주어진 폴더 내에서 다운로드 한 파일을 사용해야 합니다.

※ 다음 사항을 확인하고 주어진 조건에 따라 [문제 1-5]를 완성하시오.

▶ **녹음기** : 지정된 시간이 되면 메모를 읽어주고 소리로 알려주는 앱 만들기

[Components (컴포넌트)]	[결과 화면]
• Screen(스크린) • HorizontalArrangement(수평배치) • Button(버튼) • Button(버튼) • HorizontalArrangement(수평배치) • Button(버튼) • Button(버튼) • Button(버튼) • SoundRecorder(녹음기) • Player(플레이어) • AccelerometerSensor(가속도 센서)	
[Media (미디어)]	
• CTCE.png • mic.png	

※ 다음 규칙에 따라 프로젝트를 생성하고 저장하시오. [저장 경로 : 바탕화면 – CTCE 폴더]

프로젝트 생성	'수검번호'	프로젝트 저장	'수검번호.aia'

— 예 수검번호가 ADT-0000-000000인 경우 'ADT_0000_000000'으로 지정할 것

앱창의개발능력 2급 앱인벤터[App Inventor] 시험시간 40분

제1작업 ▶ 앱 디자인 능력 평가 40점

문제 1 [Designer(디자이너)/기본 능력] 15점

[작성 조건]에 따라 [Screen(스크린)]을 설정하시오.

[작성 조건]

▶ Components Name(컴포넌트 이름) : "Screen1"
- Icon(아이콘) ⇒ 'CTCE.png' 이미지 업로드
- AlignVertical(수직 정렬) ⇒ Bottom(아래) : 3
- BackgroundImage ⇒ 'mic.png' 이미지 업로드
- Title(제목) ⇒ "녹음기"

문제 2 [Designer(디자이너)/심화 능력] 25점

[HorizontalArrangement(수평배치)]를 추가한 후 [작성 조건]에 따라 속성을 설정하시오.

[작성 조건]

▶ Components Name(컴포넌트 이름) : "수평배치1"
- Width(너비) ⇒ Fill parent(부모에 맞추기)

[Button(버튼)]을 추가한 후 [작성 조건]에 따라 속성을 설정하시오.

[작성 조건]

▶ Components Name(컴포넌트 이름) : "Rec"
- FontBold(글꼴 굵게) ⇒ True
- FontSize(글꼴 크기) ⇒ 20
- Width(너비) ⇒ Fill parent(부모에 맞추기)
- Text(텍스트) ⇒ '녹음 시작'

[Button(버튼)]을 추가한 후 [작성 조건]에 따라 속성을 설정하시오.

[작성 조건]

▶ Components Name(컴포넌트 이름) : "RecStop"
- FontBold(글꼴 굵게) ⇒ True
- FontSize(글꼴 크기) ⇒ 20
- Width(너비) ⇒ Fill parent(부모에 맞추기)
- Text(텍스트) ⇒ '녹음 정지'

[HorizontalArrangement(수평배치)]를 추가한 후 [작성 조건]에 따라 속성을 설정하시오.

[작성 조건]

▶ Components Name(컴포넌트 이름) : "수평배치2"
- Width(너비) ⇒ Fill parent(부모에 맞추기)

[Button(버튼)]을 추가한 후 [작성 조건]에 따라 속성을 설정하시오.

[작성 조건]

▶ Components Name(컴포넌트 이름) : "Play"
- FontBold(글꼴 굵게) ⇒ True
- FontSize(글꼴 크기) ⇒ 20
- Width(너비) ⇒ Fill parent(부모에 맞추기)
- Text(텍스트) ⇒ '재생'

[Button(버튼)]을 추가한 후 [작성 조건]에 따라 속성을 설정하시오.

[작성 조건]

▶ Components Name(컴포넌트 이름) : "Pause"
- FontBold(글꼴 굵게) ⇒ True
- FontSize(글꼴 크기) ⇒ 20
- Width(너비) ⇒ Fill parent(부모에 맞추기)
- Text(텍스트) ⇒ "일시정지"

[Button(버튼)]을 추가한 후 [작성 조건]에 따라 속성을 설정하시오.

[작성 조건]

▶ Components Name(컴포넌트 이름) : "Stop"
- FontBold(글꼴 굵게) ⇒ True
- Width(너비) ⇒ Fill parent(부모에 맞추기)
- FontSize(글꼴 크기) ⇒ 20
- Text(텍스트) ⇒ "정지"

[SoundRecorder(녹음기)], [Player(플레이어)], [AccelerometerSensor(가속기 센서)]를 추가하시오.

제2작업 앱 코딩 능력 평가   60점

문제 1 [Blocks(블록)/기본 능력]   15점

[제1작업]을 참조하여 다음 [작성 조건]에 따라 코딩하시오.

[작성 조건]

▶ 초기화 함수 만들기
- '수평배치1'을 화면에 표시하고 '수평배치2'는 화면에서 숨기기
- 'Rec', 'Play'의 활성화를 '참(True)'으로 지정하기
- 'RecStop', 'Pause', 'Stop'의 '활성화'를 '거짓(False)'으로 지정하기

▶ 'Screen1'을 초기화할 때
- '초기화' 함수를 호출하기

▶ 가속도 센서를 흔들었을 때
- '초기화' 함수를 호출하기

문제 2 [Blocks(블록)/기본 능력]   20점

[제1작업]을 참조하여 다음 [작성 조건]에 따라 코딩하시오.

[작성 조건]

▶ 'Rec'를 클릭했을 때
- 녹음 시작하기
- 'Rec'의 '활성화'를 '거짓(False)'으로 지정하기
- 'RecStop'의 '활성화'를 '참(True)'으로 지정하기

▶ 'RecStop'를 클릭했을 때
- 녹음 멈추기
- 'Rec'의 '활성화'를 '참(True)'으로 지정하기
- 'RecStop'의 '활성화'를 '거짓(False)'으로 지정하기
- '수평배치2'를 화면에 표시하기

▶ 녹음이 끝났을 때
- 녹음된 소리를 'Player1'의 'Source(소스)'로 지정하기

문제 3 [Blocks(블록)/심화 능력]   25점

[제1작업]을 참조하여 다음 [작성 조건]에 따라 코딩하시오.

[작성 조건]

▶ 'Play'를 클릭했을 때
- 재생 시작하기
- 'Play'의 '활성화'를 '거짓(False)'으로 지정하기
- 'Pause'의 '활성화'를 '참(True)'으로 지정하기
- 'Stop'의 '활성화'를 '참(True)'으로 지정하기

▶ 'Pause'를 클릭했을 때
- 재생을 일시 정지하기
- 'Play'의 '활성화'를 '참(True)'으로 지정하기
- 'Pause'의 '활성화'를 '거짓(False)'으로 지정하기
- 'Stop'의 '활성화'를 '참(True)'으로 지정하기

▶ 'Stop'를 클릭했을 때
- 재생을 멈추기
- 'Play'의 '활성화'를 '참(True)'으로 지정하기
- 'Pause'의 '활성화'를 '거짓(False)'으로 지정하기
- 'Stop'의 '활성화'를 '거짓(False)'으로 지정하기

제 03회 실전모의고사

앱창의개발능력(App creative Development Test)

시험일	프로그램명	시험시간	수험번호	성명
20XX. XX. XX	앱인벤터(App Inventor)	40분		

2급 C형   수험자 유의사항

1. 수험자는 신분증 또는 동등한 자격을 갖춘 증빙서류를 지참하여야 시험에 응시할 수 있으며, 미지참 시 퇴실 조치합니다.

2. 시험 전 시스템(PC작동여부, 네트워크 상태 등)의 이상여부를 반드시 확인하여야 하며, 시스템 이상이 있을 시에는 감독관에게 조치를 받으셔야 합니다.

3. 시험 중 부주의 또는 고의로 시스템을 파손한 경우는 수험자 부담으로 합니다.

4. 답안 파일은 답안 전송 프로그램을 통하여 다운로드 한 파일을 이용하여 작성하셔야 합니다.

5. 작성한 답안 파일은 답안 전송 프로그램을 통하여 자동으로 전송되므로, 감독관의 지시에 따라 주시기 바랍니다.

6. 시험 중 앱인벤터(App Inventor) 이외에 시험과 관련 없는 다른 프로그램을 작동 시 부정행위로 간주하여 실격 처리됨을 유의하시기 바랍니다.

7. 다음 사항의 경우 실격(0점) 혹은 부정행위 처리됩니다.
   - 답안을 저장하지 않았거나, 저장한 파일이 손상되었을 경우
   - 답안 파일을 다른 보조 기억장치(USB) 또는 이메일(E-mail) 등으로 전송할 경우
   - 휴대용 전화기 등 통신장비를 사용할 경우
   - 시스템 조작의 미숙으로 시험이 불가능할 경우

8. 시험의 완료는 작성이 완료된 답안을 저장하고, 답안 전송이 완료된 상태를 확인한 것으로 합니다. 답안 전송 확인 후 문제지는 감독관에게 제출한 후 퇴실하여야 합니다.

9. 주어진 시험시간 이후에는 수정 또는 정정이 불가능합니다.

10. 〈수험자 유의사항〉에 기재된 방법대로 이행하지 않아 생기는 불이익은 수험자 본인에게 책임이 있음을 알려 드립니다.

| 앱창의개발능력 | 2급 | 앱인벤터[App Inventor] | 시험시간 40분 | 1/4 |

답안 작성요령

- 불필요한 미디어 및 명령 블록을 추가한 경우, [작성 조건]을 임의로 변경 또는 추가한 경우, 프로젝트가 제대로 실행되지 않는 경우에는 **감점 또는 실격 처리**됩니다.
- 별도의 조건이 없는 경우에는 기본 값(Default)으로 처리해야 합니다.
- 파일 삽입 시에는 반드시 주어진 폴더 내에서 다운로드 한 파일을 사용해야 합니다.

※ 다음 사항을 확인하고 주어진 조건에 따라 [문제 1-5]를 완성하시오.

▶ **알림장** : 숙제나 준비물 등을 기록한 후 검색할 수 있도록 만든 프로젝트

[Components (컴포넌트)]

- Screen(스크린)
- DatePicker(날짜 선택)
- HorizontalArrangement(수평배치)
- Label(레이블)
- TextBox(텍스트 상자)
- TextBox(텍스트 상자)
- HorizontalArrangement(수평배치)
- Button(버튼)
- ListPicker(목록 선택)
- TinyDB
- Clock(시계)

[Media (미디어)]

- CTCE.png
- dot.png

[결과 화면]

※ 다음 규칙에 따라 프로젝트를 생성하고 저장하시오. [저장 경로 : 바탕화면 – CTCE 폴더]

| 프로젝트 생성 | '수검번호' | 프로젝트 저장 | '수검번호.aia' |

- 예 수검번호가 ADT-0000-000000인 경우 'ADT_0000_000000'으로 지정할 것

제1작업 앱 디자인 능력 평가
40점

문제 1 [Designer(디자이너)/기본 능력]
15점

[작성 조건]에 따라 [Screen(스크린)]을 설정하시오.

[작성 조건]

▶ Components Name(컴포넌트 이름) : "Screen1"
- Icon(아이콘) ⇒ 'CTCE.png' 이미지 업로드
- BackgroundImage ⇒ 'dot.png' 이미지 업로드
- Title(제목) ⇒ "알림장"

문제 2 [Designer(디자이너)/심화 능력]
25점

[DatePicker(날짜 선택)]을 추가한 후 [작성 조건]에 따라 속성을 설정하시오.

[작성 조건]

▶ Components Name(컴포넌트 이름) : "날짜"
- FontBold(글꼴 굵게) ⇒ True
- FontSize(글꼴 크기) ⇒ 20
- Width(너비) ⇒ Fill parent(부모에 맞추기)
- Text(텍스트) ⇒ "날짜 선택"

[HorizontalArrangement(수평배치)]를 추가한 후 [작성 조건]에 따라 속성을 설정하시오.

[작성 조건]

▶ Components Name(컴포넌트 이름) : "수평배치1"
- Width(너비) ⇒ Fill parent(부모에 맞추기)

[Label(레이블)]을 추가한 후 [작성 조건]에 따라 속성을 설정하시오.

[작성 조건]

▶ Components Name(컴포넌트 이름) : "레이블1"
- FontBold(글꼴 굵게) ⇒ True
- FontSize(글꼴 크기) ⇒ 20
- Text(텍스트) ⇒ "제목"

[TextBox(텍스트 상자)]를 추가한 후 [작성 조건]에 따라 속성을 설정하시오.

[작성 조건]

▶ Components Name(컴포넌트 이름) : "제목"
- FontSize(글꼴 크기) ⇒ 16
- Width(너비) ⇒ Fill parent(부모에 맞추기)
- Hint(힌트) ⇒ "필수항목"

[TextBox(텍스트 상자)]을 추가한 후 [작성 조건]에 따라 속성을 설정하시오.

[작성 조건]

▶ Components Name(컴포넌트 이름) : "Memo"
- FontSize(글꼴 크기) ⇒ 16
- Width(너비) ⇒ Fill parent(부모에 맞추기)
- Hint(힌트) ⇒ "숙제나 준비물 입력"
- MultiLine(여러 줄) ⇒ True

[HorizontalArrangement(수평배치)]를 추가한 후 [작성 조건]에 따라 속성을 설정하시오.

[작성 조건]

▶ Components Name(컴포넌트 이름) : "수평배치2"
- Width(너비) ⇒ Fill parent(부모에 맞추기)

[Button(버튼)]을 추가한 후 [작성 조건]에 따라 속성을 설정하시오.

[작성 조건]

▶ Components Name(컴포넌트 이름) : "저장"
- FontBold(글꼴 굵게) ⇒ True
- FontSize(글꼴 크기) ⇒ 16
- Width(너비) ⇒ Fill parent(부모에 맞추기)
- Text(텍스트) ⇒ "저장"

[ListPicker(목록 선택)]을 추가한 후 [작성 조건]에 따라 속성을 설정하시오.

[작성 조건]

▶ Components Name(컴포넌트 이름) : "알림목록"
- FontBold(글꼴 굵게) ⇒ True
- FontSize(글꼴 크기) ⇒ 16
- Width(너비) ⇒ Fill parent(부모에 맞추기)
- Text(텍스트) ⇒ "목록 보기"

[TinyDB]와 [Clock(시계)]를 각각 추가하시오.

제2작업: 앱 코딩 능력 평가 (60점)

문제 1 [Blocks(블록)/기본 능력] 15점

[제1작업]을 참조하여 다음 [작성 조건]에 따라 코딩하시오.

[작성 조건]

▶ 변수를 만들고 초기화
- 전역변수("알람목록", "선택날짜", "저장데이터")를 만들고 " "로 초기화하기

▶ '날짜'를 선택했을 때
- '선택날짜' 변숫값에 "2019년 03월 12일"과 같은 형식으로 선택된 날짜를 지정하기

문제 2 [Blocks(블록)/기본 능력] 20점

[제1작업]을 참조하여 다음 [작성 조건]에 따라 코딩하시오.

[작성 조건]

▶ '알림목록'을 선택한 후
- '제목'의 '텍스트'를 '알림목록'의 '선택 항목'으로 지정하기
- 'TinyDB'에서 '알림목록'의 '선택 항목'을 '태그'로 지정하여 '내용'의 텍스트로 지정하고, 태그에 해당하는 값이 없으면 " "을 '내용'의 텍스트로 지정

문제 3 [Blocks(블록)/심화 능력] 25점

[제1작업]을 참조하여 다음 [작성 조건]에 따라 코딩하시오.

[작성 조건]

▶ '저장'을 클릭했을 때
- 만약, '제목'의 텍스트가 비어 있지 않으면, 다음 사항을 처리하기
  - '저장데이터'의 변숫값을 '선택날짜'의 텍스트와 줄바꿈(\n), 'Memo'의 '텍스트'를 결합한 값으로 지정하기
  - '제목'의 '텍스트'를 태그로, '저장데이터' 변수를 'TinyDB'에 저장하기
  - '알림목록'의 요소를 'TinyDB'의 '태그 리스트'로 지정하기
  - '제목'과 'Memo'의 '텍스트'를 " "로 지정하기

제 04회 실전모의고사

앱창의개발능력(App creative Development Test)

시험일	프로그램명	시험시간	수험번호	성명
20XX. XX. XX	앱인벤터(App Inventor)	40분		

2급 D형

수험자 유의사항

1. 수험자는 신분증 또는 동등한 자격을 갖춘 증빙서류를 지참하여야 시험에 응시할 수 있으며, 미지참 시 퇴실 조치합니다.

2. 시험 전 시스템(PC작동여부, 네트워크 상태 등)의 이상여부를 반드시 확인하여야 하며, 시스템 이상이 있을 시에는 감독관에게 조치를 받으셔야 합니다.

3. 시험 중 부주의 또는 고의로 시스템을 파손한 경우는 수험자 부담으로 합니다.

4. 답안 파일은 답안 전송 프로그램을 통하여 다운로드 한 파일을 이용하여 작성하셔야 합니다.

5. 작성한 답안 파일은 답안 전송 프로그램을 통하여 자동으로 전송되므로, 감독관의 지시에 따라 주시기 바랍니다.

6. 시험 중 앱인벤터(App Inventor) 이외에 시험과 관련 없는 다른 프로그램을 작동 시 부정행위로 간주하여 실격 처리됨을 유의하시기 바랍니다.

7. 다음 사항의 경우 실격(0점) 혹은 부정행위 처리됩니다.
   - 답안을 저장하지 않았거나, 저장한 파일이 손상되었을 경우
   - 답안 파일을 다른 보조 기억장치(USB) 또는 이메일(E-mail) 등으로 전송할 경우
   - 휴대용 전화기 등 통신장비를 사용할 경우
   - 시스템 조작의 미숙으로 시험이 불가능할 경우

8. 시험의 완료는 작성이 완료된 답안을 저장하고, 답안 전송이 완료된 상태를 확인한 것으로 합니다. 답안 전송 확인 후 문제지는 감독관에게 제출한 후 퇴실하여야 합니다.

9. 주어진 시험시간 이후에는 수정 또는 정정이 불가능합니다.

10. 〈수험자 유의사항〉에 기재된 방법대로 이행하지 않아 생기는 불이익은 수험자 본인에게 책임이 있음을 알려 드립니다.

| 앱창의개발능력 | 2급 | 앱인벤터[App Inventor] | 시험시간 40분 | 1/4 |

답안 작성요령

- 불필요한 미디어 및 명령 블록을 추가한 경우, [작성 조건]을 임의로 변경 또는 추가한 경우, 프로젝트가 제대로 실행되지 않는 경우에는 <u>감점 또는 실격 처리</u>됩니다.
- 별도의 조건이 없는 경우에는 기본 값(Default)으로 처리해야 합니다.
- 파일 삽입 시에는 반드시 주어진 폴더 내에서 다운로드 한 파일을 사용해야 합니다.

※ 다음 사항을 확인하고 주어진 조건에 따라 [문제 1-5]를 완성하시오.

▶ **통화 녹음기** : 통화가 시작되면 자동으로 녹음을 시작하고 통화가 끝나면 재생하는 앱 만들기

[**Components** (컴포넌트)]

- Screen(스크린)
- HorizontalArrangement(수평배치)
- TextBox(텍스트 상자)
- Button(버튼)
- VerticalArrangement(수직배치)
- ListView(목록 뷰)
- HorizontalArrangement(수평배치)
- Button(버튼)
- Button(버튼)
- SoundRecorder(녹음기)
- PhoneCall(전화)
- Player(플레이어)

[**Media** (미디어)]

- CTCE.png
- dot.png

[결과 화면]

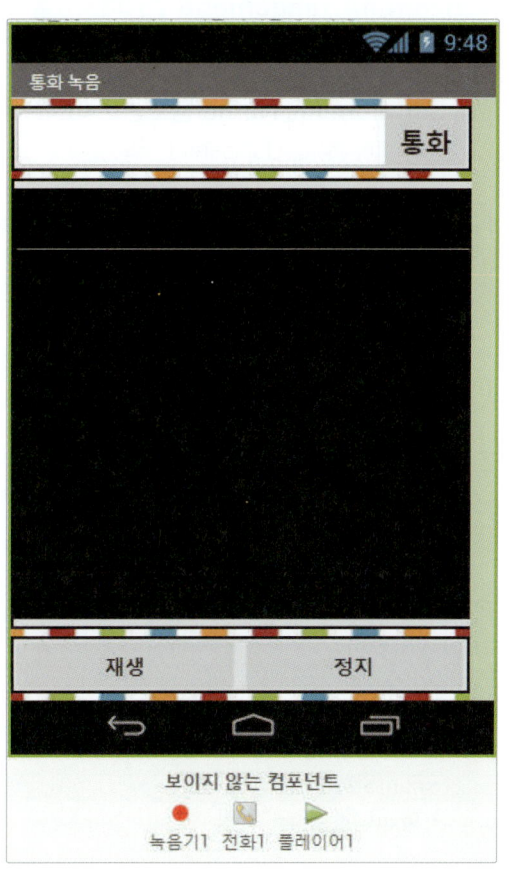

※ 다음 규칙에 따라 프로젝트를 생성하고 저장하시오. [저장 경로 : 바탕화면 – CTCE 폴더]

| 프로젝트 생성 | '수검번호' | 프로젝트 저장 | '수검번호.aia' |

- 예 수검번호가 ADT-0000-000000인 경우 'ADT_0000_000000'으로 지정할 것

제1작업 : 앱 디자인 능력 평가 (40점)

문제 1 [Designer(디자이너)/기본 능력] (15점)

[작성 조건]에 따라 [Screen(스크린)]을 설정하시오.

[작성 조건]

▶ Components Name(컴포넌트 이름) : "Screen1"
- Icon(아이콘) ⇒ 'CTCE.png' 이미지 업로드
- BackgroundImage(배경 이미지) ⇒ 'dot.png' 이미지 업로드
- Title(제목) ⇒ "통화 녹음"

문제 2 [Designer(디자이너)/심화 능력] (25점)

[HorizontalArrangement(수평배치)]를 추가한 후 [작성 조건]에 따라 속성을 설정하시오.

[작성 조건]

▶ Components Name(컴포넌트 이름) : "수평배치1"
- Width(너비) ⇒ Fill parent(부모에 맞추기)

[TextBox(텍스트 상자)]를 추가한 후 [작성 조건]에 따라 속성을 설정하시오.

[작성 조건]

▶ Components Name(컴포넌트 이름) : "Number"
- FontBold(글꼴 굵게) ⇒ True
- FontSize(글꼴 크기) ⇒ 16
- Width(너비) ⇒ Fill parent(부모에 맞추기)
- Hint(힌트) ⇒ "전화번호 입력"
- NumbersOnly(숫자만) ⇒ True

[Button(버튼)]을 추가한 후 [작성 조건]에 따라 속성을 설정하시오.

[작성 조건]

▶ Components Name(컴포넌트 이름) : "Call"
- FontBold(글꼴 굵게) ⇒ True
- FontSize(글꼴 크기) ⇒ 20
- Text(텍스트) ⇒ "통화"

[VerticalArrangement(수직배치)]를 추가한 후 [작성 조건]에 따라 속성을 설정하시오.

[작성 조건]

▶ Components Name(컴포넌트 이름) : "수직배치1"
- Height(높이) ⇒ Fill parent(부모에 맞추기)

[ListView(목록 뷰)]를 추가한 후 [작성 조건]에 따라 속성을 설정하시오.

[작성 조건]

▶ Components Name(컴포넌트 이름) : "녹음 목록"
- Height(높이) ⇒ Fill parent(부모에 맞추기)
- Width(너비) ⇒ Fill parent(부모에 맞추기)
- TextSize(글꼴 크기) ⇒ 20

[HorizontalArrangement(수평배치)]를 추가한 후 [작성 조건]에 따라 속성을 설정하시오.

[작성 조건]

▶ Components Name(컴포넌트 이름) : "수평배치2"
- Width(너비) ⇒ Fill parent(부모에 맞추기)

[Button(버튼)]을 추가한 후 [작성 조건]에 따라 속성을 설정하시오.

[작성 조건]

▶ Components Name(컴포넌트 이름) : "Play"
- FontBold(글꼴 굵게) ⇒ True
- FontSize(글꼴 크기) ⇒ 16
- Text(텍스트) ⇒ "재생"

[Button(버튼)]을 추가한 후 [작성 조건]에 따라 속성을 설정하시오.

[작성 조건]

▶ Components Name(컴포넌트 이름) : "Stop"
- FontBold(글꼴 굵게) ⇒ True
- FontSize(글꼴 크기) ⇒ 16
- Text(텍스트) ⇒ "정지"

[SoundRecorder(녹음기)], [PhoneCall(전화)], [Player(플레이어)]를 각각 추가하시오.

| 앱창의개발능력 | 2급 | 앱인벤터[App Inventor] | 시험시간 40분 | 4/4 |

제2작업 ▶ 앱 코딩 능력 평가   60점

문제 1 [Blocks(블록)/기본 능력]   15점

[제1작업]을 참조하여 다음 [작성 조건]에 따라 코딩하시오.

[작성 조건]

▶ 변수를 만들고 초기화
- 전역변수("파일목록")를 만들고, 빈 리스트로 초기화하기

▶ 'Call'을 클릭했을 때
- '전화번호'를 'Number'의 '텍스트'로 하여 전화걸기

문제 2 [Blocks(블록)/기본 능력]   20점

[제1작업]을 참조하여 다음 [작성 조건]에 따라 코딩하시오.

[작성 조건]

▶ 전화가 시작되었을 때
- 녹음 시작하기

▶ 전화가 종료되었을 때
- 녹음 종료하기

문제 3 [Blocks(블록)/심화 능력]   25점

[제1작업]을 참조하여 다음 [작성 조건]에 따라 코딩하시오.

[작성 조건]

▶ 녹음이 끝났을 때
- 녹음된 소리를 저장하기
- 녹음된 소리가 저장된 파일 경로를 '파일목록'의 '리스트'에 추가하기
- '녹음목록'의 '목록 문자열'을 '파일목록'의 '리스트'로 지정하기

▶ '녹음목록'을 선택한 후
- '녹음목록'의 '선택된 항목'을 'Player1'의 'Source(소스)'로 지정하기

▶ 'Play'를 클릭했을 때
- 소리를 재생하기

▶ 'Stop'를 클릭했을 때
- 소리 재생을 멈추기

제 05회 실전모의고사

앱창의개발능력(App creative Development Test)

시험일	프로그램명	시험시간	수험번호	성명
20XX. XX. XX	앱인벤터(App Inventor)	40분		

2급 E형 — 수험자 유의사항

1. 수험자는 신분증 또는 동등한 자격을 갖춘 증빙서류를 지참하여야 시험에 응시할 수 있으며, 미지참 시 퇴실 조치합니다.

2. 시험 전 시스템(PC작동여부, 네트워크 상태 등)의 이상여부를 반드시 확인하여야 하며, 시스템 이상이 있을 시에는 감독관에게 조치를 받으셔야 합니다.

3. 시험 중 부주의 또는 고의로 시스템을 파손한 경우는 수험자 부담으로 합니다.

4. 답안 파일은 답안 전송 프로그램을 통하여 다운로드 한 파일을 이용하여 작성하셔야 합니다.

5. 작성한 답안 파일은 답안 전송 프로그램을 통하여 자동으로 전송되므로, 감독관의 지시에 따라 주시기 바랍니다.

6. 시험 중 앱인벤터(App Inventor) 이외에 시험과 관련 없는 다른 프로그램을 작동 시 부정행위로 간주하여 실격 처리됨을 유의하시기 바랍니다.

7. 다음 사항의 경우 실격(0점) 혹은 부정행위 처리됩니다.
   - 답안을 저장하지 않았거나, 저장한 파일이 손상되었을 경우
   - 답안 파일을 다른 보조 기억장치(USB) 또는 이메일(E-mail) 등으로 전송할 경우
   - 휴대용 전화기 등 통신장비를 사용할 경우
   - 시스템 조작의 미숙으로 시험이 불가능할 경우

8. 시험의 완료는 작성이 완료된 답안을 저장하고, 답안 전송이 완료된 상태를 확인한 것으로 합니다. 답안 전송 확인 후 문제지는 감독관에게 제출한 후 퇴실하여야 합니다.

9. 주어진 시험시간 이후에는 수정 또는 정정이 불가능합니다.

10. 〈수험자 유의사항〉에 기재된 방법대로 이행하지 않아 생기는 불이익은 수험자 본인에게 책임이 있음을 알려 드립니다.

| 앱창의개발능력 |  2급 | 앱인벤터[App Inventor] | 시험시간 40분 | 1/4 |

답안 작성요령

- 불필요한 미디어 및 명령 블록을 추가한 경우, [작성 조건]을 임의로 변경 또는 추가한 경우, 프로젝트가 제대로 실행되지 않는 경우에는 <u>감점 또는 실격 처리</u>됩니다.
- 별도의 조건이 없는 경우에는 기본 값(Default)으로 처리해야 합니다.
- 파일 삽입 시에는 반드시 주어진 폴더 내에서 다운로드 한 파일을 사용해야 합니다.

※ 다음 사항을 확인하고 주어진 조건에 따라 [문제 1-5]를 완성하시오.

▶ **스톱워치** : 초 단위로 중간 저장할 수 있는 스톱워치 앱 만들기

[Components (컴포넌트)]	[결과 화면]
• Screen(스크린) • Label(레이블) • ListView(목록 뷰) • Button(버튼) • HorizontalArrangement(수평배치) • Button(버튼) • Button(버튼) • Clock(시계) • AccelerometerSensor(가속도 센서) [**Media** (미디어)] • CTCE.png • dot.png	

※ 다음 규칙에 따라 프로젝트를 생성하고 저장하시오. [저장 경로 : 바탕화면 – CTCE 폴더]

프로젝트 생성	'수검번호'	프로젝트 저장	'수검번호.aia'

– 예 수검번호가 ADT-0000-000000인 경우 'ADT_0000_000000'으로 지정할 것

제1작업　앱 디자인 능력 평가　40점

문제 1　[Designer(디자이너)/기본 능력]　15점

[작성 조건]에 따라 [Screen(스크린)]을 설정하시오.

[작성 조건]

▶ Components Name(컴포넌트 이름) : "Screen1"
- Icon(아이콘) ⇒ 'CTCE.png' 이미지 업로드
- BackgroundImage ⇒ 'dot.png' 이미지 업로드
- Title(제목) ⇒ "스톱워치"

문제 2　[Designer(디자이너)/심화 능력]　25점

[Label(레이블)]을 추가한 후 [작성 조건]에 따라 속성을 설정하시오.

[작성 조건]

▶ Components Name(컴포넌트 이름) : "Timer"
- BackgroundColor(배경색) ⇒ White(흰색)
- FontBold(글꼴 굵게) ⇒ True
- FontSize(글꼴 크기) ⇒ 30
- Width(너비) ⇒ Fill parent(부모에 맞추기)
- Text(텍스트) ⇒ "00:00"
- TextAlignment(텍스트 정렬) ⇒ center(가운데) : 1

[ListView(목록 뷰)]를 추가한 후 [작성 조건]에 따라 속성을 설정하시오.

[작성 조건]

▶ Components Name(컴포넌트 이름) : "시간목록"
- Height(높이) ⇒ Fill parent(부모에 맞추기)
- Width(너비) ⇒ Fill parent(부모에 맞추기)

[Button(버튼)]을 추가한 후 [작성 조건]에 따라 속성을 설정하시오.

[작성 조건]

▶ Components Name(컴포넌트 이름) : "Split"
- FontBold(글꼴 굵게) ⇒ True
- Width(너비) ⇒ Fill parent(부모에 맞추기)
- FontSize(글꼴 크기) ⇒ 20
- Text(텍스트) ⇒ "SPLIT"

[HorizontalArrangement(수평배치)]를 추가한 후 [작성 조건]에 따라 속성을 설정하시오.

[작성 조건]

▶ Components Name(컴포넌트 이름) : "수평배치1"
- Width(너비) ⇒ Fill parent(부모에 맞추기)

[Button(버튼)]을 추가한 후 [작성 조건]에 따라 속성을 설정하시오.

[작성 조건]

▶ Components Name(컴포넌트 이름) : "Start"
- FontBold(글꼴 굵게) ⇒ True
- FontSize(글꼴 크기) ⇒ 20
- Width(너비) ⇒ Fill parent(부모에 맞추기)
- Text(텍스트) ⇒ "시작"

[Button(버튼)]을 추가한 후 [작성 조건]에 따라 속성을 설정하시오.

[작성 조건]

▶ Components Name(컴포넌트 이름) : "Stop"
- FontBold(글꼴 굵게) ⇒ True
- FontSize(글꼴 크기) ⇒ 20
- Width(너비) ⇒ Fill parent(부모에 맞추기)
- Text(텍스트) ⇒ "정지"

[Clock(시계)]와 **[AccelerometerSensor(가속도 센서)]**를 각각 추가하시오.

제2작업 앱 코딩 능력 평가   60점

문제 1 [Blocks(블록)/기본 능력]   15점

[제1작업]을 참조하여 다음 [작성 조건]에 따라 코딩하시오.

[작성 조건]

▶ 변수를 만들고 초기화
- 전역변수("시", "분", "초")를 만들고 '0'으로 초기화하기
- 전역변수("시간저장")를 만들고 빈 리스트로 초기화하기

▶ '초기화' 함수 만들기
- '시계1'의 타이머 활성 여부를 '거짓(False)'으로 지정하기
- 'Start'의 '활성화'를 '참(True)'으로 지정하기
- 'Split'와 'Stop'의 '활성화'를 '거짓(False)'으로 지정하기
- '시간저장' 리스트를 빈 리스트 지정하기
- '시간목록'의 '목록 문자열'을 '시간저장' 리스트로 지정하기

▶ 'Screel1'을 초기화했을 때
- '시계1'의 '타이머 간격'을 '10'으로 지정하기
- '초기화' 함수 호출하기

문제 2 [Blocks(블록)/기본 능력] 20점

[제1작업]을 참조하여 다음 [작성 조건]에 따라 코딩하시오.

[작성 조건]

▶ 'Start'를 클릭했을 때
- '시계1'의 '타이머 활성 여부'를 '참(True)'으로 지정하기
- 'Start'의 '활성화'를 '거짓(False)'으로 지정하기
- 'Split'와 'Stop'의 '활성화'를 '참(True)'으로 지정하기

▶ '시계1' 타이머일 때
- '초' 변숫값에 1을 더하기
- 만약 '초' 변수값이 59보다 크면, '분' 변숫값에 '1'을 더하고 '초' 변숫값을 '0'으로 지정하기
- 만약 '분' 변수값이 59보다 크면, '시' 변숫값에 '1'을 더하고 '분' 변숫값을 '0'으로 지정하기

▶ '가속도센서'를 흔들었을 때
- '초기화' 함수 호출하기

문제 3 [Blocks(블록)/심화 능력] 25점

[제1작업]을 참조하여 다음 [작성 조건]에 따라 코딩하시오.

[작성 조건]

▶ '시간저장' 함수 만들기
- '시간저장' 리스트의 항목으로 다음 값을 모두 결합한 값으로 지정하기
  - '시' 변숫값과 ":"를 결합한 값
  - '분' 변숫값, ":"를 결합한 값
  - '초' 변수값, 쉼표(,)를 결합한 값
- '시간목록'의 '목록 문자열'을 '시간저장' 리스트로 지정하기

▶ 'Split'를 클릭했을 때
- '시간저장' 함수 호출하기

▶ 'Stop'를 클릭했을 때
- '시간저장' 함수 호출하기
- '시계1'의 '타이머 활성 여부'를 '거짓(False)'으로 지정하기
- 'Split'와 'Stop'의 '활성화'를 '거짓(False)'으로 지정하기

제06회 실전모의고사

앱창의개발능력(App creative Development Test)

시험일	프로그램명	시험시간	수험번호	성명
20XX. XX. XX	앱인벤터(App Inventor)	40분		

2급 A형

수험자 유의사항

1. 수험자는 신분증 또는 동등한 자격을 갖춘 증빙서류를 지참하여야 시험에 응시할 수 있으며, 미지참 시 퇴실 조치합니다.
2. 시험 전 시스템(PC작동여부, 네트워크 상태 등)의 이상여부를 반드시 확인하여야 하며, 시스템 이상이 있을 시에는 감독관에게 조치를 받으셔야 합니다.
3. 시험 중 부주의 또는 고의로 시스템을 파손한 경우는 수험자 부담으로 합니다.
4. 답안 파일은 답안 전송 프로그램을 통하여 다운로드 한 파일을 이용하여 작성하셔야 합니다.
5. 작성한 답안 파일은 답안 전송 프로그램을 통하여 자동으로 전송되므로, 감독관의 지시에 따라 주시기 바랍니다.
6. 시험 중 앱인벤터(App Inventor) 이외에 시험과 관련 없는 다른 프로그램을 작동 시 부정행위로 간주하여 실격 처리됨을 유의하시기 바랍니다.
7. 다음 사항의 경우 실격(0점) 혹은 부정행위 처리됩니다.
   - 답안을 저장하지 않았거나, 저장한 파일이 손상되었을 경우
   - 답안 파일을 다른 보조 기억장치(USB) 또는 이메일(E-mail) 등으로 전송할 경우
   - 휴대용 전화기 등 통신장비를 사용할 경우
   - 시스템 조작의 미숙으로 시험이 불가능할 경우
8. 시험의 완료는 작성이 완료된 답안을 저장하고, 답안 전송이 완료된 상태를 확인한 것으로 합니다. 답안 전송 확인 후 문제지는 감독관에게 제출한 후 퇴실하여야 합니다.
9. 주어진 시험시간 이후에는 수정 또는 정정이 불가능합니다.
10. 〈수험자 유의사항〉에 기재된 방법대로 이행하지 않아 생기는 불이익은 수험자 본인에게 책임이 있음을 알려 드립니다.

| 앱창의개발능력 |  2급 | 앱인벤터[App Inventor] | 시험시간 40분 | 1/4 |

답안 작성요령

- 불필요한 미디어 및 명령 블록을 추가한 경우, [작성 조건]을 임의로 변경 또는 추가한 경우, 프로젝트가 제대로 실행되지 않는 경우에는 **감점 또는 실격 처리**됩니다.
- 별도의 조건이 없는 경우에는 기본 값(Default)으로 처리해야 합니다.
- 파일 삽입 시에는 반드시 주어진 폴더 내에서 다운로드 한 파일을 사용해야 합니다.

※ 다음 사항을 확인하고 주어진 조건에 따라 [문제 1-5]를 완성하시오.

▶ **업무 기록** : 날짜와 시간을 지정하고 내용과 연락처를 입력하면 지정된 사항에 맞게 문자를 보내주는 앱 만들기

[**Components** (컴포넌트)]

- Screen(스크린)
- HorizontalArrangement(수평배치)
- Label(레이블)
- Label(레이블)
- HorizontalArrangement(수평배치)
- Label(레이블)상자
- Label(레이블)
- HorizontalArrangement(수평배치)
- TextBox(텍스트 상자)
- Button(버튼)
- ListView(목록 뷰)
- Label(레이블)
- Clock(시계)

[**Media** (미디어)]

- CTCE.png
- dot.png

[결과 화면]

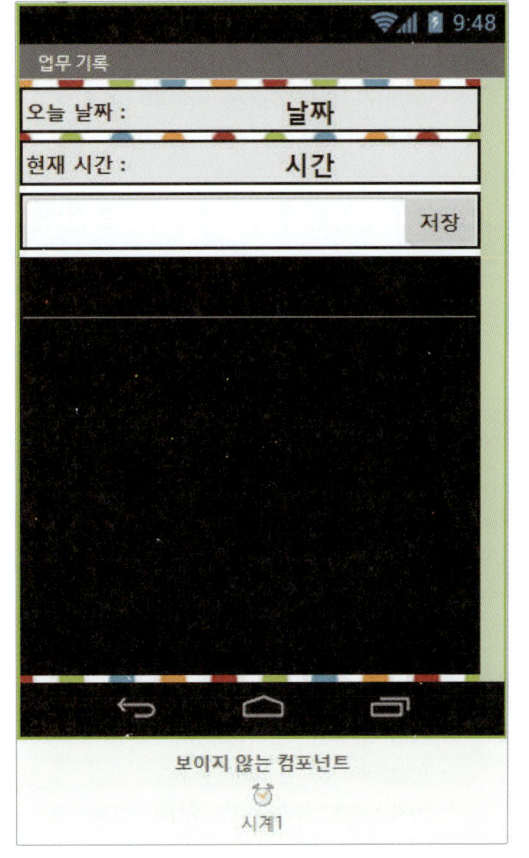

※ 다음 규칙에 따라 프로젝트를 생성하고 저장하시오. [저장 경로 : 바탕화면 – CTCE 폴더]

| 프로젝트 생성 | '수검번호' | 프로젝트 저장 | '수검번호.aia' |

— 예 수검번호가 ADT-0000-000000인 경우 'ADT_0000_000000'으로 지정할 것

제1작업 앱 디자인 능력 평가   40점

문제 1 [Designer(디자이너)/기본 능력]   15점

[작성 조건]에 따라 [Screen(스크린)]을 설정하시오.

[작성 조건]

▶ Components Name(컴포넌트 이름) : "Screen1"
- Icon(아이콘) ⇒ 'CTCE.png' 이미지 업로드
- BackgroundImage ⇒ 'dot.png' 이미지 업로드
- Title(제목) ⇒ "업무기록"

문제 2 [Designer(디자이너)/심화 능력]   25점

[HorizontalArrangement(수평배치)]를 추가한 후 [작성 조건]에 따라 속성을 설정하시오.

[작성 조건]

▶ Components Name(컴포넌트 이름) : "수평배치1"
- Width(너비) ⇒ Fill parent(부모에 맞추기)
- AlignVertical(수직 정렬) ⇒ center(가운데) : 2

[Label(레이블)]을 추가한 후 [작성 조건]에 따라 속성을 설정하시오.

[작성 조건]

▶ Components Name(컴포넌트 이름) : "레이블1"
- FontBold(글꼴 굵게) ⇒ True
- FontSize(글꼴 크기) ⇒ 16
- Text(텍스트) ⇒ "오늘 날짜"

[Label(레이블)]을 추가한 후 [작성 조건]에 따라 속성을 설정하시오.

[작성 조건]

▶ Components Name(컴포넌트 이름) : "날짜"
- FontBold(글꼴 굵게) ⇒ True
- FontSize(글꼴 크기) ⇒ 20
- Width(너비) ⇒ Fill parent(부모에 맞추기)
- Text(텍스트) ⇒ "날짜"
- TextAlignment(텍스트 정렬) ⇒ center(가운데) : 1

[HorizontalArrangement(수평배치)]를 추가한 후 [작성 조건]에 따라 속성을 설정하시오.

[작성 조건]

▶ Components Name(컴포넌트 이름) : "수평배치2"
- Width(너비) ⇒ Fill parent(부모에 맞추기)
- AlignVertical(수직 정렬) ⇒ center(가운데) : 2

[Label(레이블)]을 추가한 후 [작성 조건]에 따라 속성을 설정하시오.

[작성 조건]

▶ Components Name(컴포넌트 이름) : "레이블2"
- FontBold(글꼴 굵게) ⇒ True
- FontSize(글꼴 크기) ⇒ 16
- Text(텍스트) ⇒ "현재 시간"

[Label(레이블)]을 추가한 후 [작성 조건]에 따라 속성을 설정하시오.

[작성 조건]

▶ Components Name(컴포넌트 이름) : "시간"
- FontBold(글꼴 굵게) ⇒ True
- FontSize(글꼴 크기) ⇒ 20
- Width(너비) ⇒ Fill parent(부모에 맞추기)
- Text(텍스트) ⇒ "시간"

[HorizontalArrangement(수평배치)]를 추가한 후 [작성 조건]에 따라 속성을 설정하시오.

[작성 조건]

▶ Components Name(컴포넌트 이름) : "수평배치3"
- Width(너비) ⇒ Fill parent(부모에 맞추기)
- AlignVertical(수직 정렬) ⇒ center(가운데) : 2

[TextBox(텍스트 상자)]를 추가한 후 [작성 조건]에 따라 속성을 설정하시오.

[작성 조건]

▶ Components Name(컴포넌트 이름) : "업무내용"
- FontSize(글꼴 크기) ⇒ 16
- Width(너비) ⇒ Fill parent(부모에 맞추기)
- Hint(힌트) ⇒ "완료된 업무 입력"

[Button(버튼)]을 추가한 후 [작성 조건]에 따라 속성을 설정하시오.

[작성 조건]

▶ Components Name(컴포넌트 이름) : "저장"
- FontBold(글꼴 굵게) ⇒ True
- FontSize(글꼴 크기) ⇒ 16
- Text(텍스트) ⇒ "저장"

[ListView(목록 뷰)]를 추가한 후 [작성 조건]에 따라 속성을 설정하시오.

[작성 조건]

▶ Components Name(컴포넌트 이름) : "업무목록"
- Width(너비) ⇒ Fill parent(부모에 맞추기)
- Height(높이) ⇒ Fill parent(부모에 맞추기)

[Label(레이블)]을 추가한 후 [작성 조건]에 따라 속성을 설정하시오.

[작성 조건]

▶ Components Name(컴포넌트 이름) : "내용표시"
- FontSize(글꼴 크기) ⇒ 16
- Width(너비) ⇒ Fill parent(부모에 맞추기)
- Height(높이) ⇒ Fill parent(부모에 맞추기)
- Text(텍스트) ⇒ " "
- Visible(보이기) ⇒ False

[Clock(시계)]를 추가하시오.

제2작업 ▶ 앱 코딩 능력 평가 60점

문제 1 [Blocks(블록)/기본 능력] 15점

[제1작업]을 참조하여 다음 [작성 조건]에 따라 코딩하시오.

[작성 조건]

▶ 변수 생성과 초기화
- 전역변수("업무")를 만들고 " "으로 초기화하기
- 전역변수("업무리스트")를 만들고 빈 리스트로 초기화하기

▶ '업무목록'을 선택한 후
- '내용표시'의 텍스트를 '업무목록'의 '선택 항목'으로 지정하기
- '내용표시'를 화면에 보이기

문제 2 [Blocks(블록)/기본 능력] 20점

[제1작업]을 참조하여 다음 [작성 조건]에 따라 코딩하시오.

[작성 조건]

▶ '시계'의 타이머일 때
- '날짜'의 '텍스트'에 "yyyy년 MM월 dd일"과 같은 형식으로 현재 날짜를 지정하기
- '시간'의 '텍스트'에 "a hh:mm"과 같은 형식으로 현재 시간을 지정하기

문제 3 [Blocks(블록)/심화 능력] 25점

[제1작업]을 참조하여 다음 [작성 조건]에 따라 코딩하시오.

[작성 조건]

▶ '저장'을 클릭했을 때
- '업무' 변숫값에 다음 항목을 모두 결합한 값을 지정하기
    - '날짜'의 '텍스트'와 공백(빈 칸)을 결합한 값
    - '시간'의 '텍스트'와 공백(빈 칸)을 결합한 값
    - '업무'의 '텍스트'와 쉼표(,)를 결합한 값
- '업무리스트'의 항목에 '업무'를 추가하기
- '업무목록'의 '요소' 값으로 '업무리스트' 지정하기

제07회 실전모의고사

앱창의개발능력(App creative Development Test)

시험일	프로그램명	시험시간	수험번호	성명
20XX. XX. XX	앱인벤터(App Inventor)	40분		

2급 B형 — 수험자 유의사항

1. 수험자는 신분증 또는 동등한 자격을 갖춘 증빙서류를 지참하여야 시험에 응시할 수 있으며, 미지참 시 퇴실 조치합니다.
2. 시험 전 시스템(PC작동여부, 네트워크 상태 등)의 이상여부를 반드시 확인하여야 하며, 시스템 이상이 있을 시에는 감독관에게 조치를 받으셔야 합니다.
3. 시험 중 부주의 또는 고의로 시스템을 파손한 경우는 수험자 부담으로 합니다.
4. 답안 파일은 답안 전송 프로그램을 통하여 다운로드 한 파일을 이용하여 작성하셔야 합니다.
5. 작성한 답안 파일은 답안 전송 프로그램을 통하여 자동으로 전송되므로, 감독관의 지시에 따라 주시기 바랍니다.
6. 시험 중 앱인벤터(App Inventor) 이외에 시험과 관련 없는 다른 프로그램을 작동 시 부정행위로 간주하여 실격 처리됨을 유의하시기 바랍니다.
7. 다음 사항의 경우 실격(0점) 혹은 부정행위 처리됩니다.
   - 답안을 저장하지 않았거나, 저장한 파일이 손상되었을 경우
   - 답안 파일을 다른 보조 기억장치(USB) 또는 이메일(E-mail) 등으로 전송할 경우
   - 휴대용 전화기 등 통신장비를 사용할 경우
   - 시스템 조작의 미숙으로 시험이 불가능할 경우
8. 시험의 완료는 작성이 완료된 답안을 저장하고, 답안 전송이 완료된 상태를 확인한 것으로 합니다. 답안 전송 확인 후 문제지는 감독관에게 제출한 후 퇴실하여야 합니다.
9. 주어진 시험시간 이후에는 수정 또는 정정이 불가능합니다.
10. 〈수험자 유의사항〉에 기재된 방법대로 이행하지 않아 생기는 불이익은 수험자 본인에게 책임이 있음을 알려 드립니다.

앱창의개발능력	2급	앱인벤터[App Inventor]	시험시간 40분

답안 작성요령

- 불필요한 미디어 및 명령 블록을 추가한 경우, [작성 조건]을 임의로 변경 또는 추가한 경우, 프로젝트가 제대로 실행되지 않는 경우에는 <u>감점 또는 실격</u> 처리됩니다.
- 별도의 조건이 없는 경우에는 기본 값(Default)으로 처리해야 합니다.
- 파일 삽입 시에는 반드시 주어진 폴더 내에서 다운로드 한 파일을 사용해야 합니다.

※ 다음 사항을 확인하고 주어진 조건에 따라 [문제 1-5]를 완성하시오.

▶ **문자메시지를 읽어주는 앱** : 문자가 오면 화면에 표시하고 문자를 읽어주는 앱 만들기

[Components (컴포넌트)]	[결과 화면]
• Screen(스크린) • VerticalArrangement(수직배치) • Label(레이블) • Label(레이블) • Label(레이블) • HorizontalArrangement(수평배치) • Button(버튼) • Button(버튼) • TextToSpeech(음성 변환) • Texting(문자 메시지) • Clock(시계)	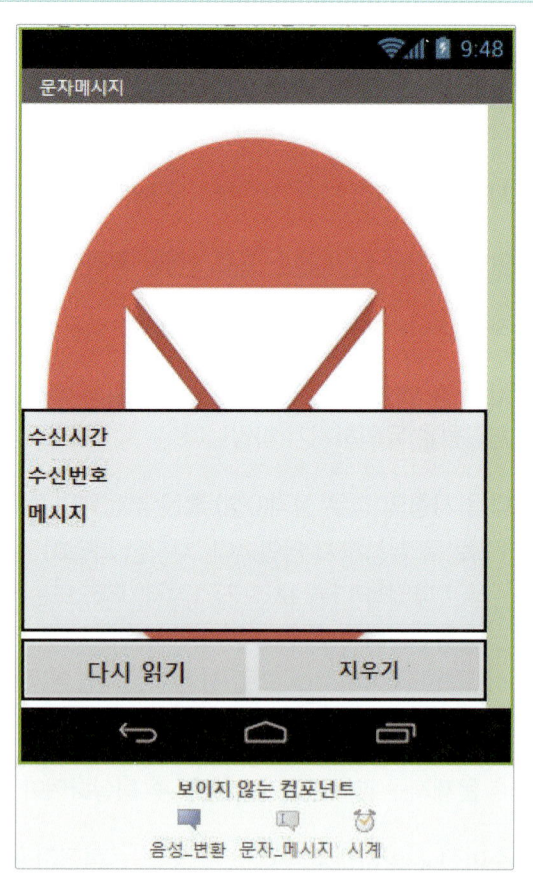

[Media (미디어)]

- CTCE.png
- texting.png

※ 다음 규칙에 따라 프로젝트를 생성하고 저장하시오. [저장 경로 : 바탕화면 – CTCE 폴더]

프로젝트 생성	'수검번호'	프로젝트 저장	'수검번호.aia'

— 예 수검번호가 ADT-0000-000000인 경우 'ADT_0000_000000'으로 지정할 것

제1작업 : 앱 디자인 능력 평가 — 40점

문제 1 [Designer(디자이너)/기본 능력] — 15점

[작성 조건]에 따라 [Screen(스크린)]을 설정하시오.

[작성 조건]

▶ Components Name(컴포넌트 이름) : "Screen1"
- Icon(아이콘) ⇒ 'CTCE.png' 이미지 업로드
- AlignVertical(수직 정렬) ⇒ Bottom(아래) : 3
- BackgroundImage ⇒ 'texting.png' 이미지 업로드
- Title(제목) ⇒ "문자메시지"

문제 2 [Designer(디자이너)/심화 능력] — 25점

[VerticalArrangement(수직배치)]를 추가한 후 [작성 조건]에 따라 속성을 설정하시오.

[작성 조건]

▶ Components Name(컴포넌트 이름) : "수직배치1"
- Width(너비) ⇒ Fill parent(부모에 맞추기)

[Label(레이블)]을 추가한 후 [작성 조건]에 따라 속성을 설정하시오.

[작성 조건]

▶ Components Name(컴포넌트 이름) : "ReceivedTime"
- FontBold(글꼴 굵게) ⇒ True
- FontSize(글꼴 크기) ⇒ 16
- Width(너비) ⇒ Fill parent(부모에 맞추기)
- Text(텍스트) ⇒ "수신시간"

[Label(레이블)]을 추가한 후 [작성 조건]에 따라 속성을 설정하시오.

[작성 조건]

▶ Components Name(컴포넌트 이름) : "PhoneNumber"
- FontBold(글꼴 굵게) ⇒ True
- FontSize(글꼴 크기) ⇒ 16
- Width(너비) ⇒ Fill parent(부모에 맞추기)
- Text(텍스트) ⇒ "수신번호"

[Label(레이블)]을 추가한 후 [작성 조건]에 따라 속성을 설정하시오.

[작성 조건]

▶ Components Name(컴포넌트 이름) : "ReceviedMessage"
- FontBold(글꼴 굵게) ⇒ True
- FontSize(글꼴 크기) ⇒ 16
- Height(높이) ⇒ 20 percent
- Width(너비) ⇒ Fill parent(부모에 맞추기)
- Text(텍스트) ⇒ "메시지"

[VerticalArrangement(수직배치)]를 추가한 후 [작성 조건]에 따라 속성을 설정하시오.

[작성 조건]

▶ Components Name(컴포넌트 이름) : "수평배치1"
- Width(너비) ⇒ Fill parent(부모에 맞추기)

[Button(버튼)]을 추가한 후 [작성 조건]에 따라 속성을 설정하시오.

[작성 조건]

▶ Components Name(컴포넌트 이름) : "Repeat"
- FontBold(글꼴 굵게) ⇒ True
- FontSize(글꼴 크기) ⇒ 18
- Width(너비) ⇒ Fill parent(부모에 맞추기)
- Text(텍스트) ⇒ "다시 읽기"

[Button(버튼)]을 추가한 후 [작성 조건]에 따라 속성을 설정하시오.

[작성 조건]

▶ Components Name(컴포넌트 이름) : "Clear"
- FontBold(글꼴 굵게) ⇒ True
- FontSize(글꼴 크기) ⇒ 18
- Width(너비) ⇒ Fill parent(부모에 맞추기)
- Text(텍스트) ⇒ "지우기"

[TextToSpeech(음성 변환)], **[Texting(문자 메시지)]**, **[Clock(시계)]**을 각각 추가하시오.

제2작업 : 앱 코딩 능력 평가　　　　　　　　　　　　　　60점

문제 1　[Blocks(블록)/기본 능력]　　15점

[제1작업]을 참조하여 다음 [작성 조건]에 따라 코딩하시오.

[작성 조건]

▶ '초기화' 함수 만들기
- '수평배치1'을 화면에서 숨기기
- 'ReceivedTime', 'PhoneNumber', 'ReceviedMessage'의 '텍스트' 값 지우기

▶ 'Screen1'을 초기화할 때
- '초기화' 함수 호출하기

▶ 'Clear'을 클릭했을 때
- '초기화' 함수 호출하기

문제 2　[Blocks(블록)/기본 능력]　　20점

[제1작업]을 참조하여 다음 [작성 조건]에 따라 코딩하시오.

[작성 조건]

▶ '문자읽기' 함수 만들기
- 'ReceivedTime'의 '텍스트'를 음성으로 읽어주기
- 'PhoneNumber'의 '텍스트'를 음성으로 읽어주기
- 'ReceivedMessage'의 '텍스트'를 음성으로 읽어주기

▶ 'Repeat'를 클릭했을 때
- '문자읽기' 함수 호출하기

문제 3　[Blocks(블록)/심화 능력]　　25점

[제1작업]을 참조하여 다음 [작성 조건]에 따라 코딩하시오.

[작성 조건]

▶ '문자 메시지'를 받았을 때
- '수평배치1'을 화면에 표시하기
- 'ReceivedTime'의 텍스트에 "yyyy년 MM월 dd일 a hh시 mm분" 형식으로 현재 시간을 지정하기
- 수신된 전화번호를 '연락처' 변수에 저장하고, 'PhoneNumber'에 표시하기
- 수신된 메시지를 '받은메시지' 변수에 저장하고, 'ReceviedMessage'에 표시하기
- '문자읽기' 함수 호출하기

제08회 실전모의고사

앱창의개발능력(App creative Development Test)

시험일	프로그램명	시험시간	수험번호	성명
20XX. XX. XX	앱인벤터(App Inventor)	40분		

2급 C형

수험자 유의사항

1. 수험자는 신분증 또는 동등한 자격을 갖춘 증빙서류를 지참하여야 시험에 응시할 수 있으며, 미지참 시 퇴실 조치합니다.

2. 시험 전 시스템(PC작동여부, 네트워크 상태 등)의 이상여부를 반드시 확인하여야 하며, 시스템 이상이 있을 시에는 감독관에게 조치를 받으셔야 합니다.

3. 시험 중 부주의 또는 고의로 시스템을 파손한 경우는 수험자 부담으로 합니다.

4. 답안 파일은 답안 전송 프로그램을 통하여 다운로드 한 파일을 이용하여 작성하셔야 합니다.

5. 작성한 답안 파일은 답안 전송 프로그램을 통하여 자동으로 전송되므로, 감독관의 지시에 따라 주시기 바랍니다.

6. 시험 중 앱인벤터(App Inventor) 이외에 시험과 관련 없는 다른 프로그램을 작동 시 부정행위로 간주하여 실격 처리됨을 유의하시기 바랍니다.

7. 다음 사항의 경우 실격(0점) 혹은 부정행위 처리됩니다.
   - 답안을 저장하지 않았거나, 저장한 파일이 손상되었을 경우
   - 답안 파일을 다른 보조 기억장치(USB) 또는 이메일(E-mail) 등으로 전송할 경우
   - 휴대용 전화기 등 통신장비를 사용할 경우
   - 시스템 조작의 미숙으로 시험이 불가능할 경우

8. 시험의 완료는 작성이 완료된 답안을 저장하고, 답안 전송이 완료된 상태를 확인한 것으로 합니다. 답안 전송 확인 후 문제지는 감독관에게 제출한 후 퇴실하여야 합니다.

9. 주어진 시험시간 이후에는 수정 또는 정정이 불가능합니다.

10. 〈수험자 유의사항〉에 기재된 방법대로 이행하지 않아 생기는 불이익은 수험자 본인에게 책임이 있음을 알려 드립니다.

| 앱창의개발능력 | **2급** | 앱인벤터[App Inventor] | 시험시간 40분 | 1/4 |

답안 작성요령

- 불필요한 미디어 및 명령 블록을 추가한 경우, [작성 조건]을 임의로 변경 또는 추가한 경우, 프로젝트가 제대로 실행되지 않는 경우에는 **감점 또는 실격 처리**됩니다.
- 별도의 조건이 없는 경우에는 기본 값(Default)으로 처리해야 합니다.
- 파일 삽입 시에는 반드시 주어진 폴더 내에서 다운로드 한 파일을 사용해야 합니다.

※ 다음 사항을 확인하고 주어진 조건에 따라 [문제 1-5]를 완성하시오.

▶ **사진 메모** : 사진을 불러와 메모를 입력한 후 이미지 파일로 다시 저장하는 앱 만들기

[**Components** (컴포넌트)]

- Screen(스크린)
- Canvas(캔버스)
- HorizontalArrangement(수평배치)
- Button(버튼)
- Button(버튼)
- ImagePicker(이미지 선택)
- HorizontalArrangement(수평배치)
- TextBox(텍스트 상자)
- Button(버튼)
- Notifier(알림)

[결과 화면]

[**Media** (미디어)]

- CTCE.png

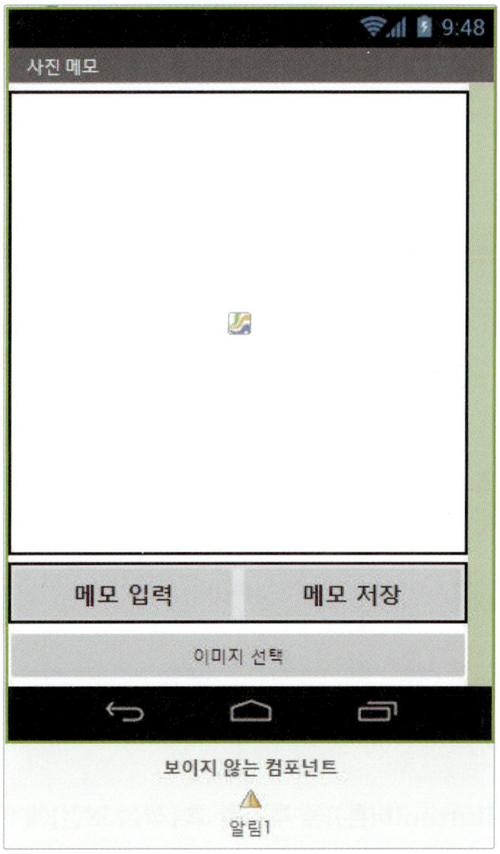

※ 다음 규칙에 따라 프로젝트를 생성하고 저장하시오. [저장 경로 : 바탕화면 – CTCE 폴더]

| 프로젝트 생성 | '수검번호' | 프로젝트 저장 | '수검번호.aia' |

- 예 수검번호가 ADT-0000-000000인 경우 'ADT_0000_000000'으로 지정할 것

제1작업 앱 디자인 능력 평가 40점

문제 1 [Designer(디자이너)/기본 능력] 15점

[작성 조건]에 따라 [Screen(스크린)]을 설정하시오.

[작성 조건]

▶ Components Name(컴포넌트 이름) : "Screen1"
  - Icon(아이콘) ⇒ 'CTCE.png' 이미지 업로드
  - Title(제목) ⇒ "사진 메모"

문제 2 [Designer(디자이너)/심화 능력] 25점

[Canvas(캔버스)]를 추가한 후 [작성 조건]에 따라 속성을 설정하시오.

[작성 조건]

▶ Components Name(컴포넌트 이름) : "캔버스1"
  - Height(높이) ⇒ Fill parent(부모에 맞추기)
  - Width(너비) ⇒ Fill parent(부모에 맞추기)
  - TextAlignment(텍스트 정렬) ⇒ center(가운데) : 1

[HorizontalArrangement(수평배치)]를 추가한 후 [작성 조건]에 따라 속성을 설정하시오.

[작성 조건]

▶ Components Name(컴포넌트 이름) : "수평배치1"
  - Width(너비) ⇒ Fill parent(부모에 맞추기)

[Button(버튼)]을 추가한 후 [작성 조건]에 따라 속성을 설정하시오.

[작성 조건]

▶ Components Name(컴포넌트 이름) : "입력"
  - FontBold(글꼴 굵게) ⇒ True
  - FontSize(글꼴 크기) ⇒ 18
  - Width(너비) ⇒ Fill parent(부모에 맞추기)
  - Text(텍스트) ⇒ "메모 입력"

[Button(버튼)]을 추가한 후 [작성 조건]에 따라 속성을 설정하시오.

[작성 조건]

▶ Components Name(컴포넌트 이름) : "저장"
  - FontBold(글꼴 굵게) ⇒ True
  - FontSize(글꼴 크기) ⇒ 18
  - Width(너비) ⇒ Fill parent(부모에 맞추기)
  - Text(텍스트) ⇒ "메모 저장"

[ImagePicker(이미지 선택)]를 추가한 후 [작성 조건]에 따라 속성을 설정하시오.

[작성 조건]

▶ Components Name(컴포넌트 이름) : "이미지_선택"
- Width(너비) ⇒ Fill parent(부모에 맞추기)
- Text(텍스트) ⇒ "이미지 선택"
- TextAlignment(텍스트 정렬) ⇒ center(가운데) : 1

[HorizontalArrangement(수평배치)]를 추가한 후 [작성 조건]에 따라 속성을 설정하시오.

[작성 조건]

▶ Components Name(컴포넌트 이름) : "수평배치2"
- AlignVertical(수직 정렬) ⇒ center(가운데) : 2
- Width(너비) ⇒ Fill parent(부모에 맞추기)
- Visible(보이기) ⇒ False

[TextBox(텍스트 상자)]를 추가한 후 [작성 조건]에 따라 속성을 설정하시오.

[작성 조건]

▶ Components Name(컴포넌트 이름) : "텍스트입력"
- Width(너비) ⇒ Fill parent(부모에 맞추기)
- Hint(힌트) ⇒ "이미지에 표시할 내용 입력"

[Button(버튼)]을 추가한 후 [작성 조건]에 따라 속성을 설정하시오.

[작성 조건]

▶ Components Name(컴포넌트 이름) : "확인"
- FontBold(글꼴 굵게) ⇒ True
- FontSize(글꼴 크기) ⇒ 18
- Text(텍스트) ⇒ "확인"

[Notifier(알림)]를 추가하시오.

제2작업: 앱 코딩 능력 평가 — 60점

문제 1. [Blocks(블록)/기본 능력] — 15점

[제1작업]을 참조하여 다음 [작성 조건]에 따라 코딩하시오.

[작성 조건]

▶ 변수 생성과 초기화
- 전역변수("파일_저장_확인"과 "파일_이름")를 만들고, " "으로 초기화하기
- 전역변수("텍스트_입력_상태")를 만들고, 거짓(false)으로 초기화하기

▶ '이미지_선택'을 선택한 후
- '이미지_선택'에서 '선택된 항목'을 '캔버스1'의 '배경 이미지'로 지정하기
- '이미지_선택'에서 '선택된 항목'을 '파일_이름' 변숫값으로 지정하기

문제 2. [Blocks(블록)/기본 능력] — 20점

[제1작업]을 참조하여 다음 [작성 조건]에 따라 코딩하시오.

[작성 조건]

▶ '이미지_선택' 터치 다운했을 때
- '이미지_선택'을 열기

▶ '입력'을 클릭했을 때
- 만약 '텍스트_입력_상태' 변숫값이 '참(true)'이면 ㉮를 실행하고, 아니면 ㉯를 실행한다.
  ㉮ '수평배치2'를 화면에서 숨기기
  ㉯ '텍스트_입력'의 '텍스트'를 지우고 '수평배치2'를 화면에 표시하기

문제 3. [Blocks(블록)/심화 능력] — 25점

[제1작업]을 참조하여 다음 [작성 조건]에 따라 코딩하시오.

[작성 조건]

▶ '저장'을 클릭했을 때
- '캔버스1'을 '파일_이름' 변숫값과 "(수정).png"를 결합한 이름으로 저장하고, 결과를 '파일_저장_확인' 변숫값으로 지정하기
- '파일_저장_확인' 변숫값을 '경고창'으로 표시하기

▶ '확인'을 클릭했을 때
- '텍스트입력'의 '텍스트'가 비어 있지 않으면 다음 조건을 처리하기
  − '캔버스1'의 x: '30', y: '캔버스의 높이 * 0.9'에 '텍스트입력'의 '텍스트'를 글자로 쓰기

제09회 실전모의고사

앱창의개발능력(App creative Development Test)

시험일	프로그램명	시험시간	수험번호	성명
20XX. XX. XX	앱인벤터(App Inventor)	40분		

2급 D형 — 수험자 유의사항

1. 수험자는 신분증 또는 동등한 자격을 갖춘 증빙서류를 지참하여야 시험에 응시할 수 있으며, 미지참 시 퇴실 조치합니다.

2. 시험 전 시스템(PC작동여부, 네트워크 상태 등)의 이상여부를 반드시 확인하여야 하며, 시스템 이상이 있을 시에는 감독관에게 조치를 받으셔야 합니다.

3. 시험 중 부주의 또는 고의로 시스템을 파손한 경우는 수험자 부담으로 합니다.

4. 답안 파일은 답안 전송 프로그램을 통하여 다운로드 한 파일을 이용하여 작성하셔야 합니다.

5. 작성한 답안 파일은 답안 전송 프로그램을 통하여 자동으로 전송되므로, 감독관의 지시에 따라 주시기 바랍니다.

6. 시험 중 앱인벤터(App Inventor) 이외에 시험과 관련 없는 다른 프로그램을 작동 시 부정행위로 간주하여 실격 처리됨을 유의하시기 바랍니다.

7. 다음 사항의 경우 실격(0점) 혹은 부정행위 처리됩니다.
   - 답안을 저장하지 않았거나, 저장한 파일이 손상되었을 경우
   - 답안 파일을 다른 보조 기억장치(USB) 또는 이메일(E-mail) 등으로 전송할 경우
   - 휴대용 전화기 등 통신장비를 사용할 경우
   - 시스템 조작의 미숙으로 시험이 불가능할 경우

8. 시험의 완료는 작성이 완료된 답안을 저장하고, 답안 전송이 완료된 상태를 확인한 것으로 합니다. 답안 전송 확인 후 문제지는 감독관에게 제출한 후 퇴실하여야 합니다.

9. 주어진 시험시간 이후에는 수정 또는 정정이 불가능합니다.

10. 〈수험자 유의사항〉에 기재된 방법대로 이행하지 않아 생기는 불이익은 수험자 본인에게 책임이 있음을 알려 드립니다.

| 앱창의개발능력 | **2급** | 앱인벤터[App Inventor] | 시험시간 **40분** | 1/4 |

답안 작성요령

- 불필요한 미디어 및 명령 블록을 추가한 경우, [작성 조건]을 임의로 변경 또는 추가한 경우, 프로젝트가 제대로 실행되지 않는 경우에는 **감점 또는 실격 처리**됩니다.
- 별도의 조건이 없는 경우에는 기본 값(Default)으로 처리해야 합니다.
- 파일 삽입 시에는 반드시 주어진 폴더 내에서 다운로드 한 파일을 사용해야 합니다.

※ 다음 사항을 확인하고 주어진 조건에 따라 [문제 1-5]를 완성하시오.

▶ **메모를 읽어주는 알람시계** : 지정된 시간이 되면 메모를 읽어주고 소리로 알려주는 앱 만들기

[**Components** (컴포넌트)] | [결과 화면]

- Screen(스크린)
- Label(레이블)
- HorizontalArrangement(수평배치)
- DatePicker(날짜 선택)
- TimePicker(시간 선택)
- HorizontalArrangement(수평배치)
- TextBox(텍스트 상자)
- Button(버튼)
- Clock(시계)
- Clock(시계)
- Player(플레이어)
- TextToSpeech(음성 변환)

[**Media** (미디어)]

- CTCE.png
- wall.png
- alram.wav

※ 다음 규칙에 따라 프로젝트를 생성하고 저장하시오. [저장 경로 : 바탕화면 - CTCE 폴더]

| 프로젝트 생성 | '수검번호' | 프로젝트 저장 | '수검번호.aia' |

- 예 수검번호가 ADT-0000-000000인 경우 'ADT_0000_000000'으로 지정할 것

앱 디자인 능력 평가

문제 1 [Designer(디자이너)/기본 능력] — 15점

[작성 조건]에 따라 [Screen(스크린)]을 설정하시오.

[작성 조건]

▶ Components Name(컴포넌트 이름) : "Screen1"
- Icon(아이콘) ⇒ 'CTCE.png' 이미지 업로드
- AlignVertical(수직 정렬) ⇒ Bottom(아래) : 3
- BackgroundImage ⇒ 'wall.png' 이미지 업로드
- Title(제목) ⇒ "알람시계"

문제 2 [Designer(디자이너)/심화 능력] — 25점

[Label(레이블)]을 추가한 후 [작성 조건]에 따라 속성을 설정하시오.

[작성 조건]

▶ Components Name(컴포넌트 이름) : "Time"
- FontBold(글꼴 굵게) ⇒ True
- FontSize(글꼴 크기) ⇒ 20
- Width(너비) ⇒ Fill parent(부모에 맞추기)
- Text(텍스트) ⇒ "현재 시간"
- TextAlignment(텍스트 정렬) ⇒ center(가운데) : 1

[HorizontalArrangement(수평배치)]를 추가한 후 [작성 조건]에 따라 속성을 설정하시오.

[작성 조건]

▶ Components Name(컴포넌트 이름) : "수평배치1"
- Width(너비) ⇒ Fill parent(부모에 맞추기)

[DatePicker(날짜 선택)]을 추가한 후 [작성 조건]에 따라 속성을 설정하시오.

[작성 조건]

▶ Components Name(컴포넌트 이름) : "날짜"
- FontBold(글꼴 굵게) ⇒ True
- FontSize(글꼴 크기) ⇒ 20
- Width(너비) ⇒ Fill parent(부모에 맞추기)
- Text(텍스트) ⇒ "날짜 선택"

[TimePicker(날짜 선택)]을 추가한 후 [작성 조건]에 따라 속성을 설정하시오.

[작성 조건]

▶ Components Name(컴포넌트 이름) : "시간"
- FontBold(글꼴 굵게) ⇒ True
- FontSize(글꼴 크기) ⇒ 20
- Width(너비) ⇒ Fill parent(부모에 맞추기)
- Text(텍스트) ⇒ "시간 선택"

[HorizontalArrangement(수평배치)]를 추가한 후 [작성 조건]에 따라 속성을 설정하시오.

[작성 조건]

▶ Components Name(컴포넌트 이름) : "수평배치2"
- Width(너비) ⇒ Fill parent(부모에 맞추기)

[TextBox(텍스트 상자)]을 추가한 후 [작성 조건]에 따라 속성을 설정하시오.

[작성 조건]

▶ Components Name(컴포넌트 이름) : "Memo"
- FontBold(글꼴 굵게) ⇒ True
- FontSize(글꼴 크기) ⇒ 16
- Width(너비) ⇒ Fill parent(부모에 맞추기)
- Hint(힌트) ⇒ "메모 입력"
- MultiLine(여러 줄) ⇒ True

[Button(버튼)]을 추가한 후 [작성 조건]에 따라 속성을 설정하시오.

[작성 조건]

▶ Components Name(컴포넌트 이름) : "Setting"
- FontBold(글꼴 굵게) ⇒ True
- FontSize(글꼴 크기) ⇒ 20
- Text(텍스트) ⇒ "알람 설정"

[Clock(시계)], [Clock(시계)], [Player(플레이어)], [TextToSpeech(음성 변환)]를 각각 추가하시오.

제2작업 앱 코딩 능력 평가

60점

문제 1 [Blocks(블록)/기본 능력]
15점

[제1작업]을 참조하여 다음 [작성 조건]에 따라 코딩하시오.

[작성 조건]

▶ 변수를 만들고 초기화
- 전역변수("알람시간"와 "현재시간")를 만들고 " "로 초기화하기

▶ '시계1' 타이머일 때
- '현재시간' 변수에 "2019년 03월 12일 오전 11시 50분"과 같은 형식으로 현재 시간을 지정하기
- 'Time'의 '텍스트'를 '현재시간' 변수로 지정하기

문제 2 [Blocks(블록)/기본 능력]
20점

[제1작업]을 참조하여 다음 [작성 조건]에 따라 코딩하시오.

[작성 조건]

▶ '날짜'를 선택한 후
- '날짜'의 '텍스트'에 "2019년 03월 12일"과 같은 형식으로 '날짜'에서 선택한 값을 지정하기

▶ '시간'을 선택한 후
- '시간'의 '텍스트'에 "오전 11시 50분"과 같은 형식으로 '시간'에서 선택한 값을 지정하기

문제 3 [Blocks(블록)/심화 능력]
25점

[제1작업]을 참조하여 다음 [작성 조건]에 따라 코딩하시오.

[작성 조건]

▶ 'Setting'을 클릭했을 때
- '알람시간' 변숫값을 '날짜'의 텍스트와 공백(빈 칸), '시간'의 '텍스트'를 결합한 값으로 지정하기
- '시계2'의 '타이머 활성 여부'를 '참(True)'으로 지정하기
- 'Setting'과 '날짜', '시간'의 '활성화'를 '거짓(False)'으로 지정하기

▶ '시계2' 타이머일 때
- 만약 '현재시간' 변수와 '알람시간' 변수의 값이 같으면 'Player1'을 시작하기

▶ 'Player1'의 재생이 완료되었을 때
- 'Memo'의 '텍스트'를 말하기

제10회 실전모의고사

앱창의개발능력(App creative Development Test)

시험일	프로그램명	시험시간	수험번호	성명
20XX. XX. XX	앱인벤터(App Inventor)	40분		

2급 E형

수험자 유의사항

1. 수험자는 신분증 또는 동등한 자격을 갖춘 증빙서류를 지참하여야 시험에 응시할 수 있으며, 미지참 시 퇴실 조치합니다.

2. 시험 전 시스템(PC작동여부, 네트워크 상태 등)의 이상여부를 반드시 확인하여야 하며, 시스템 이상이 있을 시에는 감독관에게 조치를 받으셔야 합니다.

3. 시험 중 부주의 또는 고의로 시스템을 파손한 경우는 수험자 부담으로 합니다.

4. 답안 파일은 답안 전송 프로그램을 통하여 다운로드 한 파일을 이용하여 작성하셔야 합니다.

5. 작성한 답안 파일은 답안 전송 프로그램을 통하여 자동으로 전송되므로, 감독관의 지시에 따라 주시기 바랍니다.

6. 시험 중 앱인벤터(App Inventor) 이외에 시험과 관련 없는 다른 프로그램을 작동 시 부정행위로 간주하여 실격 처리됨을 유의하시기 바랍니다.

7. 다음 사항의 경우 실격(0점) 혹은 부정행위 처리됩니다.
   - 답안을 저장하지 않았거나, 저장한 파일이 손상되었을 경우
   - 답안 파일을 다른 보조 기억장치(USB) 또는 이메일(E-mail) 등으로 전송할 경우
   - 휴대용 전화기 등 통신장비를 사용할 경우
   - 시스템 조작의 미숙으로 시험이 불가능할 경우

8. 시험의 완료는 작성이 완료된 답안을 저장하고, 답안 전송이 완료된 상태를 확인한 것으로 합니다. 답안 전송 확인 후 문제지는 감독관에게 제출한 후 퇴실하여야 합니다.

9. 주어진 시험시간 이후에는 수정 또는 정정이 불가능합니다.

10. 〈수험자 유의사항〉에 기재된 방법대로 이행하지 않아 생기는 불이익은 수험자 본인에게 책임이 있음을 알려 드립니다.

| 앱창의개발능력 | 2급 | 앱인벤터[App Inventor] | 시험시간 40분 | 1/3 |

답안 작성요령

- 불필요한 미디어 및 명령 블록을 추가한 경우, [작성 조건]을 임의로 변경 또는 추가한 경우, 프로젝트가 제대로 실행되지 않는 경우에는 <u>감점 또는 실격</u> 처리됩니다.
- 별도의 조건이 없는 경우에는 기본 값(Default)으로 처리해야 합니다.
- 파일 삽입 시에는 반드시 주어진 폴더 내에서 다운로드 한 파일을 사용해야 합니다.

※ 다음 사항을 확인하고 주어진 조건에 따라 [문제 1-5]를 완성하시오.

▶ **환율 계산** : 환율 단위를 선택하면 자동으로 환율을 변환해 주는 앱 만들기

[Components (컴포넌트)]

- Screen(스크린)
- ListView(목록 뷰)
- TextBox(텍스트 상자)
- Button(버튼)
- Label(레이블)
- AccelerometerSensor(가속도 센서)

[Media (미디어)]

- CTCE.png
- dot.png

[결과 화면]

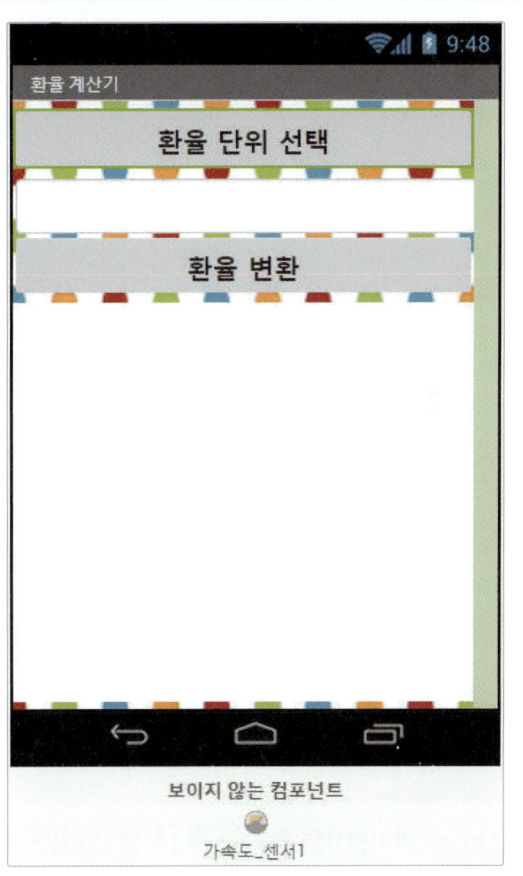

※ 다음 규칙에 따라 프로젝트를 생성하고 저장하시오. [저장 경로 : 바탕화면 – CTCE 폴더]

| 프로젝트 생성 | '수검번호' | 프로젝트 저장 | '수검번호.aia' |

– 예 수검번호가 ADT-0000-000000인 경우 'ADT_0000_000000'으로 지정할 것

제1작업 앱 디자인 능력 평가   40점

문제 1 [Designer(디자이너)/기본 능력]   15점

[작성 조건]에 따라 [Screen(스크린)]을 설정하시오.

[작성 조건]

▶ Components Name(컴포넌트 이름) : "Screen1"
- BackgroundImage(배경 이미지) ⇒ 'dot.png' 이미지 업로드
- Icon(아이콘) ⇒ 'CTCE.png' 이미지 업로드
- Title(제목) ⇒ "환율 계산기"

문제 2 [Designer(디자이너)/심화 능력]   25점

[ListView(목록 뷰)]를 추가한 후 [작성 조건]에 따라 속성을 설정하시오.

[작성 조건]

▶ Components Name(컴포넌트 이름) : "단위선택"
- ElementsFromString(목록 문자열) ⇒ "원(KR), 엔(JP), 달러(US)"
- FontBold(글꼴 굵게) ⇒ True
- FontSize(글꼴 크기) ⇒ 20
- Width(너비) ⇒ Fill parent(부모에 맞추기)
- Text(텍스트) ⇒ "환율 단위 선택"
- TextAlignment(텍스트 정렬) ⇒ center(가운데) : 1

[TextBox(텍스트 상자)]를 추가한 후 [작성 조건]에 따라 속성을 설정하시오.

[작성 조건]

▶ Components Name(컴포넌트 이름) : "입력값"
- FontBold(글꼴 굵게) ⇒ True
- FontSize(글꼴 크기) ⇒ 30
- Width(너비) ⇒ Fill parent(부모에 맞추기)
- Hint(힌트) ⇒ "숫자 입력"
- NumbersOnly(숫자만) ⇒ True

[Button(버튼)]을 추가한 후 [작성 조건]에 따라 속성을 설정하시오.

[작성 조건]

▶ Components Name(컴포넌트 이름) : "변환"
- FontBold(글꼴 굵게) ⇒ True
- FontSize(글꼴 크기) ⇒ 20
- Width(너비) ⇒ Fill parent(부모에 맞추기)
- Text(텍스트) ⇒ "환율 변환"

[Label(레이블)]을 추가한 후 [작성 조건]에 따라 속성을 설정하시오.

[작성 조건]

▶ Components Name(컴포넌트 이름) : "변환결과"
- FontBold(글꼴 굵게) ⇒ True
- FontSize(글꼴 크기) ⇒ 20
- Height(높이) ⇒ Fill parent(부모에 맞추기)
- Width(너비) ⇒ Fill parent(부모에 맞추기)
- Text(텍스트) ⇒ "삭제"
- TextAlignment(텍스트 정렬) ⇒ center(가운데) : 1

[AccelerometerSenosor(가속도 센서)]를 추가하시오.

| 앱창의개발능력 | 2급 | 앱인벤터[App Inventor] | 시험시간 40분 | 3/3 |

제2작업 ▶ 앱 코딩 능력 평가 60점

문제 1 [Blocks(블록)/기본 능력] 15점

[제1작업]을 참조하여 다음 [작성 조건]에 따라 코딩하시오.

[작성 조건]

▶ 변수를 만들고 초기화
- 전역변수("임시변환")를 만들고, '0'으로 초기화하기

▶ '단위선택'을 선택한 후
- '단위선택'의 '텍스트'를 '단위선택'의 선택된 항목으로 지정하기

▶ 'AccelerometerSensor(가속도 센서)를 흔들었을 때
- '임시변환' 변숫값을 '0'으로 지정하기
- '단위선택'의 '선택된 항목'을 "원(KR)"로 지정하기
- '단위선택'의 '선택된 텍스트'를 "원(KR)"로 지정하기

문제 2 [Blocks(블록)/기본 능력] 20점

[제1작업]을 참조하여 다음 [작성 조건]에 따라 코딩하시오.

[작성 조건]

▶ '환율변환' 함수 만들기
- 만약 '단위선택'의 '선택된 항목'이 '원(KR)'이면, '임시변환' 변숫값을 '입력값' 텍스트로 지정하기
- 만약 '단위선택'의 '선택된 항목'이 '엔(JP)'이면, '임시변환' 변숫값을 '입력값' 텍스트에 '9.78'을 곱한 값으로 지정하기
- 만약 '단위선택'의 '선택된 항목'이 '달러(US)'이면, '임시변환' 변숫값을 '입력값' 텍스트에 '1075'를 곱한 값으로 지정하기

문제 3 [Blocks(블록)/심화 능력] 25점

[제1작업]을 참조하여 다음 [작성 조건]에 따라 코딩하시오.

[작성 조건]

▶ '결과표시' 함수 만들기
- '변환결과'의 '텍스트'에 다음 항목과 줄바꿈(\n)을 결합하여 한 줄씩 표시하기
  - '임시변환' 변숫값과 단위 '원(KR)'을 결합한 값
  - '임시변환' 변숫값을 '9.78'로 나눈 값과 단위 '엔(JP)'을 결합한 값
  - '임시변환' 변숫값을 '1075'로 나눈 값과 단위 '달러(US)'를 결합한 값

▶ '변환'을 클릭했을 때
  - '환율변환' 함수를 호출하기
  - '결과표시' 함수를 호출하기

제11회 실전모의고사

앱창의개발능력(App creative Development Test)

시험일	프로그램명	시험시간	수험번호	성명
20XX. XX. XX	앱인벤터(App Inventor)	40분		

2급 A형 — 수험자 유의사항

1. 수험자는 신분증 또는 동등한 자격을 갖춘 증빙서류를 지참하여야 시험에 응시할 수 있으며, 미지참 시 퇴실 조치합니다.

2. 시험 전 시스템(PC작동여부, 네트워크 상태 등)의 이상여부를 반드시 확인하여야 하며, 시스템 이상이 있을 시에는 감독관에게 조치를 받으셔야 합니다.

3. 시험 중 부주의 또는 고의로 시스템을 파손한 경우는 수험자 부담으로 합니다.

4. 답안 파일은 답안 전송 프로그램을 통하여 다운로드 한 파일을 이용하여 작성하셔야 합니다.

5. 작성한 답안 파일은 답안 전송 프로그램을 통하여 자동으로 전송되므로, 감독관의 지시에 따라 주시기 바랍니다.

6. 시험 중 앱인벤터(App Inventor) 이외에 시험과 관련 없는 다른 프로그램을 작동 시 부정행위로 간주하여 실격 처리됨을 유의하시기 바랍니다.

7. 다음 사항의 경우 실격(0점) 혹은 부정행위 처리됩니다.
   - 답안을 저장하지 않았거나, 저장한 파일이 손상되었을 경우
   - 답안 파일을 다른 보조 기억장치(USB) 또는 이메일(E-mail) 등으로 전송할 경우
   - 휴대용 전화기 등 통신장비를 사용할 경우
   - 시스템 조작의 미숙으로 시험이 불가능할 경우

8. 시험의 완료는 작성이 완료된 답안을 저장하고, 답안 전송이 완료된 상태를 확인한 것으로 합니다. 답안 전송 확인 후 문제지는 감독관에게 제출한 후 퇴실하여야 합니다.

9. 주어진 시험시간 이후에는 수정 또는 정정이 불가능합니다.

10. 〈수험자 유의사항〉에 기재된 방법대로 이행하지 않아 생기는 불이익은 수험자 본인에게 책임이 있음을 알려 드립니다.

| 앱창의개발능력 |  2급 | 앱인벤터[App Inventor] | 시험시간 40분 | 1/4 |

답안 작성요령

- 불필요한 미디어 및 명령 블록을 추가한 경우, [작성 조건]을 임의로 변경 또는 추가한 경우, 프로젝트가 제대로 실행되지 않는 경우에는 **감점 또는 실격 처리**됩니다.
- 별도의 조건이 없는 경우에는 기본 값(Default)으로 처리해야 합니다.
- 파일 삽입 시에는 반드시 주어진 폴더 내에서 다운로드 한 파일을 사용해야 합니다.

※ 다음 사항을 확인하고 주어진 조건에 따라 [문제 1-5]를 완성하시오.

▶ **단체 문자** : 메시지를 선택하고 여러 명의 연락처를 추가해 한 번에 문자를 보내는 앱 만들기

[**Components** (컴포넌트)]

- Screen(스크린)
- ListView(목록 뷰)
- HorizontalArrangement(수평배치)
- TextBox(텍스트 상자)
- Button(버튼)
- Label(레이블)
- HorizontalArrangement(수평배치)
- TextBox(텍스트 상자)
- Button(버튼)
- ListView(목록 뷰)
- Button(버튼)
- Texting(문자 메시지)
- AccelerometerSensor(가속도 센서)

[**Media** (미디어)]

- CTCE.png

[결과 화면]

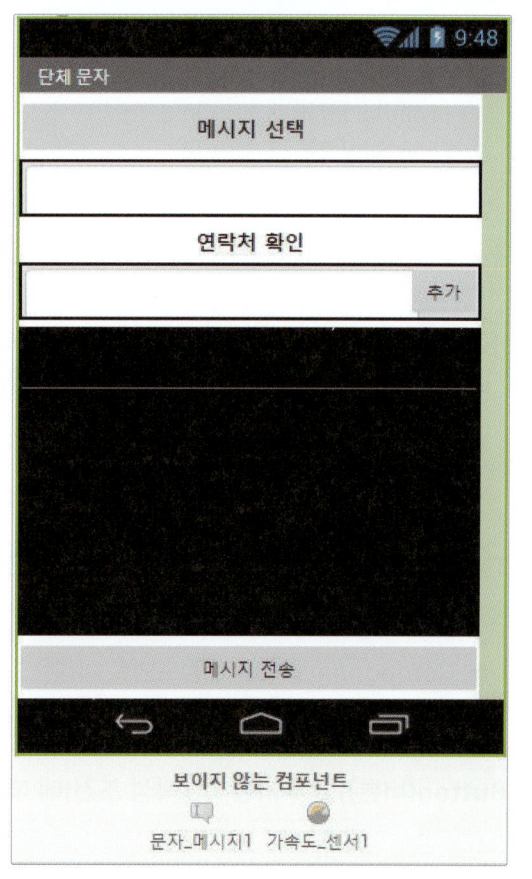

※ 다음 규칙에 따라 프로젝트를 생성하고 저장하시오. [저장 경로 : 바탕화면 - CTCE 폴더]

| 프로젝트 생성 | '수검번호' | 프로젝트 저장 | '수검번호.aia' |

- 예 수검번호가 ADT-0000-000000인 경우 'ADT_0000_000000'으로 지정할 것

제1작업 앱 디자인 능력 평가 40점

문제 1 [Designer(디자이너)/기본 능력] 15점

[작성 조건]에 따라 [Screen(스크린)]을 설정하시오.

[작성 조건]

▶ Components Name(컴포넌트 이름) : "Screen1"
- Icon(아이콘) ⇒ 'CTCE.png' 이미지 업로드
- Title(제목) ⇒ "단체 문자"

문제 2 [Designer(디자이너)/심화 능력] 25점

[ListPicker(목록 선택)]을 추가한 후 [작성 조건]에 따라 속성을 설정하시오.

[작성 조건]

▶ Components Name(컴포넌트 이름) : "메시지_선택"
- FontBold(글꼴 굵게) ⇒ True
- FontSize(글꼴 크기) ⇒ 16
- Width(너비) ⇒ Fill parent(부모에 맞추기)
- Text(텍스트) ⇒ "메시지 선택"
- TextAlignment(텍스트 정렬) ⇒ center(가운데) : 1

[HorizontalArrangement(수평배치)]를 추가한 후 [작성 조건]에 따라 속성을 설정하시오.

[작성 조건]

▶ Components Name(컴포넌트 이름) : "수평배치1"
- Width(너비) ⇒ Fill parent(부모에 맞추기)

[TextBox(텍스트 상자)]를 추가한 후 [작성 조건]에 따라 속성을 설정하시오.

[작성 조건]

▶ Components Name(컴포넌트 이름) : "보낼_메시지"
- Width(너비) ⇒ Fill parent(부모에 맞추기)

[Button(버튼)]을 추가한 후 [작성 조건]에 따라 속성을 설정하시오.

[작성 조건]

▶ Components Name(컴포넌트 이름) : "입력"
- Text(텍스트) ⇒ "확인"
- Visible(보이기) ⇒ False

[Label(레이블)]을 추가한 후 **[작성 조건]**에 따라 속성을 설정하시오.

[작성 조건]

▶ Components Name(컴포넌트 이름) : "레이블1"
- FontBold(글꼴 굵게) ⇒ True
- FontSize(글꼴 크기) ⇒ 16
- Width(너비) ⇒ Fill parent(부모에 맞추기)
- Text(텍스트) ⇒ "연락처 확인"
- TextAlignment(텍스트 정렬) ⇒ center(가운데) : 1

[HorizontalArrangement(수평배치)]를 추가한 후 **[작성 조건]**에 따라 속성을 설정하시오.

[작성 조건]

▶ Components Name(컴포넌트 이름) : "수평배치2"
- Width(너비) ⇒ Fill parent(부모에 맞추기)

[TextBox(텍스트 상자)]를 추가한 후 **[작성 조건]**에 따라 속성을 설정하시오.

[작성 조건]

▶ Components Name(컴포넌트 이름) : "연락처_입력"
- Width(너비) ⇒ Fill parent(부모에 맞추기)
- NumberOnly(숫자만) ⇒ True

[Button(버튼)]을 추가한 후 **[작성 조건]**에 따라 속성을 설정하시오.

[작성 조건]

▶ Components Name(컴포넌트 이름) : "연락처_추가"
- Text(텍스트) ⇒ "추가"

[ListView(목록 뷰)]을 추가한 후 **[작성 조건]**에 따라 속성을 설정하시오.

[작성 조건]

▶ Components Name(컴포넌트 이름) : "목록_뷰1"
- Height(높이) ⇒ Fill parent(부모에 맞추기)
- Width(너비) ⇒ Fill parent(부모에 맞추기)
- FontSize(텍스트 크기) ⇒ 22

[Button(버튼)]을 추가한 후 **[작성 조건]**에 따라 속성을 설정하시오.

[작성 조건]

▶ Components Name(컴포넌트 이름) : "메시지_전송"
- Width(너비) ⇒ Fill parent(부모에 맞추기)
- Text(텍스트) ⇒ "메시지 전송"

[Texting(문자 메시지)], **[AccelerometerSenosor(가속도 센서)]**를 각각 추가하시오.

| 앱창의개발능력 | **2급** | 앱인벤터[App Inventor] | 시험시간 **40분** |

제2작업 ▶ 앱 코딩 능력 평가   60점

문제 1 [Blocks(블록)/기본 능력]   15점

[제1작업]을 참조하여 다음 [작성 조건]에 따라 코딩하시오.

[작성 조건]

▶ 변수 만들고 초기화하기
  - 전역변수("전송할_메시지")를 만들고 " "로 초기화
  - 전역변수("연락처_목록"와 "메시지")를 만들고 빈 리스트로 초기화

▶ 'Screen1'을 초기화했을 때
  - '메시지' 변숫값으로 "오늘 모이자!, 수업 시작한다, 직접 입력"을 지정하기
  - '메시지' 리스트 값을 '메시지_선택'의 '목록 문자열' 값으로 지정하기
  - '보낼_메시지'의 '활성화'를 '거짓'으로 지정하기
  - '입력'을 화면에서 숨기기

문제 2 [Blocks(블록)/기본 능력]   20점

[제1작업]을 참조하여 다음 [작성 조건]에 따라 코딩하시오.

[작성 조건]

▶ '메시지_선택'을 선택 후
  - 만약 '메시지_선택'의 선택된 항목 번호가 '3'이면 '㉮'를 실행하고, 아니면 '㉯'를 실행하기
     ㉮ '보낼_메시지'를 활성화하고, '입력'을 화면에 표시하기
     ㉯ '전송할_메시지' 변숫값을 '메시지_선택'의 '선택된 항목'으로 지정하기

▶ '입력'을 클릭했을 때
  - '전송할_메시지' 변숫값을 '보낼_메시지'로 지정하기   • '보낼_메시지'의 '활성화' 값을 거짓으로 지정하기
  - '입력'을 화면에서 숨기기

문제 3 [Blocks(블록)/심화 능력]   25점

[제1작업]을 참조하여 다음 [작성 조건]에 따라 코딩하시오.

[작성 조건]

▶ '연락처_추가'를 클릭했을 때
  - 만약 '연락처_입력'의 텍스트가 비어있지 않으면 아래의 조건을 실행하기
    - '연락처_목록' 리스트에 '연락처_입력'의 텍스트를 추가하기
    - '목록_뷰1'의 '요소'를 '연락처_목록'으로 지정하기
    - '연락처_입력'의 '텍스트'를 지우기

▶ '메시지_전송'을 클릭했을 때
  - '문자_메시지1'의 '메시지'로 '보낼_메시지'의 '텍스트'를 지정하기
  - '연락처_목록' 리스트의 각 항목을 선택하여 '문자_메시지1'의 '연락처'로 지정한 다음 메시지를 모두 보내기

제12회 실전모의고사

앱창의개발능력(App creative Development Test)

시험일	프로그램명	시험시간	수험번호	성명
20XX. XX. XX	앱인벤터(App Inventor)	40분		

2급 B형 — 수험자 유의사항

1. 수험자는 신분증 또는 동등한 자격을 갖춘 증빙서류를 지참하여야 시험에 응시할 수 있으며, 미지참 시 퇴실 조치합니다.

2. 시험 전 시스템(PC작동여부, 네트워크 상태 등)의 이상여부를 반드시 확인하여야 하며, 시스템 이상이 있을 시에는 감독관에게 조치를 받으셔야 합니다.

3. 시험 중 부주의 또는 고의로 시스템을 파손한 경우는 수험자 부담으로 합니다.

4. 답안 파일은 답안 전송 프로그램을 통하여 다운로드 한 파일을 이용하여 작성하셔야 합니다.

5. 작성한 답안 파일은 답안 전송 프로그램을 통하여 자동으로 전송되므로, 감독관의 지시에 따라 주시기 바랍니다.

6. 시험 중 앱인벤터(App Inventor) 이외에 시험과 관련 없는 다른 프로그램을 작동 시 부정행위로 간주하여 실격 처리됨을 유의하시기 바랍니다.

7. 다음 사항의 경우 실격(0점) 혹은 부정행위 처리됩니다.
   - 답안을 저장하지 않았거나, 저장한 파일이 손상되었을 경우
   - 답안 파일을 다른 보조 기억장치(USB) 또는 이메일(E-mail) 등으로 전송할 경우
   - 휴대용 전화기 등 통신장비를 사용할 경우
   - 시스템 조작의 미숙으로 시험이 불가능할 경우

8. 시험의 완료는 작성이 완료된 답안을 저장하고, 답안 전송이 완료된 상태를 확인한 것으로 합니다. 답안 전송 확인 후 문제지는 감독관에게 제출한 후 퇴실하여야 합니다.

9. 주어진 시험시간 이후에는 수정 또는 정정이 불가능합니다.

10. 〈수험자 유의사항〉에 기재된 방법대로 이행하지 않아 생기는 불이익은 수험자 본인에게 책임이 있음을 알려 드립니다.

| 앱창의개발능력 |  2급 | 앱인벤터[App Inventor] | 시험시간 40분 | 1/4 |

답안 작성요령

- 불필요한 미디어 및 명령 블록을 추가한 경우, [작성 조건]을 임의로 변경 또는 추가한 경우, 프로젝트가 제대로 실행되지 않는 경우에는 <u>감점 또는 실격 처리</u>됩니다.
- 별도의 조건이 없는 경우에는 기본 값(Default)으로 처리해야 합니다.
- 파일 삽입 시에는 반드시 주어진 폴더 내에서 다운로드 한 파일을 사용해야 합니다.

※ 다음 사항을 확인하고 주어진 조건에 따라 [문제 1-5]를 완성하시오.

▶ **예약 문자 발송** : 날짜와 시간을 지정하고 내용과 연락처를 입력하면 지정된 사항에 맞게 문자를 보내주는 앱 만들기

[**Components** (컴포넌트)]

- Screen(스크린)
- HorizontalArrangement(수평배치)
- DatePicker(날짜 선택)
- TimePicker(시간 선택)
- TextBox(텍스트 상자)
- TextBox(텍스트 상자)
- HorizontalArrangement(수평배치)
- Button(버튼)
- Button(버튼)
- Clock(시계)
- AccelerometerSensor(가속도 센서)
- Texting(문자 메시지)

[**Media** (미디어)]

- CTCE.png
- dot.png

[결과 화면]

※ 다음 규칙에 따라 프로젝트를 생성하고 저장하시오. [저장 경로 : 바탕화면 - CTCE 폴더]

| 프로젝트 생성 | '수검번호' | 프로젝트 저장 | '수검번호.aia' |

- 예 수검번호가 ADT-0000-000000인 경우 'ADT_0000_000000'으로 지정할 것

제1작업 앱 디자인 능력 평가 — 40점

문제 1 [Designer(디자이너)/기본 능력] — 15점

[작성 조건]에 따라 [Screen(스크린)]을 설정하시오.

[작성 조건]

▶ Components Name(컴포넌트 이름) : "Screen1"
- Icon(아이콘) ⇒ 'CTCE.png' 이미지 업로드
- Title(제목) ⇒ "예약 문자 발송"
- BackgroundImage ⇒ 'dot.png' 이미지 업로드

문제 2 [Designer(디자이너)/심화 능력] — 25점

[HorizontalArrangement(수평배치)]를 추가한 후 [작성 조건]에 따라 속성을 설정하시오.

[작성 조건]

▶ Components Name(컴포넌트 이름) : "수평배치1"
- Width(너비) ⇒ Fill parent(부모에 맞추기)

[DatePicker(날짜 선택)]을 추가한 후 [작성 조건]에 따라 속성을 설정하시오.

[작성 조건]

▶ Components Name(컴포넌트 이름) : "예약날짜"
- FontBold(글꼴 굵게) ⇒ True
- Width(너비) ⇒ Fill parent(부모에 맞추기)
- FontSize(글꼴 크기) ⇒ 20
- Text(텍스트) ⇒ "날짜 선택"

[TimePicker(시간 선택)]를 추가한 후 [작성 조건]에 따라 속성을 설정하시오.

[작성 조건]

▶ Components Name(컴포넌트 이름) : "예약시간"
- FontBold(글꼴 굵게) ⇒ True
- Width(너비) ⇒ Fill parent(부모에 맞추기)
- FontSize(글꼴 크기) ⇒ 20
- Text(텍스트) ⇒ "시간 선택"

[TextBox(텍스트 상자)]를 추가한 후 [작성 조건]에 따라 속성을 설정하시오.

[작성 조건]

▶ Components Name(컴포넌트 이름) : "내용"
- Height(높이) ⇒ Fill parent(부모에 맞추기)
- Hint(힌트) ⇒ "발송할 내용 입력"
- Width(너비) ⇒ Fill parent(부모에 맞추기)

[TextBox(텍스트 상자)]를 추가한 후 [작성 조건]에 따라 속성을 설정하시오.

[작성 조건]

▶ Components Name(컴포넌트 이름) : "연락처"
- Width(너비) ⇒ Fill parent(부모에 맞추기)
- Hint(힌트) ⇒ "연락처 입력"

[HorizontalArrangement(수평배치)]를 추가한 후 [작성 조건]에 따라 속성을 설정하시오.

[작성 조건]

▶ Components Name(컴포넌트 이름) : "수평배치2"
  • Width(너비) ⇒ Fill parent(부모에 맞추기)

[Button(버튼)]을 추가한 후 [작성 조건]에 따라 속성을 설정하시오.

[작성 조건]

▶ Components Name(컴포넌트 이름) : "예약"
  • FontBold(글꼴 굵게) ⇒ True
  • FontSize(글꼴 크기) ⇒ 20
  • Width(너비) ⇒ Fill parent(부모에 맞추기)
  • Text(텍스트) ⇒ "전송 예약"

[Button(버튼)]을 추가한 후 [작성 조건]에 따라 속성을 설정하시오.

[작성 조건]

▶ Components Name(컴포넌트 이름) : "취소"
  • FontBold(글꼴 굵게) ⇒ True
  • Width(너비) ⇒ Fill parent(부모에 맞추기)
  • FontSize(글꼴 크기) ⇒ 20
  • Text(텍스트) ⇒ "예약 취소"

[Clock(시계)], [AccelerometerSensor(가속도 센서)], [Texting(문자 메시지)]를 각각 추가하시오.

제2작업 ▶ 앱 코딩 능력 평가   60점

문제 1 [Blocks(블록)/기본 능력]   15점

[제1작업]을 참조하여 다음 [작성 조건]에 따라 코딩하시오.

[작성 조건]

▶ 변수 생성과 초기화
  • 전역변수("현재_시간"과 "예약_시간")를 만들고 " "으로 초기화

▶ '예약날짜' 날짜 선택 후
  • '예약날짜'의 '텍스트'를 아래 항목을 모두 결합한 값으로 지정하기
    – '예약날짜'의 '년'과 "년"를 결합한 값
    – '예약날짜'의 '월'과 "월"를 결합한 값
    – '예약날짜'의 '날짜'와 "일"를 결합한 값

▶ '예약시간' 시간 선택 후
  • '예약시간'의 '텍스트'를 아래 항목을 모두 결합한 값으로 지정하기
    – '예약시간'의 '시간'과 "시"를 결합한 값
    – '예약시간'의 '분'과 "분"를 결합한 값

문제 2 [Blocks(블록)/기본 능력] 20점

[제1작업]을 참조하여 다음 [작성 조건]에 따라 코딩하시오.

[작성 조건]

▶ '초기화' 함수 만들기
- '예약_시간' 변숫값을 " "로 지정하기
- '예약날짜'의 '텍스트'를 "날짜 선택"으로 지정하기
- '예약시간'의 '텍스트'를 "시간 선택"으로 지정하기
- '내용'의 '텍스트'와 '연락처'의 '텍스트'를 지우기
- '시계'의 '타이머 활성 여부'를 '거짓(false)'으로 바꾸기
- '시계'의 '타이머 간격'을 '30000'으로 지정하기

▶ Screen이 초기화 되었을 때
- '초기화' 함수 호출하기

▶ 가속도 센서를 흔들었을 때
- 만약 '시계' 타이머가 활성화 되지 않았다면, '초기화' 함수 호출하기

문제 3 [Blocks(블록)/심화 능력] 25점

[제1작업]을 참조하여 다음 [작성 조건]에 따라 코딩하시오.

[작성 조건]

▶ '예약'을 클릭했을 때
- '예약_시간' 변숫값을 '예약날짜'의 '텍스트'와 공백(빈 칸), '예약시간'의 '텍스트'를 모두 결합한 값으로 지정하기
- '시계'의 '타이머 활성 여부'를 '참(true)'으로 지정하기
- '예약날짜', '예약시간', '내용', '연락처'의 '활성화'를 '거짓(false)'으로 지정하기

▶ '시계' 타이머일 때
- '현재_시간' 변숫값에 "yyyy년MM월dd0일 hh시mm분" 형식으로 현재 시간을 지정하기
- 만약 '예약_시간' 변숫값과 '현재_시간' 변숫값이 같으면, '메시지'를 '내용'의 텍스트로, '전화번호'를 '연락처'의 텍스트로 하여 '문자 메시지' 보내기

제 13 회 실전모의고사

앱창의개발능력(App creative Development Test)

시험일	프로그램명	시험시간	수험번호	성명
20XX. XX. XX	앱인벤터(App Inventor)	40분		

2급 C형

수험자 유의사항

1. 수험자는 신분증 또는 동등한 자격을 갖춘 증빙서류를 지참하여야 시험에 응시할 수 있으며, 미지참 시 퇴실 조치합니다.

2. 시험 전 시스템(PC작동여부, 네트워크 상태 등)의 이상여부를 반드시 확인하여야 하며, 시스템 이상이 있을 시에는 감독관에게 조치를 받으셔야 합니다.

3. 시험 중 부주의 또는 고의로 시스템을 파손한 경우는 수험자 부담으로 합니다.

4. 답안 파일은 답안 전송 프로그램을 통하여 다운로드 한 파일을 이용하여 작성하셔야 합니다.

5. 작성한 답안 파일은 답안 전송 프로그램을 통하여 자동으로 전송되므로, 감독관의 지시에 따라 주시기 바랍니다.

6. 시험 중 앱인벤터(App Inventor) 이외에 시험과 관련 없는 다른 프로그램을 작동 시 부정행위로 간주하여 실격 처리됨을 유의하시기 바랍니다.

7. 다음 사항의 경우 실격(0점) 혹은 부정행위 처리됩니다.
   - 답안을 저장하지 않았거나, 저장한 파일이 손상되었을 경우
   - 답안 파일을 다른 보조 기억장치(USB) 또는 이메일(E-mail) 등으로 전송할 경우
   - 휴대용 전화기 등 통신장비를 사용할 경우
   - 시스템 조작의 미숙으로 시험이 불가능할 경우

8. 시험의 완료는 작성이 완료된 답안을 저장하고, 답안 전송이 완료된 상태를 확인한 것으로 합니다. 답안 전송 확인 후 문제지는 감독관에게 제출한 후 퇴실하여야 합니다.

9. 주어진 시험시간 이후에는 수정 또는 정정이 불가능합니다.

10. 〈수험자 유의사항〉에 기재된 방법대로 이행하지 않아 생기는 불이익은 수험자 본인에게 책임이 있음을 알려 드립니다.

| 앱창의개발능력 | 2급 | 앱인벤터[App Inventor] | 시험시간 40분 | 1/4 |

답안 작성요령

- 불필요한 미디어 및 명령 블록을 추가한 경우, [작성 조건]을 임의로 변경 또는 추가한 경우, 프로젝트가 제대로 실행되지 않는 경우에는 <u>감점 또는 실격 처리</u>됩니다.
- 별도의 조건이 없는 경우에는 기본 값(Default)으로 처리해야 합니다.
- 파일 삽입 시에는 반드시 주어진 폴더 내에서 다운로드 한 파일을 사용해야 합니다.

※ 다음 사항을 확인하고 주어진 조건에 따라 [문제 1-5]를 완성하시오.

▶ **다이어리** : 오늘 일기를 입력한 후 저장하고, 지난 일기를 검색할 수 있는 앱 만들기

[**Components** (컴포넌트)]

- Screen(스크린)
- HorizontalArrangement(수평배치)
- Button(버튼)
- DatePicker(날짜 선택)
- Label(레이블)
- TextBox(텍스트 상자)
- HorizontalArrangement(수평배치)
- Button(버튼)
- Button(버튼)
- TinyDB
- Clock(시계)
- Notifier(알림)
- AccelerometerSensor(가속도 센서)

[**Media** (미디어)]

- CTCE.png
- dot.png

[결과 화면]

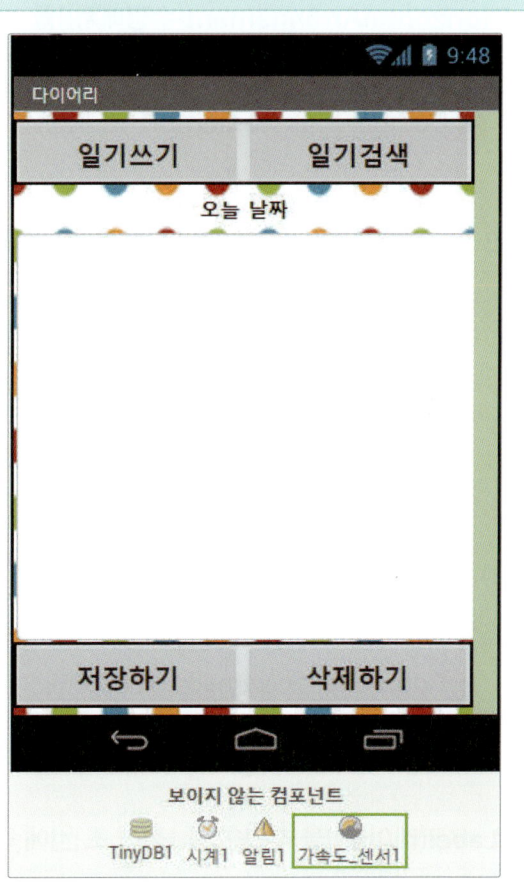

※ 다음 규칙에 따라 프로젝트를 생성하고 저장하시오. [저장 경로 : 바탕화면 – CTCE 폴더]

| 프로젝트 생성 | '수검번호' | 프로젝트 저장 | '수검번호.aia' |

– 예 수검번호가 ADT-0000-000000인 경우 'ADT_0000_000000'으로 지정할 것

제1작업 앱 디자인 능력 평가 40점

문제 1 [Designer(디자이너)/기본 능력] 15점

[작성 조건]에 따라 [Screen(스크린)]을 설정하시오.

[작성 조건]

▶ Components Name(컴포넌트 이름) : "Screen1"
- Icon(아이콘) ⇒ 'CTCE.png' 이미지 업로드
- BackgroundImage(배경 이미지) ⇒ 'dot.png' 이미지 업로드
- Title(제목) ⇒ "다이어리"

문제 2 [Designer(디자이너)/심화 능력] 25점

[HorizontalArrangement(수평배치)]를 추가한 후 [작성 조건]에 따라 속성을 설정하시오.

[작성 조건]

▶ Components Name(컴포넌트 이름) : "수평배치1"
- Width(너비) ⇒ Fill parent(부모에 맞추기)

[Button(버튼)]을 추가한 후 [작성 조건]에 따라 속성을 설정하시오.

[작성 조건]

▶ Components Name(컴포넌트 이름) : "쓰기"
- FontBold(글꼴 굵게) ⇒ True
- FontSize(글꼴 크기) ⇒ 20
- Width(너비) ⇒ Fill parent(부모에 맞추기)
- Text(텍스트) ⇒ "일기쓰기"

[DatePicker(날짜 선택)]를 추가한 후 [작성 조건]에 따라 속성을 설정하시오.

[작성 조건]

▶ Components Name(컴포넌트 이름) : "검색"
- Width(너비) ⇒ Fill parent(부모에 맞추기)
- Text(텍스트) ⇒ "일기검색"

[Label(레이블)]을 추가한 후 [작성 조건]에 따라 속성을 설정하시오.

[작성 조건]

▶ Components Name(컴포넌트 이름) : "날짜"
- FontBold(글꼴 굵게) ⇒ True
- FontSize(글꼴 크기) ⇒ 16
- Width(너비) ⇒ Fill parent(부모에 맞추기)
- Text(텍스트) ⇒ "오늘 날짜"
- TextAlignment(텍스트 정렬) ⇒ center(가운데) : 1

[TextBox(텍스트 상자)]를 추가한 후 [작성 조건]에 따라 속성을 설정하시오.

[작성 조건]

▶ Components Name(컴포넌트 이름) : "내용"
- FontBold(글꼴 굵게) ⇒ True
- FontSize(글꼴 크기) ⇒ 18
- Hieght(높이) ⇒ Fill parent(부모에 맞추기)
- Width(너비) ⇒ Fill parent(부모에 맞추기)
- Hint(힌트) ⇒ "일기를 입력하세요."

[HorizontalArrangement(수평배치)]를 추가한 후 [작성 조건]에 따라 속성을 설정하시오.

[작성 조건]

▶ Components Name(컴포넌트 이름) : "수평배치2"
- Width(너비) ⇒ Fill parent(부모에 맞추기)

[Button(버튼)]을 추가한 후 [작성 조건]에 따라 속성을 설정하시오.

[작성 조건]

▶ Components Name(컴포넌트 이름) : "저장"
- FontBold(글꼴 굵게) ⇒ True
- FontSize(글꼴 크기) ⇒ 20
- Width(너비) ⇒ Fill parent(부모에 맞추기)
- Text(텍스트) ⇒ "저장하기"

[Button(버튼)]을 추가한 후 [작성 조건]에 따라 속성을 설정하시오.

[작성 조건]

▶ Components Name(컴포넌트 이름) : "삭제"
- FontBold(글꼴 굵게) ⇒ True
- FontSize(글꼴 크기) ⇒ 20
- Width(너비) ⇒ Fill parent(부모에 맞추기)
- Text(텍스트) ⇒ "삭제하기"

[TinyDB], [Clock(시계)], [Notifier(알림)], [AccelerometerSenosor(가속도 센서)]를 각각 추가하시오.

제2작업 앱 코딩 능력 평가 60점

문제 1 [Blocks(블록)/기본 능력] 15점

[제1작업]을 참조하여 다음 [작성 조건]에 따라 코딩하시오.

[작성 조건]

▶ 'Screen1'을 초기화할 때
- '날짜'의 '텍스트'에 "2018년 12월 20일"과 같은 형식으로 현재 날짜를 지정하기

▶ Accelerometer(가속도 센서)를 흔들었을 때
- '내용'의 '텍스트' 지우기

▶ '쓰기'를 클릭했을 때
- '날짜'의 '텍스트'에 "2018년 12월 20일"과 같은 형식으로 현재 날짜를 지정하기
- 'TinyDB'에서 태그를 '날짜'의 '텍스트'에 해당하는 값을 찾아 '내용'의 '텍스트'로 지정하고, 찾는 값이 없으면 '내용' 텍스트 지우기

문제 2 [Blocks(블록)/기본 능력] 20점

[제1작업]을 참조하여 다음 [작성 조건]에 따라 코딩하시오.

[작성 조건]

▶ '검색' 날짜 선택 후
- '날짜' 텍스트에 다음 항목과 공백(빈 칸)을 결합하여 표시하기
  - '검색'의 '년'와 "년"을 결합한 값
  - '검색'의 '월'과 "월"을 결합한 값
  - '검색'의 '날짜'와 "일"을 결합한 값
- 'TinyDB'에서 태그를 '날짜'의 '텍스트'에 해당하는 값을 찾아 '내용'의 '텍스트' 값으로 지정하고, 찾는 값이 없으면 '내용'의 '텍스트'를 "해당 날짜의 일기가 없습니다."로 지정하기

문제 3 [Blocks(블록)/심화 능력] 25점

[제1작업]을 참조하여 다음 [작성 조건]에 따라 코딩하시오.

[작성 조건]

▶ '저장'을 클릭했을 때
- 만약 '내용'의 '텍스트'가 비어 있으면 다음 조건의 ㉮를 실행하고 아니면 ㉯를 실행하기
  - ㉮ "저장할 내용이 없습니다."를 경고창 나타내기
  - ㉯ 다음 사항을 실행하기
    - 'TinyDB1'에 '날짜'의 '텍스트'를 태그로 하여 '내용'의 '텍스트'를 저장하기
    - '메시지'를 "일기가 저장되었습니다.", '제목'을 "저장", '버튼 텍스트'를 "확인"으로 하여 '메시지창' 나타내기
    - '내용'의 '텍스트' 지우기

▶ '삭제'를 클릭했을 때
- TinyDB에서 '날짜'의 '텍스트'에 해당하는 '태그' 지우기
- '내용'의 '텍스트' 지우기

실전모의고사

앱창의개발능력(App creative Development Test)

시험일	프로그램명	시험시간	수험번호	성명
20XX. XX. XX	앱인벤터(App Inventor)	40분		

2급 D형 — 수험자 유의사항

1. 수험자는 신분증 또는 동등한 자격을 갖춘 증빙서류를 지참하여야 시험에 응시할 수 있으며, 미지참 시 퇴실 조치합니다.

2. 시험 전 시스템(PC작동여부, 네트워크 상태 등)의 이상여부를 반드시 확인하여야 하며, 시스템 이상이 있을 시에는 감독관에게 조치를 받으셔야 합니다.

3. 시험 중 부주의 또는 고의로 시스템을 파손한 경우는 수험자 부담으로 합니다.

4. 답안 파일은 답안 전송 프로그램을 통하여 다운로드 한 파일을 이용하여 작성하셔야 합니다.

5. 작성한 답안 파일은 답안 전송 프로그램을 통하여 자동으로 전송되므로, 감독관의 지시에 따라 주시기 바랍니다.

6. 시험 중 앱인벤터(App Inventor) 이외에 시험과 관련 없는 다른 프로그램을 작동 시 부정행위로 간주하여 실격 처리됨을 유의하시기 바랍니다.

7. 다음 사항의 경우 실격(0점) 혹은 부정행위 처리됩니다.
   - 답안을 저장하지 않았거나, 저장한 파일이 손상되었을 경우
   - 답안 파일을 다른 보조 기억장치(USB) 또는 이메일(E-mail) 등으로 전송할 경우
   - 휴대용 전화기 등 통신장비를 사용할 경우
   - 시스템 조작의 미숙으로 시험이 불가능할 경우

8. 시험의 완료는 작성이 완료된 답안을 저장하고, 답안 전송이 완료된 상태를 확인한 것으로 합니다. 답안 전송 확인 후 문제지는 감독관에게 제출한 후 퇴실하여야 합니다.

9. 주어진 시험시간 이후에는 수정 또는 정정이 불가능합니다.

10. 〈수험자 유의사항〉에 기재된 방법대로 이행하지 않아 생기는 불이익은 수험자 본인에게 책임이 있음을 알려 드립니다.

앱창의개발능력	2급	앱인벤터[App Inventor]	시험시간 40분

답안 작성요령

- 불필요한 미디어 및 명령 블록을 추가한 경우, [작성 조건]을 임의로 변경 또는 추가한 경우, 프로젝트가 제대로 실행되지 않는 경우에는 <u>감점 또는 실격</u> 처리됩니다.
- 별도의 조건이 없는 경우에는 기본 값(Default)으로 처리해야 합니다.
- 파일 삽입 시에는 반드시 주어진 폴더 내에서 다운로드 한 파일을 사용해야 합니다.

※ 다음 사항을 확인하고 주어진 조건에 따라 [문제 1-5]를 완성하시오.

▶ **BMI 계산기** : 키와 몸무게를 입력하면 체질량지수를 계산하여 비만도를 표시해주는 앱 만들기

[**Components** (컴포넌트)]

- Screen(스크린)
- TableArrangement(표배치)
- Label(레이블)
- TextBox(텍스트 상자)
- Label(레이블)
- TextBox(텍스트 상자)
- HorizontalArrangement(수평배치)
- Button(버튼)
- Button(버튼)
- Label(레이블)
- Label(레이블)
- Canvas(캔버스)
- ImageSprite(이미지 스프라이트)
- ImageSprite(이미지 스프라이트)
- AccelerometerSensor(가속도 센서)

[**Media** (미디어)]

- CTCE.png
- Loc.png
- Chart.png

[결과 화면]

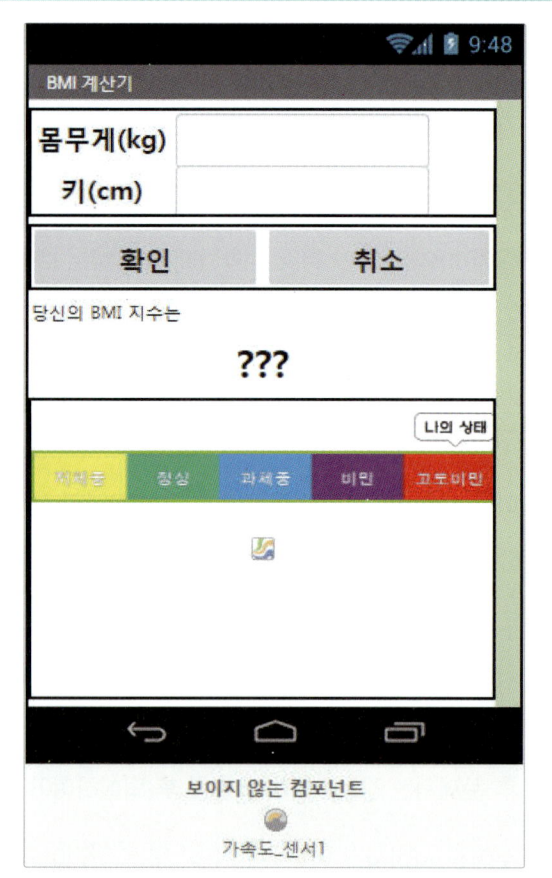

※ 다음 규칙에 따라 프로젝트를 생성하고 저장하시오. [저장 경로 : 바탕화면 – CTCE 폴더]

프로젝트 생성	'수검번호'	프로젝트 저장	'수검번호.aia'

— 예 수검번호가 ADT-0000-000000인 경우 'ADT_0000_000000'으로 지정할 것

제1작업　앱 디자인 능력 평가　40점

문제 1　[Designer(디자이너)/기본 능력]　15점

[작성 조건]에 따라 [Screen(스크린)]을 설정하시오.

[작성 조건]

▶ Components Name(컴포넌트 이름) : "Screen1"
- Icon(아이콘) ⇒ 'CTCE.png' 이미지 업로드
- Title(제목) ⇒ "BMI계산기"

문제 2　[Designer(디자이너)/심화 능력]　25점

[TableArrangement(표배치)]를 추가한 후 [작성 조건]에 따라 속성을 설정하시오.

[작성 조건]

▶ Components Name(컴포넌트 이름) : "표배치1"
- Width(너비) ⇒ Fill parent(부모에 맞추기)

[Label(레이블)]을 추가한 후 [작성 조건]에 따라 속성을 설정하시오.

[작성 조건]

▶ Components Name(컴포넌트 이름) : "레이블1"
- FontBold(글꼴 굵게) ⇒ True
- FontSize(글꼴 크기) ⇒ 20
- Text(텍스트) ⇒ "몸무게(kg)"
- TextAlignment(텍스트 정렬) ⇒ center(가운데) : 1

[TextBox(텍스트 상자)]를 추가한 후 [작성 조건]에 따라 속성을 설정하시오.

[작성 조건]

▶ Components Name(컴포넌트 이름) : "몸무게"
- FontBold(글꼴 굵게) ⇒ True
- FontSize(글꼴 크기) ⇒ 20
- Width(너비) ⇒ Fill parent(부모에 맞추기)
- Hint(힌트) ⇒ "몸무게 입력"

[Label(레이블)]을 추가한 후 [작성 조건]에 따라 속성을 설정하시오.

[작성 조건]

▶ Components Name(컴포넌트 이름) : "레이블2"
- FontBold(글꼴 굵게) ⇒ True
- FontSize(글꼴 크기) ⇒ 20
- Text(텍스트) ⇒ "키(cm)"
- TextAlignment(텍스트 정렬) ⇒ center(가운데) : 1

[TextBox(텍스트 상자)]를 추가한 후 [작성 조건]에 따라 속성을 설정하시오.

[작성 조건]

▶ Components Name(컴포넌트 이름) : "키"
- FontBold(글꼴 굵게) ⇒ True
- FontSize(글꼴 크기) ⇒ 20
- Width(너비) ⇒ Fill parent(부모에 맞추기)
- Hint(힌트) ⇒ "키 입력"

[HorizontalArrangement(수평배치)]을 추가한 후 [작성 조건]에 따라 속성을 설정하시오.

[작성 조건]

▶ Components Name(컴포넌트 이름) : "수평배치1"
- Width(너비) ⇒ Fill parent(부모에 맞추기)

[Button(버튼)]을 추가한 후 [작성 조건]에 따라 속성을 설정하시오.

[작성 조건]

▶ Components Name(컴포넌트 이름) : "확인"
- FontBold(글꼴 굵게) ⇒ True
- FontSize(글꼴 크기) ⇒ 20
- Width(너비) ⇒ Fill parent(부모에 맞추기)
- Text(텍스트) ⇒ "확인"

[Button(버튼)]을 추가한 후 [작성 조건]에 따라 속성을 설정하시오.

[작성 조건]

▶ Components Name(컴포넌트 이름) : "취소"
- FontBold(글꼴 굵게) ⇒ True
- FontSize(글꼴 크기) ⇒ 20
- Width(너비) ⇒ Fill parent(부모에 맞추기)
- Text(텍스트) ⇒ "취소"

[Label(레이블)]을 추가한 후 [작성 조건]에 따라 속성을 설정하시오.

[작성 조건]

▶ Components Name(컴포넌트 이름) : "레이블3"
- Text(텍스트) ⇒ "당신의 BMI 지수는"

[Label(레이블)]을 추가한 후 [작성 조건]에 따라 속성을 설정하시오.

[작성 조건]

▶ Components Name(컴포넌트 이름) : "BMI_지수"
- FontBold(글꼴 굵게) ⇒ True
- FontSize(글꼴 크기) ⇒ 30
- Text(텍스트) ⇒ "???"
- TextAlignment(텍스트 정렬) ⇒ center(가운데) : 1

[Canvas(캔버스)]을 추가한 후 [작성 조건]에 따라 속성을 설정하시오.

[작성 조건]

▶ Components Name(컴포넌트 이름) : "캔버스1"
- Height(높이) ⇒ Fill parent(부모에 맞추기)
- Width(너비) ⇒ Fill parent(부모에 맞추기)

[ImageSprite(이미지 스프라이트)]을 추가한 후 [작성 조건]에 따라 속성을 설정하시오.

[작성 조건]

▶ Components Name(컴포넌트 이름) : "지표"
- Picture(이미지) ⇒ 'Loc.png' 이미지 업로드
- X ⇒ 260
- Y ⇒ 6

[ImageSprite(이미지 스프라이트)]을 추가한 후 [작성 조건]에 따라 속성을 설정하시오.

[작성 조건]

▶ Components Name(컴포넌트 이름) : "이미지_스프라이트1"
- Picture(이미지) ⇒ 'Chart.png' 이미지 업로드
- X ⇒ 0
- Y ⇒ 35

[AccelerometerSenosor(가속도 센서)]를 추가하시오.

| 앱창의개발능력 | 2급 | 앱인벤터[App Inventor] | 시험시간 40분 | 5/5 |

제2작업 : 앱 코딩 능력 평가　　　　　　　　　　　　　　　　　　　60점

문제 1 [Blocks(블록)/기본 능력]　　　　　　　　　　　　　　　15점

[제1작업]을 참조하여 다음 [작성 조건]에 따라 코딩하시오.

[작성 조건]

▶ 변수를 만들고 초기화
- 전역변수("체질량지수")를 만들고, '0'으로 초기화하기

▶ 'Screen1'을 초기화했을 때
- '캔버스1'을 화면에서 숨기기

▶ 'AccelerometerSensor(가속도 센서)'를 흔들었을 때
- '몸무게', '키', 'BMI_지수'의 '텍스트'를 지우기
- '캔버스1'을 화면에서 숨기기

문제 2 [Blocks(블록)/기본 능력]　　　　　　　　　　　　　　　20점

[제1작업]을 참조하여 다음 [작성 조건]에 따라 코딩하시오.

[작성 조건]

▶ '체질량_계산' 함수 만들기
- '체질량지수' 변숫값을 "'몸무게'의 '텍스트' / '키'의 '텍스트' × '키'의 '텍스트'"로 지정하기
- 'BMI_지수' 텍스트를 '체질량지수' 변숫값으로 지정하기

▶ '지표_위치_지정' 함수 만들기
- 만약, '체질량지수' 변숫값이 '18.5'미만이면, '지표'의 좌표를 x: '0', y: '6'으로 이동하기
- 만약, '체질량지수' 변숫값이 '18.5'이상이고, '23'미만이면, '지표'의 '좌표'를 x: '65', y: '6'으로 이동하기
- 만약, '체질량지수' 변숫값이 '23'이상이고, '25'미만이면, '지표'의 '좌표'를 x: '130', y: '6'으로 이동하기
- 만약, '체질량지수' 변숫값이 '25'이상이고, '30'이하이면, '지표'의 '좌표'를 x: '195', y: '6'으로 이동하기
- 만약, '체질량지수' 변숫값이 '30'초과이면, '지표'의 '좌표'를 x: '260', y: '6'으로 이동하기

문제 3 [Blocks(블록)/심화 능력]　　　　　　　　　　　　　　　25점

[제1작업]을 참조하여 다음 [작성 조건]에 따라 코딩하시오.

[작성 조건]

▶ '확인'을 클릭했을 때
- 만약 '몸무게'의 텍스트와 '키'의 텍스트가 모두 비어있지 않으면, 아래의 사항을 실행하기
  - '체질량_계산' 함수 호출하기
  - '지표_위치_지정' 함수 호출하기
  - '캔버스'를 화면에 표시하기

제15회 실전모의고사

앱창의개발능력(App creative Development Test)

시험일	프로그램명	시험시간	수험번호	성명
20XX. XX. XX	앱인벤터(App Inventor)	40분		

2급 E형

수험자 유의사항

1. 수험자는 신분증 또는 동등한 자격을 갖춘 증빙서류를 지참하여야 시험에 응시할 수 있으며, 미지참 시 퇴실 조치합니다.
2. 시험 전 시스템(PC작동여부, 네트워크 상태 등)의 이상여부를 반드시 확인하여야 하며, 시스템 이상이 있을 시에는 감독관에게 조치를 받으셔야 합니다.
3. 시험 중 부주의 또는 고의로 시스템을 파손한 경우는 수험자 부담으로 합니다.
4. 답안 파일은 답안 전송 프로그램을 통하여 다운로드 한 파일을 이용하여 작성하셔야 합니다.
5. 작성한 답안 파일은 답안 전송 프로그램을 통하여 자동으로 전송되므로, 감독관의 지시에 따라 주시기 바랍니다.
6. 시험 중 앱인벤터(App Inventor) 이외에 시험과 관련 없는 다른 프로그램을 작동 시 부정행위로 간주하여 실격 처리됨을 유의하시기 바랍니다.
7. 다음 사항의 경우 실격(0점) 혹은 부정행위 처리됩니다.
   - 답안을 저장하지 않았거나, 저장한 파일이 손상되었을 경우
   - 답안 파일을 다른 보조 기억장치(USB) 또는 이메일(E-mail) 등으로 전송할 경우
   - 휴대용 전화기 등 통신장비를 사용할 경우
   - 시스템 조작의 미숙으로 시험이 불가능할 경우
8. 시험의 완료는 작성이 완료된 답안을 저장하고, 답안 전송이 완료된 상태를 확인한 것으로 합니다. 답안 전송 확인 후 문제지는 감독관에게 제출한 후 퇴실하여야 합니다.
9. 주어진 시험시간 이후에는 수정 또는 정정이 불가능합니다.
10. 〈수험자 유의사항〉에 기재된 방법대로 이행하지 않아 생기는 불이익은 수험자 본인에게 책임이 있음을 알려 드립니다.

| 앱창의개발능력 |  2급 | 앱인벤터[App Inventor] | 시험시간 40분 | 1/5 |

답안 작성요령

- 불필요한 미디어 및 명령 블록을 추가한 경우, [작성 조건]을 임의로 변경 또는 추가한 경우, 프로젝트가 제대로 실행되지 않는 경우에는 **감점 또는 실격 처리**됩니다.
- 별도의 조건이 없는 경우에는 기본 값(Default)으로 처리해야 합니다.
- 파일 삽입 시에는 반드시 주어진 폴더 내에서 다운로드 한 파일을 사용해야 합니다.

※ 다음 사항을 확인하고 주어진 조건에 따라 [문제 1-5]를 완성하시오.

▶ **쇼핑 리스트** : 필요한 쇼핑 리스트를 작성한 후 물건을 구입하면 목록에서 제외시키는 앱 만들기

[Components (컴포넌트)]	[결과 화면]
• Screen(스크린) • HorizontalArrangement(수평배치) • TextBox(텍스트 상자) • Button(버튼) • Button(버튼) • Button(버튼) • ListView(목록 뷰) • Button(버튼) • HorizontalArrangement(수평배치) • Label(레이블) • Label(레이블) • ListPicker(목록 선택) • AccelerometerSensor(가속도 센서)	
[Media (미디어)]	
• CTCE.png	

※ 다음 규칙에 따라 프로젝트를 생성하고 저장하시오. [저장 경로 : 바탕화면 – CTCE 폴더]

프로젝트 생성	'수검번호'	프로젝트 저장	'수검번호.aia'

– 예 수검번호가 ADT-0000-000000인 경우 'ADT_0000_000000'으로 지정할 것

제1작업: 앱 디자인 능력 평가 (40점)

문제 1. [Designer(디자이너)/기본 능력] (15점)

[작성 조건]에 따라 [Screen(스크린)]을 설정하시오.

[작성 조건]

▶ Components Name(컴포넌트 이름) : "Screen1"
- Icon(아이콘) ⇒ 'CTCE.png' 이미지 업로드
- Title(제목) ⇒ "알뜰 쇼핑"

문제 2. [Designer(디자이너)/심화 능력] (25점)

[HorizontalArrangement(수평배치)]를 추가한 후 [작성 조건]에 따라 속성을 설정하시오.

[작성 조건]

▶ Components Name(컴포넌트 이름) : "수평배치1"
- AlignVertical(수직 정렬) ⇒ center(가운데) : 2
- Width(너비) ⇒ Fill parent(부모에 맞추기)

[Text(텍스트)]를 추가한 후 [작성 조건]에 따라 속성을 설정하시오.

[작성 조건]

▶ Components Name(컴포넌트 이름) : "목록입력"
- FontSize(글꼴 크기) ⇒ 16
- Width(너비) ⇒ Fill parent(부모에 맞추기)
- Hint(힌트) ⇒ "구입 예정 목록 입력"

[Button(버튼)]을 추가한 후 [작성 조건]에 따라 속성을 설정하시오.

[작성 조건]

▶ Components Name(컴포넌트 이름) : "추가"
- FontBold(글꼴 굵게) ⇒ True
- FontSize(글꼴 크기) ⇒ 20
- Text(텍스트) ⇒ "추가"

[Button(버튼)]을 추가한 후 [작성 조건]에 따라 속성을 설정하시오.

[작성 조건]

▶ Components Name(컴포넌트 이름) : "삭제"
- FontBold(글꼴 굵게) ⇒ True
- FontSize(글꼴 크기) ⇒ 20
- Text(텍스트) ⇒ "삭제"

[Button(버튼)]을 추가한 후 [작성 조건]에 따라 속성을 설정하시오.

[작성 조건]

▶ Components Name(컴포넌트 이름) : "쇼핑시작"
- FontBold(글꼴 굵게) ⇒ True
- FontSize(글꼴 크기) ⇒ 16
- Width(너비) ⇒ Fill parent(부모에 맞추기)
- Text(텍스트) ⇒ "쇼핑 시작"

[ListView(목록 뷰)]를 추가한 후 [작성 조건]에 따라 속성을 설정하시오.

[작성 조건]

▶ Components Name(컴포넌트 이름) : "구입예정목록"
- Height(높이) ⇒ 40 percent
- FontSize(텍스트 크기) ⇒ 22

[Button(버튼)]을 추가한 후 [작성 조건]에 따라 속성을 설정하시오.

[작성 조건]

▶ Components Name(컴포넌트 이름) : "구입"
- FontBold(글꼴 굵게) ⇒ True
- FontSize(글꼴 크기) ⇒ 16
- Width(너비) ⇒ Fill parent(부모에 맞추기)
- Text(텍스트) ⇒ "물건 구입"

[HorizontalArrangement(수평배치)]를 추가한 후 [작성 조건]에 따라 속성을 설정하시오.

[작성 조건]

▶ Components Name(컴포넌트 이름) : "수평배치2"
- AlignVertical(수직 정렬) ⇒ center(가운데) : 2
- Width(너비) ⇒ Fill parent(부모에 맞추기)

[Label(레이블)]을 추가한 후 [작성 조건]에 따라 속성을 설정하시오.

[작성 조건]

▶ Components Name(컴포넌트 이름) : "레이블2"
- FontSize(글꼴 크기) ⇒ 16
- Text(텍스트) ⇒ "남은 물품수 :"

[Label(레이블)]을 추가한 후 [작성 조건]에 따라 속성을 설정하시오.

[작성 조건]

▶ Components Name(컴포넌트 이름) : "물건수"
- FontSize(글꼴 크기) ⇒ 20
- Text(텍스트) ⇒ "0"

[ListPicker(목록 선택)]을 추가한 후 [작성 조건]에 따라 속성을 설정하시오.

[작성 조건]

▶ Components Name(컴포넌트 이름) : "구입목록"
- FontSize(글꼴 크기) ⇒ 20
- Width(너비) ⇒ Fill parent(부모에 맞추기)
- Text(텍스트) ⇒ "담은 물건"
- TextAlignment(텍스트 정렬) ⇒ center(가운데) : 1

[AccelerometerSenosor(가속도 센서)]를 추가하시오.

제2작업 앱 코딩 능력 평가   60점

문제 1 [Blocks(블록)/기본 능력]   15점

[제1작업]을 참조하여 다음 [작성 조건]에 따라 코딩하시오.

[작성 조건]

▶ 빈 리스트와 변수 만들고 초기화
- 전역변수("예정"과 "완료")를 만들고, 빈 리스트로 초기화
- 전역변수("목록수")를 만들고, '0'으로 초기화

▶ '초기화' 함수 만들기
- '예정' 변수와 '완료' 변수를 빈 리스트로 초기화하기
- '목록수' 변수를 '0'으로 초기화하기
- '구입목록'의 '요소' 값을 '완료' 리스트로 지정하기
- '구입_예정_목록'의 '요소' 값을 '예정' 리스트로 지정하기
- '수평배치1'과 '쇼핑시작'을 화면에 표시하기
- '구입목록'을 화면에서 숨기기

▶ 'Screel1'이 초기화되었을 때
- '초기화' 함수 호출하기

▶ 'AccelerometerSensor(가속도 센서)'를 흔들었을 때
- '초기화' 함수 호출하기

문제 2 [Blocks(블록)/기본 능력]   20점

[제1작업]을 참조하여 다음 [작성 조건]에 따라 코딩하시오.

[작성 조건]

▶ '추가'를 클릭했을 때
- 만약 '목록입력'의 '텍스트'가 비어 있지 않으면 아래의 조건을 실행하기
  - '예정' 리스트에 '목록입력'의 '텍스트'를 항목으로 추가하기
  - '구입예정목록'의 '요소'를 '예정' 변숫값으로 지정하기
  - '물건수'의 텍스트를 "'물건수'의 '텍스트' + 1"로 지정하기
  - '목록입력'의 '텍스트'를 지우기

▶ '삭제'를 클릭했을 때
- 만약 '물건수'의 '텍스트'가 '0'이 아니면 아래의 조건을 실행하기
  - '예정' 리스트에 '구입예정목록'의 '선택된 항목 번호'의 위치에 해당하는 항목을 삭제하기
  - '구입예정목록'의 요소값을 '예정' 변숫값으로 지정하기
  - '물건수'의 텍스트를 "'물건수'의 '텍스트' - 1"로 지정하기
  - '목록입력'의 텍스트를 지우기

문제 3 [Blocks(블록)/심화 능력]   25점

[제1작업]을 참조하여 다음 [작성 조건]에 따라 코딩하시오.

[작성 조건]

▶ '쇼핑시작'을 클릭했을 때
- 만약 '물건수'의 텍스트가 '0'이 아니라면 아래의 조건을 실행하기
  - '수평배치1'과 '쇼핑시작'을 화면에서 숨기기
  - '구입목록'을 화면에 보이기

▶ '구입'을 클릭했을 때
- 만약 '물건수'의 텍스트가 '0'이 아니라면 아래의 조건을 실행하기
  - '완료' 리스트에 '구입예정목록'의 '선택된 항목'을 추가하기
  - '구입목록'의 '요소'를 '완료' 변숫값으로 지정하기
  - '예정' 리스트에서 '구입예정목록'의 '선택된 항목 번호'의 위치에 해당하는 항목을 삭제하기
  - '예정' 변숫값을 '구입예정목록'의 '요소' 값으로 지정하기
  - '물건수'의 텍스트를 "'물건수'의 '텍스트' - 1"로 지정하기

제16회 실전모의고사

앱창의개발능력(App creative Development Test)

시험일	프로그램명	시험시간	수험번호	성명
20XX. XX. XX	앱인벤터(App Inventor)	40분		

2급 A형

수험자 유의사항

1. 수험자는 신분증 또는 동등한 자격을 갖춘 증빙서류를 지참하여야 시험에 응시할 수 있으며, 미지참 시 퇴실 조치합니다.
2. 시험 전 시스템(PC작동여부, 네트워크 상태 등)의 이상여부를 반드시 확인하여야 하며, 시스템 이상이 있을 시에는 감독관에게 조치를 받으셔야 합니다.
3. 시험 중 부주의 또는 고의로 시스템을 파손한 경우는 수험자 부담으로 합니다.
4. 답안 파일은 답안 전송 프로그램을 통하여 다운로드 한 파일을 이용하여 작성하셔야 합니다.
5. 작성한 답안 파일은 답안 전송 프로그램을 통하여 자동으로 전송되므로, 감독관의 지시에 따라 주시기 바랍니다.
6. 시험 중 앱인벤터(App Inventor) 이외에 시험과 관련 없는 다른 프로그램을 작동 시 부정행위로 간주하여 실격 처리됨을 유의하시기 바랍니다.
7. 다음 사항의 경우 실격(0점) 혹은 부정행위 처리됩니다.
   - 답안을 저장하지 않았거나, 저장한 파일이 손상되었을 경우
   - 답안 파일을 다른 보조 기억장치(USB) 또는 이메일(E-mail) 등으로 전송할 경우
   - 휴대용 전화기 등 통신장비를 사용할 경우
   - 시스템 조작의 미숙으로 시험이 불가능할 경우
8. 시험의 완료는 작성이 완료된 답안을 저장하고, 답안 전송이 완료된 상태를 확인한 것으로 합니다. 답안 전송 확인 후 문제지는 감독관에게 제출한 후 퇴실하여야 합니다.
9. 주어진 시험시간 이후에는 수정 또는 정정이 불가능합니다.
10. 〈수험자 유의사항〉에 기재된 방법대로 이행하지 않아 생기는 불이익은 수험자 본인에게 책임이 있음을 알려 드립니다.

앱창의개발능력 2급 앱인벤터[App Inventor] 시험시간 40분

답안 작성요령

- 불필요한 미디어 및 명령 블록을 추가한 경우, [작성 조건]을 임의로 변경 또는 추가한 경우, 프로젝트가 제대로 실행되지 않는 경우에는 **감점 또는 실격** 처리됩니다.
- 별도의 조건이 없는 경우에는 기본 값(Default)으로 처리해야 합니다.
- 파일 삽입 시에는 반드시 주어진 폴더 내에서 다운로드 한 파일을 사용해야 합니다.

※ 다음 사항을 확인하고 주어진 조건에 따라 [문제 1-5]를 완성하시오.

▶ **채팅** : 웹 DB를 이용하여 다른 사람과 채팅할 수 있는 앱 만들기

[Components (컴포넌트)]

- Screen(스크린)
- HorizontalArrangement(수평배치)
- Label(레이블)
- TextBox(텍스트 상자)
- HorizontalArrangement(수평배치)
- Label(레이블)
- TextBox(텍스트 상자)
- Button(버튼)
- TextBox(텍스트 상자)
- TinyWebDB1
- Clock(시계)

[Media (미디어)]

- CTCE.png
- dot.png

[결과 화면]

※ 다음 규칙에 따라 프로젝트를 생성하고 저장하시오. [저장 경로 : 바탕화면 – CTCE 폴더]

| 프로젝트 생성 | '수검번호' | 프로젝트 저장 | '수검번호.aia' |

- 예 수검번호가 ADT-0000-000000인 경우 'ADT_0000_000000'으로 지정할 것

앱창의개발능력 **2급** 앱인벤터[App Inventor] 시험시간 40분

제1작업 ▶ 앱 디자인 능력 평가 (40점)

문제 1 [Designer(디자이너)/기본 능력] (15점)

[작성 조건]에 따라 [Screen(스크린)]을 설정하시오.

[작성 조건]

▶ Components Name(컴포넌트 이름) : "Screen1"
- Icon(아이콘) ⇒ 'CTCE.png' 이미지 업로드
- ScreenOriention ⇒ Poritait(세로)
- BackgroundImage ⇒ 'dot.png' 이미지 업로드
- Title(제목) ⇒ "채팅"

문제 2 [Designer(디자이너)/심화 능력] (25점)

[HorizontalArrangement(수평배치)]를 추가한 후 [작성 조건]에 따라 속성을 설정하시오.

[작성 조건]

▶ Components Name(컴포넌트 이름) : "수평배치1"
- Width(너비) ⇒ Fill parent(부모에 맞추기)

[Label(레이블)]을 추가한 후 [작성 조건]에 따라 속성을 설정하시오.

[작성 조건]

▶ Components Name(컴포넌트 이름) : "레이블1"
- FontBold(글꼴 굵게) ⇒ True
- FontSize(글꼴 크기) ⇒ 20
- Text(텍스트) ⇒ "별명"

[TextBox(텍스트 상자)]를 추가한 후 [작성 조건]에 따라 속성을 설정하시오.

[작성 조건]

▶ Components Name(컴포넌트 이름) : "NickName"
- FontBold(글꼴 굵게) ⇒ True
- FontSize(글꼴 크기) ⇒ 16
- Width(너비) ⇒ Fill parent(부모에 맞추기)
- Hint(힌트) ⇒ "별명 입력"

[HorizontalArrangement(수평배치)]를 추가한 후 [작성 조건]에 따라 속성을 설정하시오.

[작성 조건]

▶Components Name(컴포넌트 이름) : "수평배치2"
- Width(너비) ⇒ Fill parent(부모에 맞추기)

[Label(레이블)]을 추가한 후 [작성 조건]에 따라 속성을 설정하시오.

[작성 조건]

▶ Components Name(컴포넌트 이름) : "레이블2"
- FontBold(글꼴 굵게) ⇒ True
- FontSize(글꼴 크기) ⇒ 20
- Text(텍스트) ⇒ "메시지"

[TextBox(텍스트 상자)]를 추가한 후 [작성 조건]에 따라 속성을 설정하시오.

[작성 조건]

▶ Components Name(컴포넌트 이름) : "Message"
- FontBold(글꼴 굵게) ⇒ True
- FontSize(글꼴 크기) ⇒ 16
- Width(너비) ⇒ Fill parent(부모에 맞추기)
- Hint(힌트) ⇒ "보낼 메시지"

[Button(버튼)]을 추가한 후 [작성 조건]에 따라 속성을 설정하시오.

[작성 조건]

▶ Components Name(컴포넌트 이름) : "Send"
- FontBold(글꼴 굵게) ⇒ True
- FontSize(글꼴 크기) ⇒ 20
- Text(텍스트) ⇒ "보내기"

[TextBox(텍스트 상자)]를 추가한 후 [작성 조건]에 따라 속성을 설정하시오.

[작성 조건]

▶ Components Name(컴포넌트 이름) : "MessageList"
- FontSize(글꼴 크기) ⇒ 16
- Height(높이) ⇒ Fill parent(부모에 맞추기)
- Width(너비) ⇒ Fill parent(부모에 맞추기)
- Hint(힌트) ⇒ "메시지 목록"
- MultiLine(여러 줄) ⇒ True

[TinyWebDB]와 [Clock(시계)]를 각각 추가하시오.

제2작업 ▶ 앱 코딩 능력 평가　　　　　　　　　　　　　　　60점

문제 1 [Blocks(블록)/기본 능력]　　　　　　　　　　　　15점

[제1작업]을 참조하여 다음 [작성 조건]에 따라 코딩하시오.

[작성 조건]

▶ 변수를 만들고 초기화
- 전역변수("보낼메시지")를 만들고, " "로 초기화하기

▶ '시계1' 타이머일 때
- 태그를 'Chatting01'로 해서 'TinyWebDB' 가져오기

문제 2 [Blocks(블록)/기본 능력]　　　　　　　　　　　　20점

[제1작업]을 참조하여 다음 [작성 조건]에 따라 코딩하시오.

[작성 조건]

▶ 'TinyWebDB1'에서 값을 받았을 때
- 'MessageList'를 'MessageList'의 '텍스트'와 줄바꿈(\n), 'WebDB'의 변숫값을 합친 값으로 지정하기

문제 3 [Blocks(블록)/심화 능력]　　　　　　　　　　　　25점

[제1작업]을 참조하여 다음 [작성 조건]에 따라 코딩하시오.

[작성 조건]

▶ 'Send'를 클릭했을 때
- '보낼메시지' 변숫값을 'NickName'의 '텍스트'와 ":", 'Message'의 '텍스트'를 합쳐 지정하기
- 'Message'의 텍스트를 " "로 지정하기
- 태그를 'Chatting01'하여 '보낼메시지' 변수를 TinyWebDB에 저장하기

제17회 실전모의고사

앱창의개발능력(App creative Development Test)

시험일	프로그램명	시험시간	수험번호	성명
20XX. XX. XX	앱인벤터(App Inventor)	40분		

2급 B형

수험자 유의사항

1. 수험자는 신분증 또는 동등한 자격을 갖춘 증빙서류를 지참하여야 시험에 응시할 수 있으며, 미지참 시 퇴실 조치합니다.

2. 시험 전 시스템(PC작동여부, 네트워크 상태 등)의 이상여부를 반드시 확인하여야 하며, 시스템 이상이 있을 시에는 감독관에게 조치를 받으셔야 합니다.

3. 시험 중 부주의 또는 고의로 시스템을 파손한 경우는 수험자 부담으로 합니다.

4. 답안 파일은 답안 전송 프로그램을 통하여 다운로드 한 파일을 이용하여 작성하셔야 합니다.

5. 작성한 답안 파일은 답안 전송 프로그램을 통하여 자동으로 전송되므로, 감독관의 지시에 따라 주시기 바랍니다.

6. 시험 중 앱인벤터(App Inventor) 이외에 시험과 관련 없는 다른 프로그램을 작동 시 부정행위로 간주하여 실격 처리됨을 유의하시기 바랍니다.

7. 다음 사항의 경우 실격(0점) 혹은 부정행위 처리됩니다.
   - 답안을 저장하지 않았거나, 저장한 파일이 손상되었을 경우
   - 답안 파일을 다른 보조 기억장치(USB) 또는 이메일(E-mail) 등으로 전송할 경우
   - 휴대용 전화기 등 통신장비를 사용할 경우
   - 시스템 조작의 미숙으로 시험이 불가능할 경우

8. 시험의 완료는 작성이 완료된 답안을 저장하고, 답안 전송이 완료된 상태를 확인한 것으로 합니다. 답안 전송 확인 후 문제지는 감독관에게 제출한 후 퇴실하여야 합니다.

9. 주어진 시험시간 이후에는 수정 또는 정정이 불가능합니다.

10. 〈수험자 유의사항〉에 기재된 방법대로 이행하지 않아 생기는 불이익은 수험자 본인에게 책임이 있음을 알려 드립니다.

| 앱창의개발능력 | **2급** | 앱인벤터[App Inventor] | 시험시간 **40분** | 1/6 |

답안 작성요령

- 불필요한 미디어 및 명령 블록을 추가한 경우, [작성 조건]을 임의로 변경 또는 추가한 경우, 프로젝트가 제대로 실행되지 않는 경우에는 **감점 또는 실격** 처리됩니다.
- 별도의 조건이 없는 경우에는 기본 값(Default)으로 처리해야 합니다.
- 파일 삽입 시에는 반드시 주어진 폴더 내에서 다운로드 한 파일을 사용해야 합니다.

※ 다음 사항을 확인하고 주어진 조건에 따라 [문제 1-5]를 완성하시오.

▶ **가위바위보** : 스마트폰과 가위·바위·보를 할 수 있는 앱 만들기

[**Components** (컴포넌트)]

- Screen(스크린)
- HorizontalArrangement(수평배치)
- Label(레이블)
- Image(이미지)
- HorizontalArrangement(수평배치)
- Image(이미지)
- Label(레이블)
- Label(레이블)
- HorizontalArrangement(수평배치)
- Label(레이블)
- Label(레이블)
- Label(레이블)
- Label(레이블)
- Label(레이블)
- Label(레이블)
- HorizontalArrangement(수평배치)
- Button(버튼)
- Button(버튼)
- Button(버튼)
- AccelerometerSensor(가속도 센서)

[**Media** (미디어)]

- CTCE.png
- dot.png
- 1.jpg
- 2.jpg
- 3.jpg

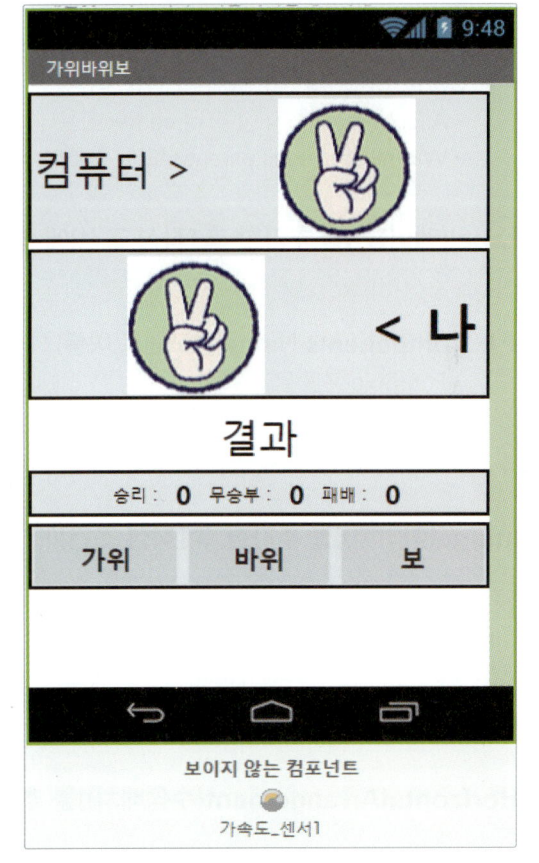

[결과 화면]

보이지 않는 컴포넌트
가속도_센서1

※ 다음 규칙에 따라 프로젝트를 생성하고 저장하시오. [저장 경로 : 바탕화면 – CTCE 폴더]

| 프로젝트 생성 | '수검번호' | 프로젝트 저장 | '수검번호.aia' |

– **예** 수검번호가 ADT-0000-000000인 경우 'ADT_0000_000000'으로 지정할 것

제1작업 앱 디자인 능력 평가 — 40점

문제 1 [Designer(디자이너)/기본 능력] — 15점

[작성 조건]에 따라 [Screen(스크린)]을 설정하시오.

[작성 조건]

▶ Components Name(컴포넌트 이름) : "Screen1"
- BackgroundImage(배경 이미지) ⇒ 'dot.jpg' 이미지 업로드
- Icon(아이콘) ⇒ 'CTCE.png' 이미지 업로드
- Title(제목) ⇒ "가위바위보"

문제 2 [Designer(디자이너)/심화 능력] — 25점

[HorizontalArrangement(수평배치)]를 추가한 후 [작성 조건]에 따라 속성을 설정하시오.

[작성 조건]

▶ Components Name(컴포넌트 이름) : "수평배치1"
- AlignVertical(수직 정렬) ⇒ center(가운데) : 2
- Width(너비) ⇒ Fill parent(부모에 맞추기)

[Label(레이블)]을 추가한 후 [작성 조건]에 따라 속성을 설정하시오.

[작성 조건]

▶ Components Name(컴포넌트 이름) : "레이블1"
- FontBold(글꼴 굵게) ⇒ True
- FontSize(글꼴 크기) ⇒ 30
- Text(텍스트) ⇒ "컴퓨터 〉"

[Image(이미지)]를 추가한 후 [작성 조건]에 따라 속성을 설정하시오.

[작성 조건]

▶ Components Name(컴포넌트 이름) : "이미지1"
- Width(너비) ⇒ Fill parent(부모에 맞추기)
- Picture(사진) ⇒ '1.jpg' 이미지 업로드

[HorizontalArrangement(수평배치)]를 추가한 후 [작성 조건]에 따라 속성을 설정하시오.

[작성 조건]

▶ Components Name(컴포넌트 이름) : "수평배치2"
- AlignVertical(수직 정렬) ⇒ center(가운데) : 2
- Width(너비) ⇒ Fill parent(부모에 맞추기)

[Image(이미지)]를 추가한 후 [작성 조건]에 따라 속성을 설정하시오.

[작성 조건]

▶ Components Name(컴포넌트 이름) : "이미지2"
- Width(너비) ⇒ Fill parent(부모에 맞추기)
- Picture(사진) ⇒ '1.jpg' 이미지 업로드

[Label(레이블)]을 추가한 후 [작성 조건]에 따라 속성을 설정하시오.

[작성 조건]

▶ Components Name(컴포넌트 이름) : "레이블2"
- FontBold(글꼴 굵게) ⇒ True
- FontSize(글꼴 크기) ⇒ 40
- Text(텍스트) ⇒ "〈 나"

[Label(레이블)]을 추가한 후 [작성 조건]에 따라 속성을 설정하시오.

[작성 조건]

▶ Components Name(컴포넌트 이름) : "결과"
- FontSize(글꼴 크기) ⇒ 30
- Width(너비) ⇒ Fill parent(부모에 맞추기)
- Text(텍스트) ⇒ "결과"
- TextAlignment(텍스트 정렬) ⇒ center(가운데) : 1

[HorizontalArrangement(수평배치)]를 추가한 후 [작성 조건]에 따라 속성을 설정하시오.

[작성 조건]

▶ Components Name(컴포넌트 이름) : "수평배치3"
- AlignHorizontal(수평 정렬) ⇒ center(중앙) : 3
- AlignVertical(수직 정렬) ⇒ center(가운데) : 2
- Width(너비) ⇒ Fill parent(부모에 맞추기)

[Label(레이블)]을 추가한 후 [작성 조건]에 따라 속성을 설정하시오.

[작성 조건]

▶ Components Name(컴포넌트 이름) : "레이블3"
- Text(텍스트) ⇒ "승리"

[Label(레이블)]을 추가한 후 [작성 조건]에 따라 속성을 설정하시오.

[작성 조건]

▶ Components Name(컴포넌트 이름) : "승리_횟수"
- FontBold(글꼴 굵게) ⇒ True
- FontSize(글꼴 크기) ⇒ 20
- Text(텍스트) ⇒ "0"

[Label(레이블)]을 추가한 후 [작성 조건]에 따라 속성을 설정하시오.

[작성 조건]

▶ Components Name(컴포넌트 이름) : "레이블4"
- Text(텍스트) ⇒ "무승부"

[Label(레이블)]을 추가한 후 [작성 조건]에 따라 속성을 설정하시오.

[작성 조건]

▶ Components Name(컴포넌트 이름) : "무승부_횟수"
- FontBold(글꼴 굵게) ⇒ True
- FontSize(글꼴 크기) ⇒ 20
- Text(텍스트) ⇒ "0"

[Label(레이블)]을 추가한 후 [작성 조건]에 따라 속성을 설정하시오.

[작성 조건]

▶ Components Name(컴포넌트 이름) : "레이블5"
- Text(텍스트) ⇒ "패배"

[Label(레이블)]을 추가한 후 [작성 조건]에 따라 속성을 설정하시오.

[작성 조건]

▶ Components Name(컴포넌트 이름) : "패배_횟수"
- FontBold(글꼴 굵게) ⇒ True
- FontSize(글꼴 크기) ⇒ 20
- Text(텍스트) ⇒ "0"

[HorizontalArrangement(수평배치)]를 추가한 후 [작성 조건]에 따라 속성을 설정하시오.

[작성 조건]

▶ Components Name(컴포넌트 이름) : "수평배치4"
- Width(너비) ⇒ Fill parent(부모에 맞추기)

[Button(버튼)]을 추가한 후 [작성 조건]에 따라 속성을 설정하시오.

[작성 조건]

▶ Components Name(컴포넌트 이름) : "가위"
- FontBold(글꼴 굵게) ⇒ True
- FontSize(글꼴 크기) ⇒ 20
- Width(너비) ⇒ Fill parent(부모에 맞추기)
- Text(텍스트) ⇒ "가위"

[Button(버튼)]을 추가한 후 [작성 조건]에 따라 속성을 설정하시오.

[작성 조건]

▶ **Components Name(컴포넌트 이름) : "바위"**
- FontBold(글꼴 굵게) ⇒ True
- FontSize(글꼴 크기) ⇒ 20
- Width(너비) ⇒ Fill parent(부모에 맞추기)
- Text(텍스트) ⇒ "바위"

[Button(버튼)]을 추가한 후 [작성 조건]에 따라 속성을 설정하시오.

[작성 조건]

▶ **Components Name(컴포넌트 이름) : "보자기"**
- FontBold(글꼴 굵게) ⇒ True
- FontSize(글꼴 크기) ⇒ 20
- Width(너비) ⇒ Fill parent(부모에 맞추기)
- Text(텍스트) ⇒ "보자기"

[AccelerometerSensor(가속도 센서)]를 추가하시오.

제2작업 ▶ 앱 코딩 능력 평가 60점

문제 1 [Blocks(블록)/기본 능력] 15점

[제1작업]을 참조하여 다음 [작성 조건]에 따라 코딩하시오.

[작성 조건]

▶ 변수 생성과 초기화
- 전역변수("컴퓨터"와 "사용자")를 만들고 '0'으로 초기화

▶ '가위바위보' 함수 만들기
- '이미지2'의 '사진' 값을 '사용자' 변숫값과 '.jpg'를 합친 값으로 지정하기
- '컴퓨터' 변숫값을 '1'~'3' 사이의 임의의 정수로 지정하기
- '이미지1'의 '사진' 값을 '컴퓨터' 변숫값과 '.jpg'를 합친 값으로 지정하기

문제 2 [Blocks(블록)/기본 능력] 20점

[제1작업]을 참조하여 다음 [작성 조건]에 따라 코딩하시오.

[작성 조건]

▶ '승리' 함수 만들기
- '결과'의 '텍스트'를 "승리"로 지정하기
- '승리'의 '텍스트'에 '1'만큼 더한 후 '승리'의 '텍스트'로 지정하기

▶ '패배' 함수 만들기
- '결과'의 '텍스트'를 "패배"로 지정하기
- '패배'의 '텍스트'에 '1'만큼 더한 후 '패배'의 '텍스트'로 지정하기

▶ '무승부' 함수 만들기
- '결과'의 '텍스트'를 "무승부"로 지정하기
- '무승부'의 '텍스트'에 '1'만큼 더한 후 '무승부'의 '텍스트'로 지정하기

▶ '결과보기' 함수 만들기
- 만약 '컴퓨터' 변숫값과 '사용자' 변숫값이 같으면, ㉮를 실행하고, 아니면 ㉯를 실행한다.
  ㉮ '무승부' 함수를 호출하기
  ㉯ 만약 '사용자' 변숫값에서 '컴퓨터' 변숫값을 뺀 결과가 '1'이면 ⓐ를 실행하고, 아니면 ⓑ를 실행한다.
   ⓐ '승리' 함수를 호출하기
   ⓑ 만약 '사용자' 변숫값에서 '컴퓨터' 변숫값을 뺀 결과가 '-2'이면 '승리' 함수를 호출하고, 아니면 '패배' 함수를 호출하기

문제 3 [Blocks(블록)/심화 능력] 25점

[제1작업]을 참조하여 다음 [작성 조건]에 따라 코딩하시오.

[작성 조건]

▶ '가위'를 클릭했을 때
- '사용자' 변숫값을 '1'로 지정하기
- '가위바위보' 함수를 호출한 다음 '결과보기' 함수를 호출하기

▶ '바위'를 클릭했을 때
- '사용자' 변숫값을 '2'로 지정하기
- '가위바위보' 함수를 호출한 다음 '결과보기' 함수를 호출하기

▶ '보자기'를 클릭했을 때
- '사용자' 변숫값을 '3'으로 지정하기
- '가위바위보' 함수를 호출한 다음 '결과보기' 함수를 호출하기

▶ 'AccelerometerSensor(가속도 센서)'를 흔들었을 때
- '승리_횟수', '패배_횟수', '무승부_횟수'의 '텍스트'를 '0'으로 초기화하기
- '이미지1'과 '이미지2'의 '사진' 값을 '2.jpg'로 지정하기

ADT 앱창의개발능력

PART 05

최신기출문제

제 **01** 회　최신기출문제

제 **02** 회　최신기출문제

제 **03** 회　최신기출문제

제01회 최신기출문제

앱창의개발능력(App creative Development Test)

시험일	프로그램명	시험시간	수험번호	성명
20XX. XX. XX	앱인벤터(App Inventor)	40분		

2급 A형 　　　　　　　　　　　　　　　　　수험자 유의사항

1. 수험자는 신분증 또는 동등한 자격을 갖춘 증빙서류를 지참하여야 시험에 응시할 수 있으며, 미지참 시 퇴실 조치합니다.

2. 시험 전 시스템(PC작동여부, 네트워크 상태 등)의 이상여부를 반드시 확인하여야 하며, 시스템 이상이 있을 시에는 감독관에게 조치를 받으셔야 합니다.

3. 시험 중 부주의 또는 고의로 시스템을 파손한 경우는 수험자 부담으로 합니다.

4. 답안 파일은 답안 전송 프로그램을 통하여 다운로드 한 파일을 이용하여 작성하셔야 합니다.

5. 작성한 답안 파일은 답안 전송 프로그램을 통하여 자동으로 전송되므로, 감독관의 지시에 따라 주시기 바랍니다.

6. 시험 중 앱인벤터(App Inventor) 이외에 시험과 관련 없는 다른 프로그램을 작동 시 부정행위로 간주하여 실격 처리됨을 유의하시기 바랍니다.

7. 다음 사항의 경우 실격(0점) 혹은 부정행위 처리됩니다.
   - 답안을 저장하지 않았거나, 저장한 파일이 손상되었을 경우
   - 답안 파일을 다른 보조 기억장치(USB) 또는 이메일(E-mail) 등으로 전송할 경우
   - 휴대용 전화기 등 통신장비를 사용할 경우
   - 시스템 조작의 미숙으로 시험이 불가능할 경우

8. 시험의 완료는 작성이 완료된 답안을 저장하고, 답안 전송이 완료된 상태를 확인한 것으로 합니다. 답안 전송 확인 후 문제지는 감독관에게 제출한 후 퇴실하여야 합니다.

9. 주어진 시험시간 이후에는 수정 또는 정정이 불가능합니다.

10. 〈수험자 유의사항〉에 기재된 방법대로 이행하지 않아 생기는 불이익은 수험자 본인에게 책임이 있음을 알려 드립니다.

| 앱창의개발능력 | **2급** | 앱인벤터[App Inventor] | 시험시간 40분 | 1/3 |

답안 작성요령

- 불필요한 미디어 및 명령 블록을 추가한 경우, [작성 조건]을 임의로 변경 또는 추가한 경우, 프로젝트가 제대로 실행되지 않는 경우에는 <u>감점 또는 실격 처리</u>됩니다.
- 별도의 조건이 없는 경우에는 기본 값(Default)으로 처리해야 합니다.
- 파일 삽입 시에는 반드시 주어진 폴더 내에서 다운로드 한 파일을 사용해야 합니다.

※ 다음 사항을 확인하고 주어진 조건에 따라 [문제 1-5]를 완성하시오.

▶ **안전한 등산을 도와주는 앱** : 등산이나 여행 중 길을 잃어버리면 미리 설정되어 있는 연락처로 문자를 여러 차례 발송하는 앱

[Components (컴포넌트)]

- Screen(스크린)
- Label(레이블)
- HorizontalArrangement(수평배치)
- Button(버튼)
- Button(버튼)
- Button(버튼)
- Texting(문자 메시지)
- LocationSensor(위치 센서)
- Timer(시계)
- ActivityStarter(액티비티 스타터)

[Media (미디어)]

- CTCE.png
- map.jpg

[결과 화면]

※ 다음 규칙에 따라 프로젝트를 생성하고 저장하시오. [저장 경로 : 바탕화면 – CTCE 폴더]

| 프로젝트 생성 | '수검번호' | 프로젝트 저장 | '수검번호.aia' |

– 예 수검번호가 ADT-0000-000000인 경우 'ADT_0000_000000'으로 지정할 것

제1작업 앱 디자인 능력 평가   40점

문제 1 [Designer(디자이너)/기본 능력]   15점

[작성 조건]에 따라 [Screen(스크린)]을 설정하시오.

[작성 조건]

▶ Components Name(컴포넌트 이름) : "Screen1"
- AlignHorizontal(수평 정렬) ⇒ Center(중앙) : 3
- BackgroundImage(배경 이미지) ⇒ 'map.jpg' 이미지 업로드
- Title(제목) ⇒ "안전등산"
- AlignVertical(수직 정렬) ⇒ Bottom(아래) : 3
- Icon(아이콘) ⇒ 'CTCE.png' 이미지 업로드
- ScreenOrientation(스크린 방향) ⇒ Portrait(세로)

문제 2 [Designer(디자이너)/심화 능력]   25점

[Label(레이블)]을 추가한 후 [작성 조건]에 따라 속성을 설정하시오.

[작성 조건]

▶ Components Name(컴포넌트 이름) : "Address"
- BackgroundColor(배경색) ⇒ White(흰색)
- Width(너비) ⇒ Fill parent(부모에 맞추기)
- FontSize(글꼴 크기) ⇒ 16
- Text(텍스트) ⇒ "현재 위치의 주소"

[HorizontalArrangement(수평배치)]를 추가한 후 [작성 조건]에 따라 속성을 설정하시오.

[작성 조건]

▶ Components Name(컴포넌트 이름) : "ButtonArrange"
- AlignHorizontal(수평정렬) ⇒ Center(중앙) : 3
- Width(너비) ⇒ Fill parent(부모에 맞추기)
- AlignVertical(수평정렬) ⇒ Center(가운데) : 2
- 3개의 버튼을 배치할 것

[Button(버튼)]을 가한 후 [작성 조건]에 따라 속성을 설정하시오.

[작성 조건]

▶ Components Name(컴포넌트 이름) : "SOSMessage"
- FontSize(글꼴 크기) ⇒ 14
- Text(텍스트) ⇒ "긴급문자"

[Button(버튼)]을 추가한 후 [작성 조건]에 따라 속성을 설정하시오.

[작성 조건]

▶ Components Name(컴포넌트 이름) : "AddrView"
- FontSize(글꼴 크기) ⇒ 14
- Text(텍스트) ⇒ "현재위치"

[Button(버튼)]을 추가한 후 [작성 조건]에 따라 속성을 설정하시오.

[작성 조건]

▶ Components Name(컴포넌트 이름) : "MapView"
- FontSize(글꼴 크기) ⇒ 14
- Text(텍스트) ⇒ "지도보기"

[Texting(문자 메시지)], [LocationSensor(위치 센서)], [Timer(시계)], [ActivityStarter(액티비티 스타터)]를 각각 추가하시오.

제2작업 앱 코딩 능력 평가 — 60점

문제 1 [Blocks(블록)/기본 능력] — 15점

[제1작업]을 참조하여 다음 [작성 조건]에 따라 코딩하시오.

[작성 조건]

▶ 변수를 만들고 초기화
- 전역변수("시간")을 만들고 '0'으로 초기화하기

▶ 'AddrView'를 클릭했을 때
- 'Address'의 '텍스트'를 LocationSensor(위치 센서)의 '현재 주소'로 지정하기

문제 2 [Blocks(블록)/심화 능력] — 20점

[제1작업]을 참조하여 다음 [작성 조건]에 따라 코딩하시오.

[작성 조건]

▶ 'MapView'를 클릭했을 때
- 'ActivityStarter'의 'Action' 값을 "android.intent.action.VIEW"로 지정하기
- 'ActivityStarter'의 'DataUri' 값을 "geo:0.0?q="와 LocationSensor(위치 센서)의 '현재 주소'를 결합하여 지정하기
- 'ActivityStarter'를 호출하여 지도를 표시하기

문제 3 [Blocks(블록)/심화 능력] — 25점

[제1작업]을 참조하여 다음 [작성 조건]에 따라 코딩하시오.

[작성 조건]

▶ 'Screen1'을 초기화했을 때
- '시간' 변수를 '0'으로 지정하기
- 'Timer(시계)'의 '타이머 활성 여부'를 '거짓(False)'으로 지정하기

▶ 'SOSMessage'를 클릭했을 때
- 'Timer(시계)'의 '타이머 활성 여부'를 '참(True)'으로 지정하기

▶ 'Timer(시계)'의 타이머가 활성화되었을 때
- '시간' 변수의 값을 '1'만큼 증가하기
- 만약 '시간' 변수의 값이 '6'보다 작으면 아래의 조건 '①'을 실행하고, 아니면 '②'를 실행하기
  ① 'Texting(문자 메시지)'에 전화번호("000-0000-0000")와 LocationSensor(위치 센서)의 '현재 주소'를 각각 지정하여 메시지를 보내기
  ② '시간' 변수를 '0'으로 정하고, 'Timer(시계)'의 '타이머 활성 여부'를 '거짓'으로 지정하기

제 02회 최신기출문제

앱창의개발능력(App creative Development Test)

시험일	프로그램명	시험시간	수험번호	성명
20XX. XX. XX	앱인벤터(App Inventor)	40분		

2급 B형 수험자 유의사항

1. 수험자는 신분증 또는 동등한 자격을 갖춘 증빙서류를 지참하여야 시험에 응시할 수 있으며, 미지참 시 퇴실 조치합니다.

2. 시험 전 시스템(PC작동여부, 네트워크 상태 등)의 이상여부를 반드시 확인하여야 하며, 시스템 이상이 있을 시에는 감독관에게 조치를 받으셔야 합니다.

3. 시험 중 부주의 또는 고의로 시스템을 파손한 경우는 수험자 부담으로 합니다.

4. 답안 파일은 답안 전송 프로그램을 통하여 다운로드 한 파일을 이용하여 작성하셔야 합니다.

5. 작성한 답안 파일은 답안 전송 프로그램을 통하여 자동으로 전송되므로, 감독관의 지시에 따라 주시기 바랍니다.

6. 시험 중 앱인벤터(App Inventor) 이외에 시험과 관련 없는 다른 프로그램을 작동 시 부정행위로 간주하여 실격 처리됨을 유의하시기 바랍니다.

7. 다음 사항의 경우 실격(0점) 혹은 부정행위 처리됩니다.
   - 답안을 저장하지 않았거나, 저장한 파일이 손상되었을 경우
   - 답안 파일을 다른 보조 기억장치(USB) 또는 이메일(E-mail) 등으로 전송할 경우
   - 휴대용 전화기 등 통신장비를 사용할 경우
   - 시스템 조작의 미숙으로 시험이 불가능할 경우

8. 시험의 완료는 작성이 완료된 답안을 저장하고, 답안 전송이 완료된 상태를 확인한 것으로 합니다. 답안 전송 확인 후 문제지는 감독관에게 제출한 후 퇴실하여야 합니다.

9. 주어진 시험시간 이후에는 수정 또는 정정이 불가능합니다.

10. 〈수험자 유의사항〉에 기재된 방법대로 이행하지 않아 생기는 불이익은 수험자 본인에게 책임이 있음을 알려 드립니다.

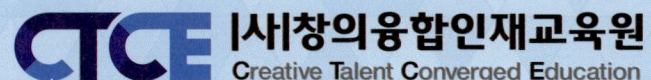

| 앱창의개발능력 | **2급** | 앱인벤터[App Inventor] | 시험시간 40분 | 1/3 |

답안 작성요령

- 불필요한 미디어 및 명령 블록을 추가한 경우, [작성 조건]을 임의로 변경 또는 추가한 경우, 프로젝트가 제대로 실행되지 않는 경우에는 **감점 또는 실격 처리**됩니다.
- 별도의 조건이 없는 경우에는 기본 값(Default)으로 처리해야 합니다.
- 파일 삽입 시에는 반드시 주어진 폴더 내에서 다운로드 한 파일을 사용해야 합니다.

※ 다음 사항을 확인하고 주어진 조건에 따라 [문제 1-5]를 완성하시오.

▶ **즐겨찾기** : 자주 방문하는 인터넷 사이트를 미리 등록해 놓고 필요할 때 선택하면 해당 페이지로 바로 연결해 주는 앱 만들기

[**Components** (컴포넌트)]

- Screen(스크린)
- ListPicker(목록 선택)
- HorizontalArrangement(수평배치)
- Label(레이블)
- Label(레이블)
- WebViewer(웹뷰어)
- AccelerometerSensor(가속도 센서)

[**Media** (미디어)]

- CTCE.png
- map.jpg

[결과 화면]

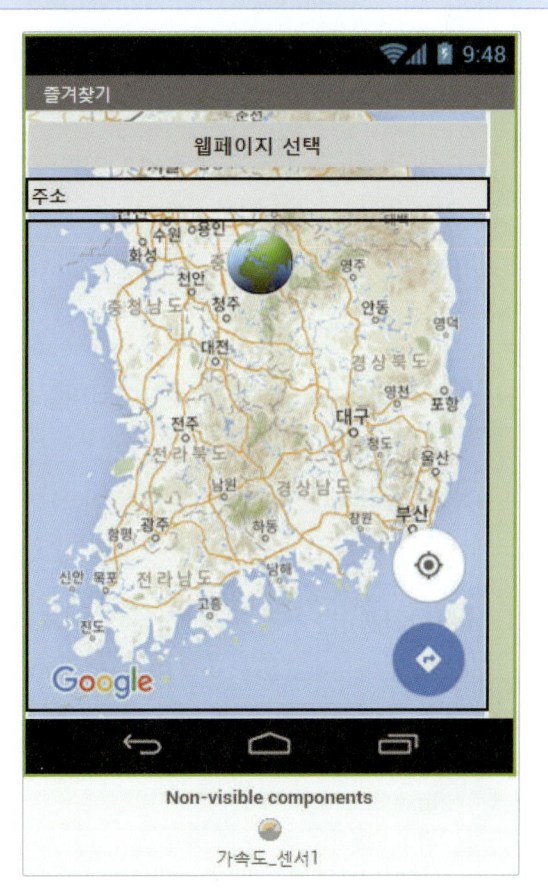

※ 다음 규칙에 따라 프로젝트를 생성하고 저장하시오. [저장 경로 : 바탕화면 - CTCE 폴더]

| 프로젝트 생성 | '수검번호' | 프로젝트 저장 | '수검번호.aia' |

– 예 수검번호가 ADT-0000-000000인 경우 'ADT_0000_000000'으로 지정할 것

| 앱창의개발능력 | **2급** | 앱인벤터[App Inventor] | 시험시간 40분 | 2/3 |

제1작업 ▶ 앱 디자인 능력 평가 (40점)

문제 1 [Designer(디자이너)/기본 능력] (15점)

[작성 조건]에 따라 [Screen(스크린)]을 설정하시오.

[작성 조건]

▶ Components Name(컴포넌트 이름) : "Screen1"
- AlignHorizontal(수평 정렬) ⇒ Center(중앙) : 3
- BackgroundImage(배경 이미지) ⇒ 'map.jpg' 이미지 업로드
- Icon(아이콘) ⇒ 'CTCE.png' 이미지 업로드
- Title(제목) ⇒ "즐겨찾기"
- ScreenOrientation(스크린 방향) ⇒ Portrait(세로)

문제 2 [Designer(디자이너)/심화 능력] (25점)

[ListPicker(목록 선택)]을 추가한 후 [작성 조건]에 따라 설정하시오.

[작성 조건]

▶ Components Name(컴포넌트 이름) : "Favorites"
- FontBold(글꼴 굵게) ⇒ True
- FontSize(글꼴 크기) ⇒ 16
- Width(너비) ⇒ Fill parent(부모에 맞추기)
- Text(텍스트) ⇒ "웹페이지 선택"

[HorizontalArrangement(수평배치)]를 추가한 후 [작성 조건]에 따라 설정하시오.

[작성 조건]

▶ Components Name(컴포넌트 이름) : "Arrange"
- Width(너비) ⇒ Fill parent(부모에 맞추기)

[Label(레이블)]을 추가한 후 [작성 조건]에 따라 설정하시오.

[작성 조건]

▶ Components Name(컴포넌트 이름) : "AddrLabel"
- FontBold(글꼴 굵게) ⇒ True
- Text(텍스트) ⇒ "주소"
- FontSize(글꼴 크기) ⇒ 14

[Label(레이블)]을 추가한 후 [작성 조건]에 따라 설정하시오.

[작성 조건]

▶ Components Name(컴포넌트 이름) : "Addr"
- FontBold(글꼴 굵게) ⇒ True
- Height(높이) / Width(너비) ⇒ Fill parent(부모에 맞추기)
- FontSize(글꼴 크기) ⇒ 14
- Text(텍스트) ⇒ 기존 내용 삭제할 것

[WebViewer(웹뷰어)]를 추가한 후 [작성 조건]에 따라 설정하시오.

[작성 조건]

▶ **Components Name(컴포넌트 이름) : "WebSite"**
- Height(높이) / Width(너비) ⇒ Fill parent(부모에 맞추기)

[AccelerometerSensor(가속도 센서)]를 각각 추가하시오.

제2작업 앱 코딩 능력 평가 (60점)

문제 1 [Blocks(블록)/기본 능력] (15점)

[제1작업]을 참조하여 다음 [작성 조건]에 따라 코딩하시오.

[작성 조건]

▶ 전역변수("사이트이름")를 생성하고 해당 변수를 리스트로 만들어 아래의 항목을 각각 저장하기
- "경복궁", "전쟁기념관", "국립중앙박물관"

▶ 전역변수("홈페이지")를 생성하고 해당 변수를 리스트로 만들어 아래의 항목을 각각 저장하기
- "http://www.royalpalace.go.kr:8080", "http://www.warmemo.or.kr", "http://www.museum.go.kr"

문제 2 [Blocks(블록)/심화 능력] (20점)

[제1작업]을 참조하여 다음 [작성 조건]에 따라 코딩하시오.

[작성 조건]

▶ 'Screen'을 초기화했을 때
- 'Favorites'의 '요소' 값을 '사이트이름'으로 지정하기
- 'Addr'의 '텍스트' 값을 비우기

▶ '가속도 센서'를 흔들었을 때
- 'WebSite'를 호출하여 URL을 "http://maps.google.com/"으로 지정하기
- 'Addr'의 '텍스트' 값을 "http://maps.google.com/"으로 지정하기

문제 3 [Blocks(블록)/심화 능력] (25점)

[제1작업]을 참조하여 다음 [작성 조건]에 따라 코딩하시오.

[작성 조건]

▶ 'Favorites'를 선택했을 때
- 'WebSite'를 호출하여 URL을 '홈페이지' 리스트의 'Favorites'에서 '선택된 항목 번호' 위치로 지정하기
- 'Addr'의 '텍스트' 값을 '홈페이지' 리스트의 'Favorites'에서 '선택된 항목 번호' 위치로 지정하기

최신기출문제

앱창의개발능력(App creative Development Test)

시험일	프로그램명	시험시간	수험번호	성명
20XX. XX. XX	앱인벤터(App Inventor)	40분		

2급 C형 — 수험자 유의사항

1. 수험자는 신분증 또는 동등한 자격을 갖춘 증빙서류를 지참하여야 시험에 응시할 수 있으며, 미지참 시 퇴실 조치합니다.
2. 시험 전 시스템(PC작동여부, 네트워크 상태 등)의 이상여부를 반드시 확인하여야 하며, 시스템 이상이 있을 시에는 감독관에게 조치를 받으셔야 합니다.
3. 시험 중 부주의 또는 고의로 시스템을 파손한 경우는 수험자 부담으로 합니다.
4. 답안 파일은 답안 전송 프로그램을 통하여 다운로드 한 파일을 이용하여 작성하셔야 합니다.
5. 작성한 답안 파일은 답안 전송 프로그램을 통하여 자동으로 전송되므로, 감독관의 지시에 따라 주시기 바랍니다.
6. 시험 중 앱인벤터(App Inventor) 이외에 시험과 관련 없는 다른 프로그램을 작동 시 부정행위로 간주하여 실격 처리됨을 유의하시기 바랍니다.
7. 다음 사항의 경우 실격(0점) 혹은 부정행위 처리됩니다.
   - 답안을 저장하지 않았거나, 저장한 파일이 손상되었을 경우
   - 답안 파일을 다른 보조 기억장치(USB) 또는 이메일(E-mail) 등으로 전송할 경우
   - 휴대용 전화기 등 통신장비를 사용할 경우
   - 시스템 조작의 미숙으로 시험이 불가능할 경우
8. 시험의 완료는 작성이 완료된 답안을 저장하고, 답안 전송이 완료된 상태를 확인한 것으로 합니다. 답안 전송 확인 후 문제지는 감독관에게 제출한 후 퇴실하여야 합니다.
9. 주어진 시험시간 이후에는 수정 또는 정정이 불가능합니다.
10. 〈수험자 유의사항〉에 기재된 방법대로 이행하지 않아 생기는 불이익은 수험자 본인에게 책임이 있음을 알려 드립니다.

앱창의개발능력	**2급**	앱인벤터[App Inventor]	시험시간 **40분**	

답안 작성요령

- 불필요한 미디어 및 명령 블록을 추가한 경우, [작성 조건]을 임의로 변경 또는 추가한 경우, 프로젝트가 제대로 실행되지 않는 경우에는 <u>감점 또는 실격 처리</u>됩니다.
- 별도의 조건이 없는 경우에는 기본 값(Default)으로 처리해야 합니다.
- 파일 삽입 시에는 반드시 주어진 폴더 내에서 다운로드 한 파일을 사용해야 합니다.

※ 다음 사항을 확인하고 주어진 조건에 따라 [문제 1-5]를 완성하시오.

▶ **암호로 여는 카메라** : 사진을 함부로 찍을 수 없도록 암호를 지정해 놓고 암호를 알아야만 열 수 있는 앱 만들기

[**Components** (컴포넌트)]	[결과 화면]
• Screen(스크린) • Image(이미지) • TableArrangement(표 배치) • Button(버튼) • Button(버튼) • Button(버튼) • Button(버튼) • Button(버튼) • Button(버튼) • Label(레이블) • Button(버튼) • AccelerometerSensor(가속도 센서) • Camera(카메라)	
[**Media** (미디어)]	
• CTCE.png • Image.jpg	

※ 다음 규칙에 따라 프로젝트를 생성하고 저장하시오. [저장 경로 : 바탕화면 – CTCE 폴더]

프로젝트 생성	'수검번호'	프로젝트 저장	'수검번호.aia'

— 예 수검번호가 ADT-0000-000000인 경우 'ADT_0000_000000'으로 지정할 것

제1작업 ▶ 앱 디자인 능력 평가

40점

문제 1 [Designer(디자이너)/기본 능력]

15점

[작성 조건]에 따라 [Screen(스크린)]을 설정하시오.

[작성 조건]

▶ **Components Name(컴포넌트 이름) : "Screen1"**
- AlignHorizontal(수평 정렬) ⇒ Center(중앙) : 3
- BackgroundImage(배경 이미지) ⇒ 'Image.jpg' 이미지 업로드
- Icon(아이콘) ⇒ 'CTCE.png' 이미지 업로드
- Title(제목) ⇒ "비밀 카메라"
- ScreenOrientation(스크린 방향) ⇒ Portrait(세로)

문제 2 [Designer(디자이너)/심화 능력]

25점

[Image(이미지)]를 추가한 후 [작성 조건]에 따라 설정하시오.

[작성 조건]

▶ **Components Name(컴포넌트 이름) : "Picture"**
- Height(높이) ⇒ Fill parent(부모에 맞추기)
- Width(너비) ⇒ Fill parent(부모에 맞추기)

[TableArrangement(표 배치)]를 추가한 후 [작성 조건]에 따라 설정하시오.

[작성 조건]

▶ **Components Name(컴포넌트 이름) : "Arrange"**
- Columns(열) ⇒ "3"
- Width(너비) ⇒ Fill parent(부모에 맞추기)
- Rows(행) ⇒ "2"

[Button(버튼)]을 추가한 후 [작성 조건]에 따라 설정하시오.

[작성 조건]

▶ **Components Name(컴포넌트 이름) : "BTN1"~"BTN5"**
- FontBold(글꼴 굵게) ⇒ True
- FontSize(글꼴 크기) ⇒ 16
- Width(너비) ⇒ 33 percent
- Text(텍스트) ⇒ "1"~"5"

[Button(버튼)]을 추가한 후 [작성 조건]에 따라 설정하시오.

[작성 조건]

▶ Components Name(컴포넌트 이름) : "ENTER"
- FontBold(글꼴 굵게) ⇒ True
- Width(너비) ⇒ 33 percent
- FontSize(글꼴 크기) ⇒ 16
- Text(텍스트) ⇒ "확인"

[Label(레이블)]을 추가한 후 [작성 조건]에 따라 설정하시오.

[작성 조건]

▶ Components Name(컴포넌트 이름) : "Password"
- FontBold(글꼴 굵게) ⇒ True
- Width(너비) ⇒ Fill parent(부모에 맞추기)
- FontSize(글꼴 크기) ⇒ 16
- Text(텍스트) ⇒ "비밀번호"

[Button(버튼)]을 추가한 후 [작성 조건]에 따라 설정하시오.

[작성 조건]

▶ Components Name(컴포넌트 이름) : "TakePicture"
- FontBold(글꼴 굵게) ⇒ True
- FontSize(글꼴 크기) ⇒ 16
- Width(너비) ⇒ Fill parent(부모에 맞추기)
- Text(텍스트) ⇒ "카메라"
- Visible(보이기) ⇒ False

[AccelerometerSensor(가속도 센서)], [Camera(카메라)]를 각각 추가하시오.

제2작업 ▶ 앱 코딩 능력 평가 60점

문제 1 [Blocks(블록)/기본 능력] 15점

[제1작업]을 참조하여 다음 [작성 조건]에 따라 코딩하시오.

[작성 조건]

▶ 전역변수("비밀번호")를 생성 후 '1234'로 초기화하기

▶ 'BTN1' 클릭했을 때 : 'Password'의 '텍스트' 값을 'Password'의 '텍스트'와 '1'을 합친 값으로 지정하기

▶ 'BTN2' 클릭했을 때 : 'Password'의 '텍스트' 값을 'Password'의 '텍스트'와 '2'를 합친 값으로 지정하기

▶ 'BTN3' 클릭했을 때 : 'Password'의 '텍스트' 값을 'Password'의 '텍스트'와 '3'을 합친 값으로 지정하기

▶ 'BTN4' 클릭했을 때 : 'Password'의 '텍스트' 값을 'Password'의 '텍스트'와 '4'를 합친 값으로 지정하기

▶ 'BTN5' 클릭했을 때 : 'Password'의 '텍스트' 값을 'Password'의 '텍스트'와 '5'를 합친 값으로 지정하기

문제 2 [Blocks(블록)/심화 능력] 20점

[제1작업]을 참조하여 다음 [작성 조건]에 따라 코딩하시오.

[작성 조건]

▶ 'ENTER'를 클릭했을 때
- 만약 'Password'의 '텍스트'와 '비밀번호' 변수의 값이 같으면 아래의 조건 '①'을 실행하고, 아니면 '②'를 실행하기
  ① "TakePicture" 버튼을 표시하기
  ② "Password"의 텍스트 지우기

문제 3 [Blocks(블록)/심화 능력] 25점

[제1작업]을 참조하여 다음 [작성 조건]에 따라 코딩하시오.

[작성 조건]

▶ 'TakePicture'를 클릭했을 때 : '카메라1'로 사진 찍기

▶ '카메라1'로 사진을 찍은 후 : 촬영한 이미지를 'Picture'의 '사진'으로 가져오기

▶ '가속도 센서'를 흔들었을 때 : 'Password'의 텍스트 지우기